U0858451

致知践实

秦皇岛发展之我“建”

刘艳红　著

燕山大学出版社

2020 · 秦皇岛

图书在版编目（CIP）数据

致知践实：秦皇岛发展之我“建”／刘艳红著.—秦皇岛：燕山大学出版社，2020.4
ISBN 978-7-81142-175-0

Ⅰ. ①致… Ⅱ. ①刘… Ⅲ. ①区域经济发展－秦皇岛－文集②社会发展－秦皇岛－文集
Ⅳ. ①F127.223-53

中国版本图书馆 CIP 数据核字（2020）第 053643 号

致知践实——秦皇岛发展之我“建”
刘艳红　著

出 版 人：陈　玉
责任编辑：张　蕊
封面设计：于文华
出版发行：燕山大学出版社 YANSHAN UNIVERSITY PRESS
地　　址：河北省秦皇岛市河北大街西段 438 号
邮政编码：066004
电　　话：0335-8387555
印　　刷：秦皇岛墨缘彩印有限公司
经　　销：全国新华书店

开　　本：700mm×1000mm　1/16　　**印　　张**：16.25　　**字　　数**：270 千字
版　　次：2020 年 4 月第 1 版　　**印　　次**：2020 年 4 月第 1 次印刷
书　　号：ISBN 978-7-81142-175-0
定　　价：52.50 元

让智慧迸发力量

（代序）

明代冯梦龙编著的《智囊全集》收录了上起先秦、下迄明代的1200余则智囊故事，既是一部反映古人巧妙运用聪明才智排忧解难、克敌制胜的处世奇书，也是中国文化史上一部篇幅庞大的智谋锦囊。冯梦龙在《智囊全集》开篇《总叙》中说道："人有智，犹地有水；地无水为焦土，人无智为行尸。智用于人，犹水行于地，地势坳则水满之，人事坳则智满之。周览古今成败得失之林，蔑不由此。"人有了智慧，就像大地有了水一样。地面无水就成为焦土，人无智慧就变成了行尸走肉。智慧用于人类，就像水流淌于地面。如果遇到低洼的地势，水将会溢满；人事处于不利的状态，则会产生扭转这种不利局面的智慧。纵观古往今来成败得失的林立史实，莫不出于此。

捧读刘艳红同志倾注16年心血、凝结着辛勤汗水、饱含着智慧功力的57篇资政建言文稿，我在深刻领悟"人有智，犹地有水"古代至理名言的同时，又引发了对加强新时代中国智库建设、实现国家治理体系和治理能力现代化、推动经济高质量发展的现实思考。

新时代呼唤中国特色新型智库

党的十八大以来，以习近平同志为核心的党中央高度重视智库建设，提出了一系列智库建设新理念新思想新战略，形成了习近平总书记"智库观"，体现了在新时代健全科学民主决策、提升国家治理能力现代化水平、增强国家软实力的清醒认识，是响应时代召唤、满足发展需求的宏伟擘画与战略布局。

习近平总书记"智库观"凸显了新时代中国智库建设的重要地位。强调指出，我们进行治国理政，必须善于集中各方面智慧、凝聚最广泛力量。改革发展任务越是艰巨繁重，越需要强大的智力支持。要从推动科学决策、民主决策，推进国家治理体系和治理能力现代化，增强国家软实力的战略高度，把新型智库建设作为一项重大而紧迫的任务切实抓好。

习近平总书记“智库观”的核心是建设中国特色新型智库。中国特色新型智库是党和政府科学民主依法决策的重要支撑，是国家治理体系和治理能力现代化的重要内容，是国家软实力的重要组成部分。要积极探索中国特色新型智库的组织形式和管理方式，采取有效措施引导各类智库加强自身建设，积极为科学决策提供高质量智力支持。

习近平总书记“智库观”明确了中国特色新型智库建设必须坚持的重要原则。强调要坚持党的领导，把握正确导向，充分体现中国特色、中国风格、中国气派；坚持科学精神，鼓励大胆探索；坚持围绕大局，服务中心工作；坚持改革创新，规范发展。

习近平总书记“智库观”突出了中国特色新型智库建设的重点目标。强调要统筹推进党政部门、社科院、党校行政学院、高校、军队、科研院所和企业、社会智库协调发展，形成定位明晰、特色鲜明、规模适度、布局合理的中国特色新型智库体系，重点建设一批国家急需、特色鲜明、制度创新、引领发展，具有较大影响力和国际知名度的高端智库，重视专业化智库建设。重点围绕国家重大战略需求开展前瞻性、针对性、储备性政策研究。

从党的十八大报告提出“坚持科学决策、民主决策、依法决策，健全决策机制和程序，发挥思想库作用”，到党的十八届三中全会提出“建设中国特色新型智库，建立健全决策咨询制度”，再到党的十九大报告提出“加强中国特色新型智库建设”，习近平总书记的“智库观”上升为国家战略，成为习近平新时代中国特色社会主义思想的重要组成部分。

从中央全面深化改革领导小组会议审议通过《关于加强中国特色新型智库建设的意见》《国家高端智库建设试点工作方案》，到中央全面深化改革委员会审议通过《关于深入推进国家高端智库建设试点工作的意见》，再到制定《关于社会智库健康发展的若干意见》《中国特色新型高校智库建设推进计划》，再到全国各级各地智库建设实施意见的出台实施。重视智库、善用智库、发展智库，以顶层设计形式开启了中国“智库时代”。中国特色新型智库建设被纳入国家治理体系，作为治国理政重要抓手，一股强劲的“智库能量”兴起于中华大地，犹如春风劲吹催发万紫千红，又似闸门洞开释放江河涌流。

建设中国特色新型智库是党中央立足党和国家事业全局作出的重要部署。健全中国特色决策支撑体系，大力加强智库建设，以科学咨询支撑科学决策，以科学决策引领科学发展，以服务党和政府决策为宗旨，以政策研究咨询为主攻方向，以完善组织形式和管理方式为重点，以改革创新为动力，努力建设面向现代化、面向世界、面向未来的中国特色新型智库体系，更好地服务党和国家工作大局，切实提高服务决策的能力水平，为实现中华民族伟大复兴的中国梦提供智力支撑。这是新时代的呼唤，是推动科学决策、民主决策，推进国家治理体系和治理能力现代化，增强国家和地方软实力的大势所趋。

高质量发展呼唤高质量智库

习近平总书记在党的十九大报告中指出，我国经济已由高速增长阶段转向高质量发展阶段。2018 年中央经济工作会议也提出，我国经济发展进入了新时代，基本特征就是我国经济已由高速增长阶段转向高质量发展阶段。

“我国经济已由高速增长阶段转向高质量发展阶段”这一重大历史性论断，用“高质量”标定中国经济的历史方位和未来航向，这既是当前中国经济发展的基本特征，也是未来中国经济发展的基本目标，更是今后确定发展思路、制定经济政策、实施宏观调控的根本要求。

我国经济已由高速增长阶段转向高质量发展阶段，包含三层含义：一是强调从“高速度”到“高质量”的转变。这不仅意味着今后经济发展的主要任务已从速度转向质量，也意味着今后经济工作的主旋律或者经济工作关注的重点不再是速度，而是质量。二是强调从“增长”到“发展”的变化。这意味着今后不仅要重视量的增长，更要重视结构的优化，不仅要重视经济的增长，更要重视环境的保护、社会文明的提升，以及社会治理的完善等，也就是更加强调经济、政治、社会、文化、生态五位一体的全面发展和进步。三是强调“已经转向”而不是“已经转为”。已经在朝着高质量发展的方向转变，但尚没有真正实现高质量发展。转变过程已经开始，但转变的任务尚未完成。今后的任务，就是要通过努力，真正转变为高质量发展，真正实现高质量发展。转向高质量，是遵循经济规律、着眼发展大势的前瞻性选择，意味着中国经济发展将从“有没有”转向“好不好”，依靠的将不只是汗水，还有灵感；不只是更努力地劳动，还有更聪明地劳动；不只是增加投入，还有效率提升。

发展，是党执政兴国的第一要务。高质量发展，是新时代中国经济的新航向。提高经济发展的质量是当前和今后一个时期的首要任务。

习近平总书记指出，智力资源是一个国家、一个民族最宝贵的资源。智库建设要把重点放在提高研究质量、推动内容创新上。要按照服务决策、适度超前原则，建设高质量智库。

伴随着新时代我国经济由高速增长阶段转向高质量发展阶段，我国智库建设也从初期布局阶段迈向高质量发展新阶段。推动经济高质量发展，迫切需要高质量智库作支撑。一方面，新时代的智库建设必须聚焦经济高质量发展、服务经济高质量发展、推动经济高质量发展。另一方面，新时代的智库建设必须准确把握中国特色新型智库高质量发展总体要求，把准政治方向，确立发展导向，明确建设重心，强化资政质量；必须明确新时代中国特色新型智库高质量发展重点任务，建立现代智库治理体制，健全高层次专业人才培养机制，强化高效率资政研究供需对接，全方位推动中国特色新型智库高质量发展进程。

地方智库是中国智库的重要组成部分。建设地方智库是建设中国特色新型智库的重要方面和有力补充，是地方党委和政府科学民主依法决策的重要支撑，是推动地方经济社会高质量发展的重要举措。

秦皇岛市委、市政府一直重视地方智库建设。我自 2003 年 3 月从省委办公厅来到秦皇岛工作以来，亲眼见证了秦皇岛智库建设的发展历程。2004 年 10 月，我担任秦皇岛市副市长时，秦皇岛市委成立博士专家联谊会，作为河北省第一家以博士或正高级职称以及获得国家、省、市荣誉称号的各类高层次人才为会员的社会团体，发挥本地院校聚集、人才荟萃的优势，在引智聚才、培养新人、建言献策、科技推动、服务保障等方面都取得了较好效果。2010 年 4 月，我担任市委常委、市委秘书长后，谋划建立了市委特邀咨询研究员制度，首批聘任了 27 位研究员作为市委的智囊团，参与市委重大决策、重点工作和重要规划的决策咨询及调研论证工作。他们当中既有行业专家，又有著名学者，还有长期从事有关工作的专门人才，都是秦皇岛市各界名列前茅的“高人”。2013 年 7 月我担任市委副书记后，更加重视这方面工作，市委特邀咨询研究员活动更趋活跃，发挥作用更加明显。其中，连年被评为市委决策咨询优秀工作者的刘艳红同志引起我的格外关注。她于 2004 年从南开大学经济学博士毕业后任河北科技师范学院商务管理系主任。同年 10 月，作为秦皇岛最早毕业的经济学博士，当选为秦皇岛市第一届博士专家联谊会副会长。2007 年 7 月被任命为秦皇岛职业技术学院副院长。2011 年 10 月被聘任为市委首批特约咨询研究员。她不负重托、牢记使命，致力于为市委当大参谋、出大主意，提出了许多有创意、重实际、能操作的“金点子”，有多篇资政建议得到了市委主要领导的批示。2016 年 2 月我担任市人大常委会党组书记、主任之后，刘艳红同志作为第十二届、第十三届河北省人大代表、省人大常委会委员、省人大财经委员会委员，代表人民的利益和意志，参与行使国家权力，履行着管理国家事务、管理经济和文化事业、管理社会事务的神圣权力，登上了更高层次、更具权威的智库平台。在不同工作岗位上与刘艳红同志长达十几年的工作接触中，她那种孜孜不倦的治学精神和深耕不辍的顽强毅力给我留下了深刻印象，特别是她的许多建言成果得到省、市领导的批示肯定，多篇建言文稿频频获得各种奖项，更使我对这位身为高等院校管理者的优秀智库专家人才平添了几分钦佩和敬意。

“地势坳则水满之，人事坳则智满之。”发现“坳”之所在，寻找填平“坳”处之良方，便是智慧高超之所在。在推动经济高质量发展的新时代，品读着刘艳红同志聚焦秦皇岛城市发展、产业发展、旅游发展、民生社会事业发展形成的系列资政建言文章和课题成果，我越发深刻地领略到，这是智慧迸发的瞬间集成，是智慧产品的珍品佳酿，是智慧力量的贡献清单。从刘艳红同志所建之言、所献之策之中，从她关注问题的前瞻性、观念思路的创新性、建议谋略的可行性之中，足见其作为博学之士的深厚的学识功底，作为智慧之士的深远的洞见功力，作为足智多谋之士的真心、匠心、恒心，作为秦皇岛市民中的有识之士热爱秦皇岛、建设秦皇岛的持久耐力、顽强毅力和可贵定力。

出良策，促善治，保发展。刘艳红同志的资政建言成果有很多被纳入市委、市政府的决策之中，被吸纳到秦皇岛城市发展战略、五年发展规划和有关管理政策之中，得到了很好的成果转化。尽管刘艳红同志资政建言文集中的锦囊妙计曾经发挥过的智慧力量已然成为历史，但其对于新时代智库建设和智库人才的培养依然具有现实的实用价值，为建设高质量智库，助力、支撑、引领高质量发展提供了成功的范例和样本，这也正是其资政建言文稿结集出版的现实价值和借鉴意义所在。

智慧的力量是无穷的，智慧的价值是永恒的。

智库高质量发展呼唤供给与需求双向发力良性互动

习近平总书记指出：“要加强决策部门同智库的信息共享和互动交流，把党政部门政策研究同智库对策研究紧密结合起来，引导和推动智库建设健康发展、更好发挥作用。”

习近平总书记的“智库观”，始终把加强中国特色新型智库建设与建立健全决策咨询制度相提并论。中国特色新型智库是党和政府科学民主依法决策的重要支撑。建立健全决策咨询制度，是我国社会主义民主政治建设的重要内容。如果没有决策需求侧的高度重视和具体制度保障，智库建设就是“剃头挑子一头热”。从制度上把智库纳入党委、政府决策体系之中，保障智库在决策中的法定地位和具体实施规则，是把习近平“智库观”落到实处的重要保障。

高质量智库建设需要从供给和需求两方面双向发力，良性互动，才能相互促进、共同提升，才能健康持续发展。一方面，智库要“围绕中心、服务大局”，对决策多提供高质量智力支持。另一方面，党委、政府也要为智库供给高质量发展在外部体制机制上创造良好环境。

建立健全决策咨询制度，关键在于完善智库参与决策的机制，在制度上将决策咨询引入公共决策过程，作为公共决策的前置程序，充分发挥智库作用，进一步提高决策科学化水平，实现智库参与决策的制度化、规范化、程序化，让“智库”真正参与到决策中来，真正成为决策体系的组成部分。把智库参与决策咨询的过程和质量作为评价党委、政府及相关部门审批、监管和检查有关工作的重要指标。一要落实信息公开制度。党委、政府依法主动向社会发布政务信息，增强信息发布的权威性和及时性。完善党政信息公开方式和程序，健全党政信息公开申请的受理和处置机制。拓展党政信息公开渠道和查阅场所，发挥网站以及微博、微信等新兴信息发布平台的作用，方便智库及时获取政府信息。二要完善重大决策意见征集制度。党委、政府涉及公共利益和人民群众切身利益的决策事项，要通过举行听证会、座谈会、论证会等多种形式，广泛听取智库的意见和建议，增强决策透明度和公众参与度。探索建立决策部门对智库咨询意见的回应和反馈机制，促进党委、政府决策与智库建议之间良性互动。三要建立健全政策评估制度。党委、政府重大改革方案、重大政策措施、重大工程项目等决策事项出台前，要进行可行性论证和社会、环境、经济等方面的风险评估，重视对不同智库评估报告的综合分析比较。加强对政策执行情况、实施效果和社会影响的评估，建立有关部门对智库评估意见的公开、运用、反馈等制度，健全决策纠错改正机制。探索内部评估与智库第三方评估相结合的政策评估模式，增强评估结果的客观性和科学性。四要建立购买决策咨询服务制度。探索建立社会力量参与的决策咨询服务供给体系，稳步推进提供服务主体多元化和提供方式多样化。研究制定向智库购买决策咨询服务的指导意见，明确购买方和服务方的责任和义务。凡属智库提供的咨询报告、政策方案、规划设计、调研数据等，均可纳入采购范围和购买服务指导性目录。建立按需购买、以事定费、公开择优、合同管理的购买机制，采用公开招标、邀请招标、竞争性谈判、单一来源等多种方式购买。

党委、政府决策部门主动打开公共需求的“闸门”，接上智库产品供给的“活水”，让智库的智慧源泉充分迸发，智慧力量充分涌流。用高质量的智库产品为经济高质量发展注入源头活水，是推动新时代中国特色新型智库高质量发展和中国经济高质量发展的现实需要。面对百年未有之大变局，各种不确定因素影响着城市发展，社会治理体系的构建需要公众参与，更需要有专业知识的专家学者建言献策。希望刘艳红同志为河北省经济社会发展建言献策的同时，继续关心、关注秦皇岛的发展，提出更多契合秦皇岛发展的建言。

刘辰彦

（作者系秦皇岛市人大常委会党组书记、主任）

自　序

“穷理以致其知，反躬以践其实。”习近平总书记在全国科技创新大会、中国科学技术协会第九次全国代表大会上指出，科学研究既要追求知识和真理，也要服务于经济社会发展和广大人民群众。广大科技工作者要把论文写在祖国的大地上，把科技成果应用在实现现代化的伟大事业中。

自2004年博士毕业以来，我发挥专业优势，通过党委、政府、人大、政协以及民主党派等多种渠道为各级党政决策建言献策，有些建议得到时任主要领导的批示，有些提案被列为1号提案，有的建议被采纳，有的提案得到落实，有的发言被专业期刊刊登。

本书共集选了未发表的关于秦皇岛发展的57篇建言。第一章城市发展24篇，包括城市定位、城市规划、城市管理以及县域经济发展等方面的建言；第二章产业发展11篇，包括产业结构、产业选择、产业组织、新兴产业以及现代产业体系等方面的建言；第三章旅游发展11篇，包括旅游产品开发、旅游产业链完善、旅游商品开发、旅游产业升级以及全域旅游顶层设计等方面的建言；第四章民生问题6篇，包括弱势群体关注、城市危机预防、大气环境和公共交通等方面的建言；第五章课题成果建言5篇，包括省政协调研课题、民主党派调研课题和市委决策咨询公开招标课题研究报告。

本书集选的57篇建言都是我应各级党政决策专题要求撰写的，有些建言观点相同但是角度不同，有些建言内容相近但是级别不同，还有些建言不一定很成熟，只是当时的所思所想，集选在本书中只是记录一个社科学者“把论文写在祖国的大地上”的点点滴滴。

刘艳红

2020年2月20日

于秦皇岛

目　录

第一章　城市发展建言

目　录

第二章　产业发展建言

第三章　旅游发展建言

第一章

城市发展建言

秦皇岛市隶属于河北省，位于华北平原与东北平原交界处，是华北通往东北的交通要道，紧邻河北省唐山市和辽宁省葫芦岛市，距离北京、天津、沈阳这些大城市都不远。北依燕山、南襟渤海，自然风光优美、人文资源丰富，是著名的旅游胜地，北戴河还具有一定的政治色彩。多年来，自然资源优势和区位优势一直是秦皇岛对外宣传和招商引资的“吸睛要素”，但是作为全国最早改革开放的 14 个沿海城市之一，秦皇岛经济发展速度相对较慢，经济体量较小。在“十一五”到“十三五”期间，秦皇岛市委市政府领导班子科学决策、精准施策，带领秦皇岛创造了一个个佳绩——中国优秀旅游城市、全国文明城市、全国森林城市……作者发挥专业优势，积极建言献策，在秦皇岛城市发展战略从“旅游立市”到“生态立市、产业强市、开放兴市、文明铸市”，从建设“宜居宜业宜游、富庶文明和谐的滨海名城”到“沿海强市、美丽港城和国际化城市”的过程中提出了很多建言，本章集选了 24 篇。

秦皇岛“核心化”与企业集群发展刍议

——中国新千年经济论坛 CEO 俱乐部“祖山论剑”发言

2006 年 6 月，正值祖山天女木兰盛开之际，中国新千年经济论坛 CEO 俱乐部的部分企业家和专家学者登祖山探索企业在特定区域中的发展之道，利用核心 - 边缘理论探讨秦皇岛区位问题，首次提出秦皇岛“核心化”建议。

20 世纪 60 年代初，美国地理学家约翰·弗里德曼提出了有关核心 - 边缘体系的理论，对极化作用下区域经济组织结构的形成和发展过程进行了全面的描述。他在《区域发展政策——委内瑞拉的案例研究》一书中着重指出，一个完整的空间系统（也就是区域经济组织结构）是由核心地区和边缘地区共同组成的，两者之间的相互关系是“权威—依附关系”。而其所说的核心地区，则是指空间系统中人口和生产活动聚集度较高、物资和信息流量较大的部分。

核心 - 边缘体系是在市场经济体制下，由市场力量（主要规模经济带来的技术集聚和社会集聚）和某些偶然因素（区位因素和特定的自然条件，以及建立在区位因素和自然条件基础上的政府因素）的共同作用下发展起来的。区域中的核心地区都是技术集聚和社会集聚作用比较大的地区，具有相对较高的要素生产率，表现为经济要素的净流入。由于核心 - 边缘体系发展过程中所依赖的区位因素和特定的自然条件是不可以复制的，其基本格局一旦形成之后就很难再彻底改变。

按照核心 - 边缘体系理论，一个相对独立的经济区域中都有核心地区和边缘地区两部分，由于两个地区之间的全要素生产率的差别，存在着经济活动要素由边缘地区向着核心地区的净流动，从而导致边缘地区与核心地区之间区域经济差异的出现。秦皇岛市作为全国最早开放的 14 个沿海城市之一，它的发展速度较慢，经济总量较小的主要原因之一，就是秦皇岛一直处于经济区域的边缘地区。下面我们从三个区域层面审视一下秦皇岛的位置。

首先，从行政区划层面看，我们把河北省看作一个区域，显然石家庄是这个区域的核心地区，从接受核心地区的辐射强度大小看，秦皇岛属于边缘地区。其次，从经济区域层面看，我们把经济联系紧密的京津唐看作一个区域，由于历史沿革，北京、天津形成了“双核”，唐山由于其丰富的资源也成为区域中的次中心，而秦皇岛还是处于这一区域的边缘地区，接受来自北京、天津和唐山的辐射强度较小。最后，从更大的区域层面——环渤海经济圈来看，秦皇岛依然处于边缘地区。环渤海经济圈由三个子区域组成，即京津唐子区域、辽东半岛子区域（沈阳、大连是核心地区）、山东半岛子区域（济南、青岛是核心地区）。从区位上讲，秦皇岛位于渤海湾的中心点，也就是半圆弧的中点，距离三个子区域的核心地区直线距离都不算远，但是接受三个子区域核心地区辐射的强度都较弱，实际上秦皇岛在环渤海经济圈这个大区域中还是处于边缘地区。

秦皇岛要想改变这种边缘劣势，除了依靠财政转移支付以外，更重要的是要抓住机遇，打破常规发展思路，从新的视角确定自己在经济区域中的地位。我认为，企业是区域经济发展的主体和基础，区域内企业间的联合有利于秦皇岛核心化的实现。

秦皇岛市工业企业规模偏小，产业集中度低。2003 年，全市规模以上工业企业有 393 家，实现销售收入 275.37 亿元，每家平均年销售收入为 0.70 亿元。而青岛海尔集团一家的年销售收入就达 806 亿元，秦皇岛市全部规模以上工业销售收入大体相当于青岛海尔集团一家年销售收入的三分之一。可见，制约秦皇岛经济发展的瓶颈是中小企业。而多数中小企业在资金来源、销售和信息网络的建立、经营环境不稳定等方面都存在一些困难，使它们不具有竞争优势。其中的主要原因并不在于它们的“小”，而是由于它们的孤立和分离。从产业组织的角度看，主要是产业组织的地方分散化，即同一产业在地理位置上的分散。产业组织的地方分散化是运输成本较高的大国经济或市场不发达经济的一般现象。一定程度的产业分散，有利于改变区域发展不平衡状况，促进地方经济的发展。但是，过度的产业组织地方分散化，尤其是当分散带有地方割据的色彩时，就对规模经济的实现形成了障碍：其一，产业组织的地方分散化使产业无法达到应有的规模，影响了内部规模经济的实现。一定的规模是实现规模经济的基础。产业组织的地方分散化，使分散于各地的众多企业分摊了同一产业的有限资源，导致企业规模过小。其二，产业组织的地方分散化割裂了产业联系，影响了外部规模经济的实现。首先，产业组织的地方分散化使同一产业的企业被分割在不同的区域空间，难以形成较为紧密的联系，无法获得由于联系产生的种种效益，如共同组成的有规模的需求所得到的廉价原材料供应，及彼此之间经常的分工协作、业务往来产生的技术外溢等。其次，产业组织地方分散化下的过度竞争，破坏了产业的良性联系，削弱了产业竞争优势。

克服产业组织分散化，实现规模经济的有效途径是培育企业集群。企业集群是指在某一特定领域中（通常以一个主导产业为核心），大量产业联系密切的企业以及相关支撑机构在空间上集聚，并形成强劲、持续竞争优势的现象（Porter，1998）。企业集群具有产业属性和地理集中特性。它通过地理集中和产业组织优化，通过群体协同效应获得经济要素的竞争优势。它通常包括一批对竞争起重要作用的、相互联系的产业和其他实体。例如零部件、机器和服务等专业化投入的供应商和专业化基础设施的提供者。它还经常向下延伸至销售渠道和客户，并从侧面扩展到辅助性产品的制造商，以及与技能技术或投入相关的产业公司。

企业集群代表着一种介于市场（无形的手）和等级（垂直一体化）之间的新空间组织形式。它比分散、随机的买者与卖者之间的市场交易，使公司和机构在地理上更具有接近性，它们之间的重复性交换有利于建立信任和协调的交易关系。因此，企业集群在缓解了市场的内在不确定性的同时，还没有包含垂直一体化的刚性——等级制的管理问题。一个由相互独立而又非正式联盟的公司和机构组成的企业集群，代表着一种富有活力的组织形式，这种形式具有效率、有效性和灵活性诸多方面的优势。

通过集群，同一产业或部门中从事不同工序的企业实行协作，可以使区域获得外部范围经济。同时，同种工序中企业数量的增加还可以获得外部规模经济。由于集群内的企业都是相对独立的，所以区域在获得外部经济效益的同时，又保持了内部各个企业自己固有的灵活性。从某种意义上讲，集群企业兼有大中小各类企业的长处，又避免了各类企业固有的弊端，在区域经济发展过程中减少了很多障碍。可以说，企业集群可以从整体上增强区域经济的实力。

浙江省整体经济实力的增强与企业集群模式密不可分。浙江模式的企业集群是在一定地域范围内，企业集聚形成特色产业优势明显的专业化产销基地，带动当地经济和社会发展的一种区域经济组织形式。一乡一品、一县一业的"块状经济"已经成为浙江经济的一大特色。据不完全统计，1997 年浙江特色工业产值超亿元的区块有 306 个，涉及生产企业多达 13 万家，每个区块平均规模达 8.7 亿元。其中，10 亿～ 50 亿元的区块 91 个，50 亿～ 100 亿元的区块 13 个，超 100 亿元的区块 4 个。"块状经济"这种区域经济的组织形式，虽然区块内单个企业的规模不大，但一般都有几十家、几百家甚至几千家同类企业在组织生产，通过区域聚合则形成一个较大的总量规模。例如义乌市大陈镇有 380 多家衬衫生产企业，日产衬衫 40 万件，衬衫销量占全国的 1/7 ；嵊州市有领带企业 1000 多家，年产量 2.5 亿条，占全国总产量的 80% 以上；海宁全市有皮革皮件生产企业 2000 多家，年产皮革服装 1100 多万件（套），是全国最大的皮革服装产销基地。由于同类企业的高度集聚，形成了明显的群体规模优势。

企业集群首先是市场的行为，是企业根据市场的需要、竞争的需要以及经济效益的考虑做出的选择。但是，企业集群的区位和产业选择，市场的分割与统一，都与政府的行为相关。政府必须认识到，一个国家或地区的繁荣取决于生产率而不是自然资源禀赋。政府应该尽力创造一种环境以支持日益增长的生产率。首先，政府应该提供物质基础设施，如便利的交通通信、配套的生产服务设施等，来营造企业集群发展的硬环境。其次，政府必须致力于营造一种适合企业集群发展的氛围和软环境。

企业集群也存在负面效应。由于企业的大量集聚，加剧了集群企业间的相互竞争，一些生存困难的企业可能采用不正当的竞争手段，如低质量低价格经营、偷税漏税等。此外，在全行业出现衰退时，集群企业可能为争夺有限的市场，采用偷工减料的方法以达到降低成本的目的，结果造成市场上的产品质量不断下降；同时，建立在信任与承诺基础之上的企业网络关系也会随之瓦解，最终将导致企业集群的毁灭。因此，在企业集群化的过程中，既要避免不正当的或过度的市场竞争，又要保证企业集群的竞争优势，需要不断洞察企业集群的发展动态，当出现衰退迹象时，积极引导企业的转型。行业协会是企业集群的形成和升级过程中不可缺少的非政府组织，起到协调集群中企业之间、企业集群与政府之间关系的作用。行业协会在企业集群中的作用主要包括以下几个方面：（1）收集与企业集群相关的信息。（2）协调企业集群与政府之间的关系。（3）协调集群内企业间的关系。（4）建立与大学、科研机构之间的联系。

（5）组织各种贸易展览会、贸易代表团以及各种论坛。（6）提供适合于企业集群发展的各种培训项目等。

中国新千年经济论坛CEO俱乐部就是秦皇岛市企业家相互交流的一个平台，在自愿、自立、自律、自养的原则上，通过举办沙龙、开展联谊交流、开设论坛、专题研讨、专业培训等多种形式的活动，为会员提供全方位、多层次的服务，从而促进秦皇岛企业集群的形成。我相信，六月的“祖山论剑”也将在秦皇岛核心化的过程中产生原子核爆炸的威力。

2006年6月24日

抓住机遇 提升秦皇岛的整体竞争力

——中国新千年经济论坛秦皇岛发展论坛发言

继长江三角洲、珠江三角洲经济圈大展活力之后，环渤海经济圈正加速崛起。环渤海地区已成为继珠三角、长三角之后的中国第三个大规模区域制造中心。依托原有工业基础，环渤海地区不仅保持了诸如钢铁、原油、原盐等资源依托型产品优势，同时新兴的电子信息、生物制药、新材料等高新技术产业也发展迅猛。面临周边地区的飞速发展，秦皇岛如何借助环渤海经济圈迅猛发展这一大好机遇，提升自己的整体竞争力？

一、充分认识自己在区域中的位置，明确发展方向

20世纪60年代初，美国地理学家约翰·弗里德曼提出了有关核心-边缘体系的理论，对极化作用下区域经济组织结构的形成和发展过程进行了全面的描述。他在《区域发展政策——委内瑞拉的案例研究》一书中着重指出，一个完整的空间系统（也就是区域经济组织结构）是由核心地区和边缘地区共同组成的，两者之间的相互关系是“权威-依附关系”。而其所说的核心地区，则是指空间系统中人口和生产活动聚集度较高、物资和信息流量较大的部分。

核心-边缘体系是在市场经济体制下，由市场力量（主要规模经济带来的技术集聚和社会集聚）和某些偶然因素（区位因素和特定的自然条件，以及建立在区位因素和自然条件基础上的政府因素）的共同作用下发展起来的。区域中的核心地区都是技术集聚和社会集聚作用比较大的地区，具有相对较高的要素生产率，表现为经济要素的净流入。由于核心-边缘体系发展过程中所依赖的区位因素和特定的自然条件是不可以复制的，其基本格局一旦形成之后就很难再彻底改变。

在核心-边缘体系已经形成的前提下，一个相对完整的区域经济组织结构通常表现为中心城市（城市群）、直接腹地、外围腹地三个层次，其中前两个层次属于核心地区，而外围腹地属于边缘地区。（见图 1）

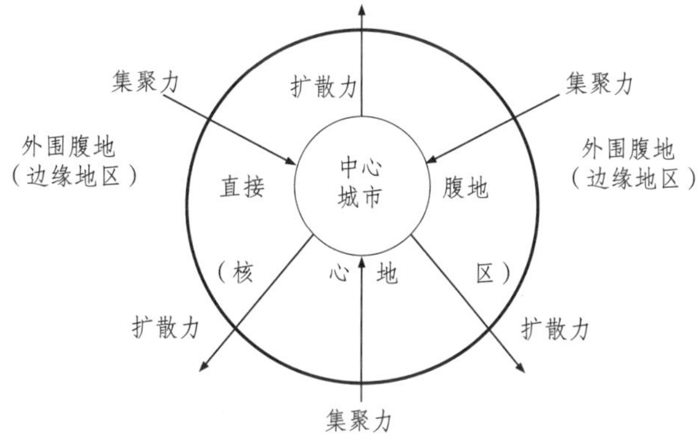

图 1　核心 - 边缘体系的三个层次

按照核心 - 边缘体系理论，一个相对独立的经济区域中都有核心地区和边缘地区两部分，由于两个地区之间的全要素生产率的差别，存在着经济活动要素由边缘地区向着核心地区的净流动，从而导致边缘地区与核心地区之间区域经济差异的出现。

下面我们从三个区域层面审视一下秦皇岛在环渤海经济圈中的位置。

环渤海经济圈是指以辽东半岛、山东半岛、京津冀为主的环渤海滨海经济带，同时延伸辐射到山西及内蒙古中东部。（见图 2）

首先，从行政区划层面看，我们把河北省看作一个区域，显然石家庄是这个区域的核心地区，从接受核心地区的辐射强度大小看，秦皇岛属于边缘地区。其次，从经济区域层面看，我们把经济联系紧密的京津唐看作一个区域，由于历史沿革，北京、天津形成了“双核”，唐山由于其丰富的资源和雄厚的工业基础也成为区域中的次中心，而秦皇岛还是处于这一区域的边缘地区，接受来自北京、天津和唐山的辐射强度较小。最后，从更大的区域层面——环渤海经济圈来看，秦皇岛依然处于边缘地区。环渤海经济圈由三个子区域组成，即京

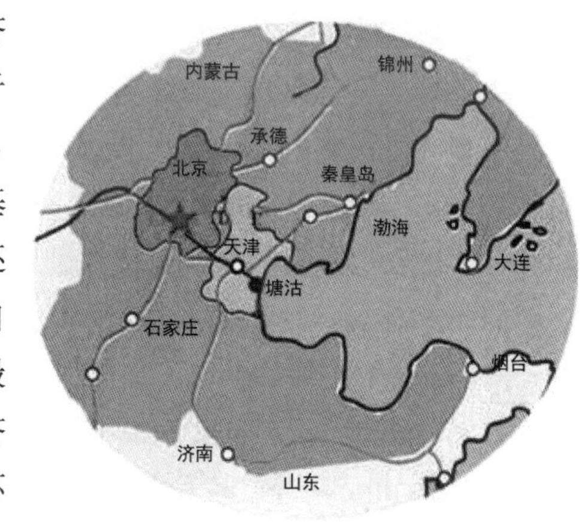

图 2　环渤海经济圈

津唐子区域、辽东半岛子区域（沈阳、大连是核心地区）、山东半岛子区域（济南、青岛是核心地区）。从区位上讲，秦皇岛位于渤海圈的中心点，也就是半圆弧的中点，距离三个子区域的核心地区直线距离都不算远，但是它处在京津唐子区域、辽东半岛子区域的交界处，接受三个子区域核心地区辐射的强度都较弱，实际上秦皇岛在环渤海经济圈这个大区域中还是处于边缘地区。

秦皇岛市作为全国最早开放的 14 个沿海城市之一，它的发展速度较慢，经济总量较小的主要原因之一，就是秦皇岛一直处于经济区域的边缘地区。要想改变这种边缘劣势，必须要抓住机遇，打破常规发展思路，从新的视角确定自己在经济区域中的地位，并通过优先发展产业的选择，依靠市场机制，使自己核心化。

二、城市定位和发展思路

1. 京津冀子区域中的次中心

秦皇岛实现核心化必须紧紧抓住三个机遇：第一，紧紧抓住河北建设沿海社会经济发展强省这个机遇，优先发展与河北省“十一五”规划相吻合的产业，尽可能多争取到河北省的财政转移支付；第二，紧紧抓住北京、天津、唐山城市群形成的机遇，优先发展与城市群产业配套的产业，使秦皇岛成为京津唐城市群的直接腹地；第三，紧紧抓住“十一五”期间国家重视环渤海经济圈发展这个机遇，在环渤海大区域中找准自己的位置，强化自己在子区域中的核心地位，即通过优先发展产业的选择，加强与天津、唐山的合作，争取在天津与青岛、大连形成三足鼎立的过程中，确定秦皇岛在京津冀子区域中的次中心地位。

2. 环渤海经济圈核心地区居民回归田园的好去处

由于秦皇岛一直处于边缘地区，工业化、城市化程度不是很高，生态环境被破坏得不很严重，再加上自然环境（蓝天、碧海、金沙、绿树）的优美，环境优势明显，应大力发展综合生态产业，即生态农业、生态工业、生态旅游业相结合的综合生态产业，着力将秦皇岛打造成环渤海经济圈核心地区居民回归田园的好去处，使秦皇岛真正成为最适合人居的城市。

3. 环渤海经济圈核心地区高科技人才的“候鸟地”

京津地区是中国科研实力最强的地区，仅北京重点高校就占全国的 1/4，天津也拥有 30 多所高等院校和国家级研究中心。在交通、通信发达，环境优美的地方很适合搞“实验室经济”，把“知识孵化为技术”。秦皇岛可以利用得天独厚的资源优势（蓝天、碧海、金沙）和区位优势（距离北京、天津、沈阳等科研院所较近），建立“实验室经济”的技术基地，打造中国的硅谷。秦皇岛应该抓住“十一五”期间国家打造津唐秦高新技术产业带这一大好机遇，大力发展高新技术产业，尤其是利用原有的港口优势大力发展装备制造业，利用环境优势和区位优势把秦皇岛建设成为环渤海经济圈核心地区高科技人才的“候鸟地”，着力打造环渤海装备制造业基地，从而促进秦皇岛高科技产业的发展以及传统产业的升级。

三、树立大旅游观念，着力打造完整的旅游产业链

虽然秦皇岛一直以旅游胜地著称，把旅游产业作为支柱产业来发展，但是秦皇岛旅游产业带动相关产业发展的作用较弱，产业断链比较严重，阻碍了旅游业的大发展。秦皇岛应该树立大旅游观念，着力完善旅游产业链，创新旅游产品，做大做强秦皇岛旅游产业。旅游产品的创新一定要从吃、住、行、游、购、娱多个方面进行。创新旅游项目不仅仅是增加旅游景点，应更多地考虑增加旅游内容、增大旅游者的参与性。创新旅游纪念产品是形成完整旅游产业链的关键，通过开发旅游产品不仅能够带动旅游购物的发展，而且能够促进加工业的发展，提高城市就业水平。创新旅游住宿产品是形成稳定旅游人流的根本保障，通过旅游房地产制度创新，吸引更多的旅游者有计划地到秦皇岛重复旅游。通过树立大旅游观念，用旅游带动交通运输、娱乐、金融、邮电通信、房地产业、环保、物流、商业、农业、环境、文化、体育、信息等相关产业的发展，形成完整的旅游产业链。

四、树立大物流理念，倾力建立以港口为中心的物流产业

秦皇岛一定要紧紧抓住港口这个中心，在环渤海经济圈崛起阶段，大力发展临港经济，促进临港物流的发展，力争使秦皇岛港成为环渤海经济圈中的一个重要的物流节点，成为京津冀子区域中的重要出海口岸。强化与天津和唐山的合作，以天津港为龙头形成京津唐区域港口群，与青岛、大连等重要节点形成环渤海物流网，真正确立自己在环渤海区域中的次中心地位。

五、充分发挥节点位置，加强与周边地区的合作

“两京锁钥无双地”充分说明了秦皇岛的自然地理位置的特点，它是一个区域连接另一个区域的重要节点。在战争年代，它是咽喉要道，是兵家必争之地；在今天的市场经济年代，它应该成为一个区域产品进入另一区域的中转站，成为两个区域物流网络中的中枢节点。所以，秦皇岛应充分发挥其环境优势，进一步打通海陆空通道，加强与周边地区的合作，真正使自己成为环渤海经济圈与东北亚经济圈经济往来的中枢节点。具体做法：（1）加强与环渤海港口的联系，使秦皇岛港成为环渤海港口网络中的重要节点。（2）加强与唐山的合作，争取形成唐山—秦皇岛前店后厂式的合作模式。（3）加强与东三省的联系，发挥东三省产品进入环渤海地区的中转站作用。（4）加强与内蒙古的合作，使秦皇岛成为内蒙产品的海上出口。（5）加强与日、韩、俄口岸的联系，使秦皇岛成为三国产品进入中国的重要口岸。

六、全市一盘棋，协调好经济发展与资源保护的关系

秦皇岛作为边缘地区，虽然经济总量比较小，经济发展速度较慢，但也正是因为工业发展慢对生态破坏比较小以及自身得天独厚的自然环境，反而使秦皇岛拥有经济发展快的核心地区所不具备的稀缺的自然资源。秦皇岛的三区四县形成了英国城市学家霍华德所描述的未来理想城市的模式——明日的田园城市。所以，为了与前面提到的城市定位（环渤海核心地区居民回归田园的好去处）相一致，秦皇岛在加快招商引资步伐、促进工业发展的同时，必须全市一盘棋，协调好经济发展与资源保护的关系，解决好县域经济与城市工业结构的互动关系。具体措施如下：

1. 制定全市中长期经济社会发展规划

县域经济的发展必须围绕全市经济社会发展的整体目标，全市一盘棋。可以说，从县区定位到县区发展评价，都必须从全市发展着眼，正确认识县域经济发展的作用。

2. 从全市发展角度出发，对县区发展进行定位

县区发展必须围绕全市在区域发展中的定位进行准确定位。例如，不能把山海关仅仅看作是秦皇岛的一个辖区，必须把它当作秦皇岛市发展对辽宁省集聚和扩散的增长极；同样，昌黎县也应看作是连接秦皇岛市与唐山市的一个增长极；海港区作为中心城区要发挥其辐射作用，定位于全市的服务中心。

3. 全市组成一个功能齐全的招商委员会

为了保证招商项目的成功率，减少资源的浪费，形成合力，全市应组成一个功能齐全的招商委员会，负责收集信息、发布信息、举办各种形式的招商引资活动。招商委员会应制定科学的招商程序，并且应有市领导、各县区领导、

相关领域的专家参加。

4. 建立有利于可持续发展的“三维”增长模式的考核指标体系

全市经济是否走可持续发展道路关键在县域经济的发展，而县域经济是否可持续发展关键在市里对县区领导的考核，所以建立有利于可持续发展的考核指标体系是实现可持续发展的根本保证。政府绩效评估是一项复杂的系统工程，国内外的评估指标都比较复杂。为了简化计算，保证可持续发展，可以建立“三维”增长模式的考核指标体系，即对县区领导的考核不仅仅从物质资本的增长去衡量业绩，应该从物质资本、知识资本和生态资本三个方面的综合增长去衡量业绩。

七、强化政府公共服务职能，提升秦皇岛城市品位

在转型期间，政府肩负着经济管理与公共服务两大职能。作为秦皇岛这样一个环境资源优势明显，工业基础劣势的区域边缘地区，政府除了加大招商引资力度，促进工业发展外，更应该强化其公共服务功能，逐渐把政府经济管理职能转到为市场主体服务和创造良好发展环境上来。通过提供交通、环境、安全等方面的公共产品，为外来的旅游者提供一个良好的旅游环境；通过营造公平、公正、公开的市场竞争环境，维护公平竞争的市场秩序，形成统一、开放、竞争、有序的现代市场体系，为投资者提供良好的投资环境；通过财政重点向基础设施、公共设施建设倾斜，向生态建设、环境保护倾斜，向扩大社会就业、改善困难群众生活倾斜，建设宜居城市；通过强化政府公共服务职能，进一步营造宜居的商务环境与和谐的生态环境，提升秦皇岛城市品位。

2007 年 9 月 24 日

关于"宜居、宜业"建设需要认真研究的几个问题

——市政协座谈会发言

改革开放30年来，中国城市经历了三个重要的发展阶段，呈现出五个方面大的变化。这三个阶段就是城市建设阶段、城市管理阶段和正在进入的城市品牌阶段。这三个阶段的演变过程正处于中国农村城市化的转型期、城市现代化的加速期和区域国际化的提升期。在这样的演变过程中，城市的结构、功能及其形态将出现新的变化：一是从经济快速发展转向经济社会协调发展；二是从生存型社会转向发展型社会；三是从政府管制转向公共服务；四是从城市竞争转向城乡统筹；五是从城市规模扩张转向城市品牌价值提升。透过这五大转向我们隐约可以找到打开未来城市发展之门的钥匙，那就是以科学发展观和以人为本这个中心，增强城市的竞争能力，提升城市的生活质量，放大城市的品牌价值，最终把城市的发展引导到"生产发展、生活富裕、生态良好"和"全面、协调、可持续"以及"宜居、宜业、宜学、宜商、宜游"的"五宜"轨道上来。

秦皇岛要建设"宜居、宜业、宜游"城市，提升秦皇岛的城市品牌，必须要认真研究以下几个问题：

一、"宜居城市"的内涵

北京国际城市发展研究院2007年9月11日发布国内首份《中国城市品牌价值报告》，并首创"中国城市品牌价值指数"，以"宜居、宜业、宜学、宜商、宜游"这5个一级指标和15个二级指标，对全国287个地级以上城市品牌价值进行了系统分析，推出2007年中国城市品牌价值排行榜。上海、深圳、广州、南京、杭州、青岛、成都、宁波和苏州位列中国城市品牌价值指数排名前十位。

城市的品牌价值，第一要义是宜居，核心是宜业，基本要求是宜学、宜商和宜游。但是，"宜居"仍然是目前我国城市发展的"软肋"，人口、就业、交

通、住房等问题成为影响城市“宜居”的最突出问题。虽然北京、上海、深圳位居全国287个地级以上城市价值排行榜的前三名，但仅从单项指标来看，这三大城市在“宜居”指标得分都较低，特别是置业成本均为负数。近几年，北京、上海、杭州、深圳等地房价上涨较快，已经不同程度影响到城市投资环境和居住环境，如何加快城市公共服务体系的建设，实现解决困难群众住房问题已经成为“宜居”城市建设共同面临的一项紧迫工作。

我们在提出大力建设“宜居城市”的时候一定要首先研究其内涵。

究竟什么样的城市是“宜居城市”，似乎国际、国内尚没有一个准确的标准。《中国宜居城市研究报告（北京）》主编、中国科学院地理科学与资源研究所的张文忠教授提出，宜居城市的基本条件应该包括：一是一个安全的城市，具备健全的法制社会秩序，完备的防灾与预警系统，安全的日常生活环境和交通出行系统；二是一个健康的城市，远离各种有害物质、环境污染的可能伤害，具有新鲜的空气、清洁的水源、安静的生活环境、干净的街区；三是一个生活方便的城市，具备完善的、公平的基础配套设施，人人都能够享受到购物、就业、上学等方便的公共设施的服务；四是一个出行便利的城市，以公交系统优先发展为核心，能够为居民日常出行提供便捷的交通方式；五是具有良好的邻里关系、和谐的社区文化，能够传承城市的历史和文化，同时具有鲜明的地方特色。

宜居城市的标准，不同的人，站在不同的角度，可能会有不同的标准。但无论如何，一个宜居城市肯定应该是适宜人类居住和生活的城市，是宜人的自然生态环境与和谐的社会及人文环境的完整统一体。这应该是现代城市发展的方向和目标。建设“宜居城市”必须坚持以人为本，必须坚持突出“人”的理念，要关注城市生活的每一个居民的感受，而不是官员或者富人们的感受。高楼大厦鳞次栉比，却难以找到公共厕所，这样的城市不是宜居的；城市道路又宽又平，行驶之上的交通工具却只能蜗牛般地爬行，这样的城市也不是宜居的。衡量是否“宜居”，不单是看城市的形象工程和标志性建筑，也不单是城市GDP总量的大小和增长的快慢，而应该是让每一位城市居民得到实实在在的好处，公平的就业和教育机会、良好的居住条件和环境、方便的生活和便捷的出行、和谐友爱的邻里关系和社会氛围。

因此，建设“宜居城市”首先要解决一个观念方面的问题，即“宜居城市”

是为什么人服务的问题。毫无疑问，“宜居城市”必须是为广大普通市民服务的，必须为广大的城市居民提供整洁的环境、清洁的水源、通畅的交通、便捷的公共设施，等等。如果居民居住在一个生活非常不方便的城市，诸如买水买电买菜、存钱取钱、接送孩子上学等日常活动都感到为难和不便的话，那么宜居也就根本无从谈起了。

另外，“居”不仅有“居住”的意思，还有“生活”的意思，所以“宜居”应该满足三个条件：一是好的物质环境，二是好的人际环境，三是好的精神文明氛围。从城市发展的过程来看，“宜居城市”应该包括城市规划、城市建设、城市管理等内容。可以说，建设宜居城市不仅是一个设施建设问题，还是一个如何协调兼顾不同群体利益和需求的公共政策的制定问题。通过投资建设和调整资源配置，满足不同群体的需求，使城市能够适宜不同群体居住，使城市更加和谐。因此，城市管理者们既要注重“宜居城市”最基础的条件—— 硬环境，也要注重“宜居城市”最重要、最核心的条件——软环境，只有硬环境和软环境都建设得好，才是真正的“宜居城市”。

二、秦皇岛“宜居城市”的特色

《中国城市品牌价值报告》对未来中国城市发展的五大走势进行预测，提出“宜居”将成为城市发展的最核心价值。因此，很多城市都把建设“宜居城市”作为城市发展的目标，但是由于每个城市的历史文化、地域环境等的差异，每个宜居城市都应该具有自己的特色。譬如，上海市政府从“菜篮子”工程解决城市居民生活的便利问题入手打造“宜居城市”，河南省漯河市把城市园林绿化看作创造“宜居城市”的主体工作。秦皇岛建设“宜居城市”必须要突出自己的特色。

首先，要突出秦皇岛的开放城市特色。1898 年，北戴河被清政府辟为中国历史上第一个对外国人开放的旅游度假地；1984 年，秦皇岛被国家批准为全国首批 14 个沿海开放城市之一。秦皇岛的历史沿革和地域环境决定了秦皇岛宜居城市建设必须要突出其开放特色，而开放特色要体现其游憩空间和设施的公共性。打破目前各区县各自为政，靠收取景点门票获取收入的做法，向市民和游客免费开放城市的海滨及所有游憩设施，让城市的海滨及所有游憩设施成为城市中最轻松惬意的室外起居所和露天大客厅。来的都是客，不分贵贱高低、内外生熟一律平等、共同享用。每隔一定距离就设有一处淋浴、公厕设备，每一处人流密集的海滨浴场都应设有安全观望台，即使是高级宾馆占据的沿海地段，在宾馆的露天酒吧外面也要留出步行通道和游泳沙滩，让海滨公共空间的连续性得以保持。同时，开放特色还体现在包容性和混居性。让不同国家民族、不同地区的人都能在秦皇岛找到自己的老乡或同伴，因而都不会感到孤单。让来自世界各地和全国各地的居民商家都在城市中的不同角落立足，各得其所，也让游客都能感受到家乡的温暖、品尝家乡的口味。一个包容性的宜居城市更有利于推动公平发展的机会。不论居住在这片土地上居民的性别、出身、经济地位或宗教信仰如何不同，这个城市都能赋予每个人充分的权力参与社会经济和政治活动，让秦皇岛真正成为宜居城市。可以借助奥运会协办城市之势，从旅游入手，通过实行“环渤海奥运协办城市旅游一卡通”进一步主动开放，让更多的人来秦皇岛游玩，并让他们享受到与本地居民一样的公共游憩空间和设施。

其次，要突出秦皇岛的田园城市特色。秦皇岛依山傍海，狭长独特的地域环境形成了英国城市学家霍华德所描述的“理想的田园城市”格局，即三区四县面积都不大，都被绿色、田野分隔开，城市具有田园特色。这区别于很多城市摊大饼式的城市开发建设模式，在今后的城市开发建设中一定要保持田园特色，城市各个功能区的分工要合理衔接、过渡自然、使用便利。“西港东迁”以后，要充分利用绵延100多千米的黄金海岸线，从海滨到山麓应该依次设计成游憩区、商业休闲和酒店旅馆区、商务办公区、居住与教育区，从居民区到海滨浴场中间逐渐形成一条条商业购物、休闲娱乐的纵向廊道，把超市、商店、集市等多种功能区域连接在一起引导人流自然地通向海边。市中心的繁华商业街道和边缘地带的大型购物中心成为连接居民区与海滨游憩区的枢纽设施，配置在人的步行范围之内。城市周边地带设计成绿草如茵的低密度居住区和教育区，在城市和周围起伏的山峦之间可以形成较好的衔接和过渡。可以通过发展乡村旅游，推动新农村建设，在乡村城市化过程中保持田园特色，形成更多的如北戴河集发观光园、山海关望裕山庄、昌黎葡萄沟、卢龙鲍子沟等一批田园特色旅游品牌，强化秦皇岛田园城市特色。同时制定法律，引导规范新建房地产（包括住宅、商业房、企业房等）“透绿”，即打破“肥水不流外人田”的传统理念，要求新建房区域四周必须绿化，要让树把房子包围起来，而不是房子把花园掩藏起来。树的品种由政府根据不同区域提前做好规划，由规划局在批建房规划时监督执行。

最后，要突出秦皇岛的文化城市特色。秦皇岛是中国唯一一个长城与大海交融的城市，它应该具有长城与海交融的文化，长城让人感受到安全，海边沙滩上的游息让人体验到休闲和放松，但是长城与大海又都能让人感受到力量，这种安全、休闲、放松和力量是秦皇岛独特的城市文化，不管是居民还是游客在这里放松的同时，都可以汲取到力量。通过进一步挖掘历史和民俗，提炼出独具特色的长城和海文化，通过聘请名人（如张艺谋）策划各种活动进一步加强长城与海交融文化的建设。进一步借奥运之势推动“足球节”和各种“体育赛事”的举办，把文化、体育与休闲度假充分地结合起来，让居民和游客都能感受到秦皇岛是一个文化内涵深厚的城市。

三、秦皇岛“宜业”的环境建设

宜业其实是宜居的题中之义，如果没有稳定的工作和收入，幸福就缺乏起码的物质基础。在转型期间，政府肩负着经济管理与公共服务两大职能。作为秦皇岛这样一个环境资源优势明显，工业基础呈劣势的边缘地区，建立“宜业城市”难度比较大。政府除了加大招商引资力度，促进工业发展外，更应该强化其公共服务功能，逐渐把政府经济管理职能转移到为市场主体服务和创造良好的发展环境上来。通过提供交通、环境、安全等方面的公共产品，为外来的旅游者提供一个良好的旅游环境；通过营造公平、公正、公开的市场竞争环境，维护公平竞争的市场秩序，形成统一、开放、竞争、有序的现代市场体系，为投资者提供良好的投资环境；通过财政重点向基础设施、公共设施建设倾斜，向生态建设、环境保护倾斜，向扩大社会就业、改善困难群众生活倾斜，建设宜居城市；通过强化政府公共服务职能，尤其是金融机构服务职能，进一步营造宜居的商务环境与和谐的生态环境，提升秦皇岛城市品牌价值。“栽得梧桐树，才能引来金凤凰”，宜居的环境将会吸引更多的投资者，尤其容易吸引总部经济、会展经济、文化创意以及服务外包等新兴现代服务产业和高新技术产业，这样有利于形成高端化、高质化、高新化的产业结构，进一步提高城市宜居程度。同时，政府要通过多渠道（如行业协会、民政、妇联等不同渠道）加大对再就业人员的培训，制定有利于个人创业的机制和政策，加强长城与海融合文化的宣传，增强居民的创业意识和创业动力。

四、秦皇岛市“宜居、宜业、宜游”建设的一体化

如前所述，城市的品牌价值，第一要义是宜居，核心是宜业，基本要求是

宜学、宜商和宜游。但是对秦皇岛这样一个环境优美、生态良好的旅游城市，应该首先从“宜游”入手，通过吸引更多的游客来秦皇岛旅游，让游客感受到秦皇岛自然的美丽、文化的深厚、田园的悠闲以及城市的开放和包容，促进“宜居”的建设，吸引更多的投资者来秦皇岛投资置业，促进秦皇岛产业结构的优化，从而实现“宜业”。对秦皇岛而言，“宜居、宜业、宜游”建设必须一体化，不能孤立地谈“宜居”“宜业”“宜游”，应该全盘考虑，整体建设，形成“宜居、宜业、宜游”的良性互动，提升秦皇岛整体城市品牌价值。

另外，在建设“宜居、宜业、宜游”秦皇岛的同时，一定要充分发挥秦皇岛现有高校的作用，努力提高秦皇岛的基础教育质量，优质的教育资源也是宜居城市建设的基本条件。

我相信，经过几届政府的努力，秦皇岛一定会成为一个碧水蓝天、道路通畅、生活方便、公共游憩空间免费、安全感强、市场潜力大的“宜居、宜业、宜游”的滨海城市。

2008 年 9 月 5 日

关于秦皇岛建立沿海经济社会发展强市的建议

——关于市"十一五"规划实施的一条建议

"十一五"期间，秦皇岛要实现建设沿海经济社会发展强市，必须认清自己的资源优势，找准产业发展的薄弱环节，学会利用周边的资源优势和产业优势，借力发力，确立自己在环渤海经济圈中的位置。盲目自大和消极等待，都不利于秦皇岛市发展目标的实现。

建议：加强与唐山的资源整合，利用唐山的资源优势和产业优势，发挥秦皇岛的环境优势和区位优势，与唐山形成"前店后厂"式的协同发展态势，借唐山成为中国经济发展的第四个增长级之势，使秦皇岛成为环渤海经济圈中的次中心城市，真正成为沿海经济社会发展强市。

具体实施措施：

（1）成立唐秦两市协作调研组（由相关专家学者、官员、企业人员组成），对唐秦两市的资源、产业状况进行详细的调查研究，向政府提供资源整合、产业协同发展的方案，为唐秦两市协同发展奠定基础。

（2）根据调研组提出的协同发展方案，政府从不同层面和角度策划唐秦两市协同发展的公关方案，并集中力量实施公关方案，为唐秦两市协同发展提供物质保障。

（3）组织唐秦两市企业家和专家学者进行交流，政府尽可能为其搭建交流平台，通过这两个层面的交流，为唐秦两市实质性合作打开出口。

2007 年 5 月 28 日

用科学发展观引领秦皇岛城市发展

——“城镇面貌三年大变样”座谈会发言

根据省委、省政府“城镇面貌三年大变样”活动要求，秦皇岛市制定了《秦皇岛市城镇面貌三年大变样活动实施方案》和《城镇面貌三年大变样活动考核细则》，有利于实现城镇面貌三年大变样的目标。本人仅从以下两个方面谈一点个人的看法：

一、充分认识城市发展阶段，从思想上落实科学发展观

改革开放30年来，中国城市经历了三个重要的发展阶段，呈现出五个方面大的变化。这三个阶段就是城市建设阶段、城市管理阶段和正在进入的城市品牌阶段。在这样的演变过程中，城市的结构、功能及其形态将出现新的变化：一是从经济快速发展转向经济社会协调发展；二是从生存型社会转向发展型社会；三是从政府管制转向公共服务；四是从城市竞争转向城乡统筹；五是从城市规模扩张转向城市品牌价值提升。透过这五大转向我们隐约可以找到打开未来城市发展之门的钥匙，那就是以科学发展观和以人为本这个中心，增强城市的竞争能力，提升城市的生活质量，放大城市的品牌价值，最终把城市的发展引导到“生产发展、生活富裕、生态良好”和“全面、协调、可持续”以及“宜居、宜业、宜学、宜商、宜游”的“五宜”轨道上来。

二、加快“宜居宜业宜游一体化”建设，从行动上落实科学发展观

城市的品牌价值，第一要义是宜居，核心是宜业，基本要求是宜学、宜商和宜游。但是对秦皇岛这样一个环境优美、生态良好的旅游城市，应该首先从“宜游”入手，通过吸引更多的游客来秦皇岛旅游，让游客感受到秦皇岛自然的美丽、文化的深厚、田园的悠闲以及城市的开放和包容，促进“宜居”的建设，吸引更多的投资者来秦皇岛投资置业，促进秦皇岛产业结构的优化，从而实现

"宜业"。对秦皇岛而言，"宜居、宜业、宜游"建设必须一体化，不能孤立地谈"宜居""宜业""宜游"，应该全盘考虑，整体建设，形成"宜居、宜业、宜游"的良性互动，提升秦皇岛整体城市品牌价值。具体建议：

（1）突出秦皇岛的城市特色。首先，突出秦皇岛的开放城市特色。其次，突出秦皇岛的田园城市特色。最后，突出秦皇岛的文化城市特色。

（2）研究秦皇岛的宜居标准。首先，把握宜居城市的内涵。其次，比较其他城市的宜居标准。最后，制定秦皇岛市的宜居建设标准。

（3）改善秦皇岛的宜业环境。政府除了加大招商引资力度，促进工业发展外，更应该强化其公共服务功能，逐渐把政府经济管理职能转移到为市场主体服务和创造良好的发展环境上来。通过提供交通、环境、安全等方面的公共产品，为外来的旅游者提供一个良好的旅游环境；通过营造公平、公正、公开的市场竞争环境，维护公平竞争的市场秩序，形成统一、开放、竞争、有序的现代市场体系，为投资者提供良好的投资环境；通过财政重点向基础设施、公共设施建设倾斜，向生态建设、环境保护倾斜，向扩大社会就业、改善困难群众生活倾斜，建设宜居城市。通过强化政府公共服务职能，尤其是金融机构服务职能，进一步营造宜居的商务环境与和谐的生态环境，提升秦皇岛城市品牌价值。

"栽得梧桐树，才能引来金凤凰"，宜居、宜游的环境将会吸引更多的投资者，尤其容易吸引总部经济、会展经济、文化创意以及服务外包等新兴现代服务产业和高新技术产业，这样有利于形成高端化、高质化、高新化的产业结构，进一步提高城市宜居、宜游程度。同时，政府要通过多渠道（如行业协会、民政、妇联等不同渠道）加大对再就业人员的培训，制定有利于个人创业的机制和政策，加强长城与海融合文化的宣传，增强居民的创业意识和创业动力。真正把秦皇岛建设成为"宜居宜业宜游、富庶文明和谐"的城市，践行科学发展观。

2008 年 9 月 25 日

整合“三色”旅游资源优势 打造美丽秦皇岛

——“巾帼共筑中国梦”建言献策

当前，秦皇岛正面临着新的历史机遇，处于一个关键时期。党的十八大提出了“两个一百年”的奋斗目标，确立了实现中华民族伟大复兴的“中国梦”。国家“十二五”规划也提出“推进京津冀区域经济一体化发展，打造首都经济圈”。秦皇岛如何抓住这一发展机遇，发挥秦皇岛的独特优势，是摆在我们面前的迫切任务。秦皇岛应大力整合具有独特优势的旅游资源，着力打造蓝色、紫色和绿色“三色”旅游产业带，推出有影响力的精品旅游线路，以特色旅游优势，打造美丽秦皇岛，造福本地居民，吸引外地游客，服务国家领导人。

一、以海岸线为核心，构建长城海滨旅游产业集群，打造“蓝色产业带”

围绕秦皇岛 162.7 千米海岸线资源，用“北戴河”品牌带动山海关、海港区以及北戴河新区的滨海休闲度假旅游产品的进一步开发和创新，带动商务、金融、教育、文化、培训等服务业的壮大，促进会展经济、文化创意、养老产业、体育产业、高新技术以及加工制造业（旅游纪念品的开发制造）的发展；通过实施西港搬迁改造，调整港口功能转型升级，发展海上旅游，促进港口与产业、城市互动发展。

二、以葡萄种植和葡萄酒产业为重点，构建田园葡萄酒旅游产业集群，推出“紫色产业带”

通过葡萄酒产业带动葡萄栽培技术的研发、葡萄酒包装及设备、葡萄籽加工技术研发等相关产业的发展，促进工业、种植业、旅游业及会展业等相关服务业的提升。

三、以北部山区生态资源为抓手，构建生态旅游产业集群，包装"绿色产业带"

通过保护和开发北部山区的原始生态资源，强化旅游产业与特色农、林、牧业的融合，深度开发科技种植、生态种植、农家乐等产品，打造"一小时田园生态圈"；强化旅游产业与地方文化的融合，挖掘民间喜闻乐见的休闲健身项目，像秧歌、皮影、吹歌等，成为吸引大都市游客的亮点，促进生态旅游、特色农业和文化产业的共同发展。

四、以龙头景区为引领，整合区域内外的旅游景点，培育特色经典旅游线路

针对中远程市场的需求，通过实施差异化、互补化发展战略，整合首都经济圈同系列的旅游资源，策划 3 ～ 5 条品牌旅游线路作为推向旅游市场的经典产品，进行全方位打造，建成全国性的旅游热线，使每一条旅游线路都突出旅游资源的核心优势和旅游线路的独特风格。同时，根据秦皇岛自身特色，推出一批中短途旅游线路，以满足假日周边旅游市场的需求。

五、以旅游体制创新为突破，注重旅游资源的整合和谋划，构筑好旅游发展的基础

通过旅游发展委员会，加强对旅游产业发展的指导，强化旅游资源开发管理、旅游策划、旅游安全、旅游信息、旅游交通、旅游人才培养、旅游质检、旅游市场及旅游投诉等综合管理职能，为旅游产业发展提供重要的协调管理体制保障。

2013 年 3 月 25 日

关于打造秦皇岛“第二会客厅”的建议

——市委书记“秦皇岛五问”建言

秦皇岛作为最早的沿海开放城市，饱受发展战略之殇的困扰，到现在开放型经济体系还没有建立起来。省委常委、市委书记田向利同志在市委常委班子专题民主生活会上作了重要讲话，针对我市经济社会发展中存在的突出问题，鲜明提出了“秦皇岛五问”。田向利书记提出的“五问”既是对市委深化改革的战略思考，也深刻指出制约我市发展的关键所在，尤其是解决好第三问，借助于国家推动京津冀协同发展大局，必将对我市经济社会发展产生重大而深远的影响。为此，市博士专家联谊会经济学分会针对“秦皇岛有全国独一无二的暑期优势，在争取政策、资金和项目有得天独厚的条件，我们应该如何把这种政治优势转化为发展优势？”的第三问开展专题调研工作，并提出打造“秦皇岛第二会客厅”的建议，旨在为市委决策出大主意、当大参谋，为建设“沿海强市、美丽港城”贡献力量。

一、发展诉求契合、政治优势转化、国际化开放门户

借助北京致力于依托京津冀协同发展建设世界城市，秦皇岛将延伸首都政治功能，同步打造“第二会客厅”的现代化国际滨海名城。“第二会客厅”是秦皇岛融入京津冀协同发展和承接北京世界城市拓展的独特功能定位，世界城市与滨海名城共融发展是秦皇岛在京津冀协同发展中融入北京世界城市建设的战略契合点。

世界城市是城市化进程的高端形态，综合体现一个国家和地区的领导力和竞争力。国际经验表明，世界城市的职能并非集中在一个重要的城市，而是都有一个支撑其发挥控制职能的高度发达的城市区域作为腹地延伸，形成高度整合、一体化的区域体系。借鉴国际上以首都作为中心城市的世界城市发展规律，由首都城市和港口城市及其连线所组成的区域双核空间结构是世界城市兴起的一种高效的空间结构。中国大国崛起的影响力和首都现阶段的城市化进程赋予了北京寻求在京津冀协同大局中建设世界城市的发展诉求。河北沿海港口城市作为首都北京的海上门户迎来了寻求承接北京建设世界城市政治、经济和文化功能拓展的巨大发展机遇。

秦皇岛除了成为首都重要的出海口，更具有延伸首都政治功能，建设非正式外事交流的“第二会客厅”的特殊优势。随着我国社会经济高速发展，国际话语权不断提升，外交活动日益频繁，国家需要有承担非正式外事交流的“第二会客厅”。许多国家在首都之外都具有一个相对固定的、环境品质较好的会客厅，以承载高端休闲度假、高级峰会的职能，并作为国家接待与形象展示的重要平台。例如2013年6月7日至8日，习近平在美国同奥巴马举行会晤，地点不是白宫，而是加利福尼亚州的安纳伯格庄园。

北戴河是首都周边唯一适宜发展“第二会客厅”的地区，更具有承载国际高端度假、中央暑期度假、国际高峰交流的滨海客厅功能。当前北戴河过多地聚焦于如何提高暑期服务质量和确保暑期社会稳定，在北戴河国际名片的经济功能的提升方面有着明显的欠缺，而提升北戴河“第二会客厅”功能是将秦皇岛暑期的政治优势转化为独特发展优势的主要抓手。

二、港口职能转型、沿海开放通道、国际滨海旅游港

“第二会客厅”战略目标的实现需要协同港口职能导向转型。秦皇岛东港区在承接西港货类运输转移后，应巩固面向首都地区及东北、内蒙古腹地的货运出海通道优势；秦皇岛西港区依托城市核心商圈致力于建设承载旅游、客运功能，保税及商贸功能的国际滨海旅游港，打造首都地区出入境游的海上门户。

目前秦皇岛港与唐山港、天津港在煤炭和铁矿石、油品等能源和原材料运输为主的散货及集装箱吞吐业务高度重合，并处于严重的竞争劣势。综合来看，天津港定位于国际性综合大港，致力于打造中国北方国际航运中心，唐山整合京唐港、曹妃甸港为一体的面向首钢等大型企业建设地区性重工业港口。秦皇岛港除了传统功能定位于煤炭装船港、集装箱喂给港以外，应立足于丰富的滨海旅游资源和“第二会客厅”的国际高端峰会功能重点建设承载旅游、客运功能、保税及商贸功能的国际滨海旅游港。

根据国际邮轮游艇停靠港口的运营特点，秦皇岛港在码头航道条件、旅游资源、交通网络、接待条件、口岸通关、船舶维修及相关服务业配套等方面具有首都地区其他港口所无法比拟的优势和发展基础。尽管天津港在此方面也具有一定的优势和基础，但境外邮轮码头一般位于市中心，是城市核心商圈的重要部分，往往由原货运码头改造形成，天津国际邮轮母港项目远离城区，周边尚未开发，对外交通不畅，市场需要培育，启动相对艰难。位于市中心临近城市核心商圈的西港区正可以将原货运码头改造成客运港区，重点建设面向旅游、客运、保税及商贸的国际滨海旅游港。

因此，秦皇岛国际滨海旅游港的港口职能定位符合打造延伸首都政治功能的“第二会客厅”的现代化国际滨海名城建设目标。“第二会客厅”的国际高端度假、高峰交流和休闲旅游功能将极大促进秦皇岛国际滨海旅游港建设，为秦皇岛港口职能转型和城市经济发展增加新的活力。实施西港搬迁工程将污染性货类运输向东港区转移，使东港区成为以大宗货类运输的临港工业服务为主的港区，与山海关区的临港重工业相配套，巩固面向首都经济圈及东北、内蒙古腹地的货运出海通道优势；西港区致力于建设以客运、滨海旅游的高端服务业为主的港区，并进一步打造成为国际旅游港作为首都经济圈的出入境海上门户，往南与北戴河的“第二会客厅”相连全力建设现代化国际滨海名城。

三、临港近海点睛、优化城市布局、增长极腹地延伸

临港近海是秦皇岛融入京津冀协同发展格局的主要区位优势，打造临港沿海经济隆起带是秦皇岛立足京津冀由内陆走向海洋城市空间开发的重要区域。秦皇岛将依托南部滨海岸线和中部交通轴线形成增长极腹地延伸的“人字轴”空间结构，构建“两轴、两翼、四级”的总体城市布局，促进港—产—城多中心网络化发展，拉开沿海转型发展大框架。

“人字轴”城市空间结构：一是依托东西港区的客货出海通道和北戴河的“第二会客厅”连接由北到南的海岸线，将整个滨海地区打造成为城市发展新区的巨大增长极，二是依托东西走向的京沈交通轴线，连接抚宁、昌黎和卢龙的节点县区，成为滨海地区转型升级的城市功能拓展区。

“两轴、两翼、四级”的总体布局。一是延伸发展“两轴”，特别是南部滨海轴，即滨海产业带，连接港口、机场、铁路、公路，形成沿海大通道，实现港—产—城一体化联动，实施海洋发展战略，全力建设国际旅游港和“第二会客厅”，大力发展海洋产业、高新技术产业和现代服务业，打造首都经济圈现代海洋产业聚集区，环渤海地区高新技术转化基地和国际著名的滨海旅游度假名城。中部东西轴，即沿京沈高速产业带，在积极制定各种优惠措施吸引海洋产业、高新技术产业和现代服务业向滨海产业带聚集的同时，将传统工业的玻璃制品制造、食品加工和金属冶炼从滨海产业带剥离向周边县区转移，实现腾笼换鸟，加速县域经济区工业化进程，形成中部沿京沈高速产业带。二是强化建设"两翼"，依托秦皇岛港和滨海沿线，做大做强海港组团的中心片区，打造主城区 CBD 核心，以中心片区为中心形成东西两翼产业聚集区。东翼，现代海洋产业聚集区；西翼，高新技术产业与现代服务业聚集区。三是重点打造"四级"，东西两翼产业聚集区各重点打造两个增长极。东翼，在秦皇岛西港搬迁后建设国际旅游港，整合海港经济开发区、圆明山文化旅游聚集区，建成海洋交通运输、海洋生物、海洋高新技术和滨海休闲娱乐的现代海洋产业聚集区；依托秦皇岛东港区和经济技术开发区东区建成船舶和海洋工程装备制造基地。西翼，在秦皇岛经济技术开发区西区建成高新技术产业聚集区，在北戴河新区建成现代服务业聚集区，服务北戴河区"第二会客厅"和滨海旅游度假功能。

四、海洋产业主导、高技术产业支撑、现代服务业集群

秦皇岛在京津冀协同发展中应重点发展独具区位优势的特色产业，其产业发展定位是围绕港口导向的海洋产业，服务于"第二会客厅"的现代服务业，以及承接北京知识溢出和技术扩散的高新技术产业，从而打造特色产业集群，形成融入京津冀协同发展的特色化发展路径。

海洋产业。秦皇岛港口通航条件与海洋生态环境俱佳，适宜成为北京建设世界城市的海洋板块和首都经济圈新兴蓝色经济先导区。秦皇岛应以海洋产业作为区域主导产业，并逐步向海洋高技术产业领域延伸。滨海旅游业，实施"旅游兴市"战略，建设国际旅游港，形成滨海、长城两个旅游精品线路，大力发展邮轮游艇、休疗养生、文化体验、生态观光、温泉度假和会议会展等高端旅游业态。海洋交通运输业，优化港口功能，推进西港搬迁改造工程，加快建设秦皇岛国际航运服务中心和国家级煤炭交易中心。临港物流业，壮大港口物流、提升制造业物流、优化商贸物流，把秦皇岛建成东北亚国际物流节点城市、面向三北的生产组织中心和商品分拨集散中心。临港制造业，着力发展以船舶及海洋工程装备制造、电力装备、重型工程装备、高速铁路设备、汽车整车及零部件制造为主导的先进装备制造业，建成首都圈重要的临港重大装备制造基地。海洋高技术产业，大力引进海洋环境探测、海洋生物资源开发、海水资源利用、海洋矿产资源勘探开发和海洋可再生能源的研究开发等新技术，推进海洋生物技术、海水综合利用、海洋风能、海洋工程技术等开发和产业化。

现代服务业。“第二会客厅”和国际旅游港是秦皇岛融入首都经济圈和承接北京世界城市功能拓展的两大战略重心。秦皇岛自海港区至北戴河新区的滨海沿线需要加快国际化开放步伐，构建功能完备的现代服务业产业集群。海港区作为主城区是建设国际旅游港依托的城市核心商圈，要完善城市服务功能集中建设，包括银行、基金、债券、保险等金融商务服务的金融街，服务于政府部门、贸易协会、企业总部的中央商务区（CBD），集宾馆饭店、旅游景点、娱乐场所的旅游集散地，时尚设计、影视、音乐、艺术的文化创意产业，以及融合各类技术创新载体的科技园区等高端功能区。全面提高现代服务业的发展水平，成为出入境游的首都海上门户和秦皇岛城市文化名片。北戴河区承载暑期国家非正式外事交流“第二会客厅”的高端休闲度假、高端峰会职能，重点发展高端旅游、健康养生、会议会展、休闲娱乐、文化创意、总部经济等现代服务业。北戴河新区要延伸和拓展“第二会客厅”的休闲商务区（RBD）的功能，聚集金融、会计、律师、咨询、广告、经纪、市场顾问等各种类型商务服务的公司，形成商务服务发达、功能齐备的现代化商务中心。

高新技术产业。利用北京后工业化时代孕育的强大知识溢出与技术扩散，将高新技术主要产品的元器件、零部件，及各种相关配套产品转移到秦皇岛进行生产和加工。这种以技术转移附带人力资本流动为主要载体的产业转移已经在秦皇岛节能环保、数据产业和智能制造领域渐成趋势，为秦皇岛以高新技术对传统产业的渗入、融合和改造的新型工业化进程发挥显著的促进作用。在节能环保领域，培育壮大现有新能源设备、半导体照明、大气治理、建筑节能材料等企业规模，形成完整的节能环保产业链和产业集群，打造首都经济圈内最具竞争力的节能环保产业基地。在信息高技术领域，建设秦皇岛数据产业基地，大力培育数据服务、呼叫中心、数字技术、数字网络、新媒体、创意动漫等新兴数据产业，发挥秦皇岛物联网技术中心作用，以发展新一代信息技术，实现智慧城市建设。在智能制造装备领域，重点推进智能仪表装备、智能专用装备产品，实现对传统装备制造过程自动化、智能化、精密化改造，带动整体智能装备水平的提升，在工程机械、环保机械、煤炭机械、冶金机械等各类大型智能专用装备领域寻求重大突破。

五、对秦皇岛市发展的几点建议

1. 京津冀协同发展是重大机遇

建议：（1）成立市级层面协调机构，推进京津冀协同发展工作；（2）提早开展政策研究，加强对接京津的政策储备；（3）组建对外宣传团队和专家咨询团队；（4）对已达成共识的项目提早启动，抓紧对接跑办。

2. 大北戴河区建设是重中之重

建议：（1）科学谋划四规合一，建立项目准入与禁入机制；（2）对标学习国际上戴维营、索契等地开发经验，借助政治影响力提升“第二会客厅”的经济功能。预防北戴河机场亏损问题，支线机场的重复建设致使众多机场入不敷出问题显著，提前开展预判、预警与应急工作。

3. 西港搬迁是最后的崛起之基

城市化进程与土地空间约束是秦皇岛不得不面临的发展问题，西港搬迁后的主题定位与功能开发无疑是秦皇岛经济崛起最后的基石。建议科学规划，慎之又慎，前面提出重点建设承载旅游、客运功能，保税及商贸功能的国际滨海旅游港，这是首都地区独一无二的功能定位，也只有秦皇岛才具备这样的发展条件。

4. 坚持产业结构调整振兴之路

期待经济形势好转、传统产业复兴无疑是饮鸩止渴。钢铁等我市现有四大支柱产业已经处于市场规律和生态约束的双重锁定，衰落是发展的必然。海洋产业、现代服务业和高新技术产业是未来我市发展的朝阳产业，需要在坚持产业结构调整和忍耐 GDP 指标不振的尴尬局面下坚忍发展，最终破茧成蝶。

5. 学习型政府打造制度软实力

积极构建适应国家重大政策变化的学习型政府。政府是简政放权、优化环境等方面的实施主体，建议拓展引智机制，让熟知经济与管理的复合型人才走向适宜管理岗位，以提升公务人员整体素质水平，打造我市政务工作的制度软实力。

2015 年 11 月 3 日

关于创建“国际健康岛”的建议

——市委咨政建议

党的十九大报告明确提出“实施健康中国战略”。在“健康中国”上升为国家战略后，相关省区市均已加速布局“健康+”产业，尤其以健康旅游业最为突出。11个自贸试验区的建设，也加速了旅游业对外开放，城市间国际健康旅游业及关联产业竞争将更加激烈。市委十二届二次全会提出了到2040年初步建成一流国际旅游城市的奋斗目标。增强对高端业态、产品和游客的吸引力和黏性，无疑是加快秦皇岛旅游产业转型升级的关键。作为全国首批沿海开放城市，中外闻名的疗养度假胜地、中央领导夏季办公休息之地以及中国首个生命健康产业创新示范区所在地，秦皇岛应抓住国家实施健康中国战略之机，走“健康+旅游”融合发展之路，打出创建“国际健康岛”这张牌。

一、秦皇岛创建“国际健康岛”的优势

1. 秦皇岛具有创建“国际健康岛”的先天基因

（1）坐落在山海之间，自然风光优美。一般健康休养之地都坐落在海滨和山地，这些地方的负氧离子丰富，有利于健康养生。（2）中外名人眷顾之地，文化底蕴深厚。秦皇求仙入海之地、中国最早对外国人开放的避暑地、中国领导人夏天办公休息地、国内外专家和劳模休疗养地、国家体育总局训练基地，名人轶事很多，有利于健康文化的挖掘。（3）独特的地质构造，历经年代久远。秦皇岛的柳江盆地外围都是25亿年前的岩石，没有被大海淹没过，但是柳江盆地却经历了四次为海，四次为陆，刻下了海枯石烂、沧海桑田的痕迹，被公认为“天然地质博物馆”，象征着长长久久，有利于长寿福地印象的形成。

2. 秦皇岛具有创建“国际健康岛”的产业基础

（1）旅游产业一直是秦皇岛重点发展的产业，尤其在2017年，秦皇岛抓住

承办河北省第二届旅发大会之机，打通了山海之间的通道，提出了“秦皇山海，康养福地”的宣传口号，为创建“国际健康岛”奠定了一定的基础。（2）北戴河作为国家级休疗养地，集聚了隶属于中直机关、国务院、全国人大、全国政协、中纪委及中央各部委在内的196家休疗养院（所），创建“国际健康岛”的基础设施完备。（3）规划面积520平方千米的中国首个生命健康产业创新示范区落户秦皇岛，为探索创建“国际健康岛”提供了很好的制度环境。

3. 秦皇岛具有创建“国际健康岛”的品牌效应

（1）2017年11月，秦皇岛顺利通过“创城”大考，以优异成绩被中央文明办确定为第五届全国文明城市，为创建“国际健康岛”奠定了坚实的品牌基础。（2）2017年10月31日，中国社会科学院社会发展研究中心、甘肃省城市发展研究院、兰州城市学院、上海大学、社会科学文献出版社、甘肃省人民政府参事室共同发布了《生态城市绿皮书：中国生态城市建设发展报告（2017）》。根据《报告》，秦皇岛在2015年中国健康宜居型城市中排在第43名，河北只有秦皇岛（43名）和石家庄（83名）两个城市进入前100名，提升了创建“国际健康岛”的品牌影响力。（3）北戴河生命健康产业创新示范区是全国第一个获批的国家级生命健康产业创新示范区，目标是形成“医、药、养、健、游”五位一体的生命健康产业集群，增强了创建“国际健康岛”的品牌潜力。

二、创建“国际健康岛”的几点建议

1. 积极谋划，借机叫响秦皇“国际健康岛”

今年是贯彻党的十九大精神的开局之年，是改革开放40周年，也是北戴河被辟为避暑地120周年，积极谋划，借机叫响秦皇“国际健康岛”。（1）加大宣传力度，以南有海南“国际旅游岛”、北有秦皇“国际健康岛”作为宣传，借势加深游客对秦皇岛健康旅游的定位印象。（2）注册“北戴河健康国际论坛”永久会址，谋划举办首届“北戴河健康国际论坛”，打造北戴河健康国际交流平台。（3）借助国际马拉松赛、世界徒步大会、国际帆船帆板赛等重要赛事，增强游客对秦皇“国际健康岛”的认知度和美誉度。

2. 主动对接，办出首届市旅发大会特色

由北戴河区承办的首届市旅发大会要突出“国际健康岛”主题，用健康主线串起“健康环境、健康社会、健康服务、健康文化、健康人群和健康产业”六大健康的内容，设计适合四季性、融合性旅游项目，增强对高端业态、产品和游客的吸引力和黏性，进一步提升秦皇“国际健康岛”的影响力和美誉度。

3. 改革创新，推进休疗养院向养生酒店转型升级

养生酒店是康养产业的重要业态。它以养生为主题，跨界融合健康、旅游、文化，是新型旅游目的地，在国际上已有20年历史。环境污染、老龄化、亚健康等问题的加剧，迫使消费者寻求更健康的生活方式，形成了全球养生产业3.4万亿美元收入中，养生旅游部分占4940亿美元的规模。而养生服务中有80%的服务与养生酒店相关，养生酒店未来市场发展潜力巨大。北戴河休疗养院转型升级要走健康旅游发展之路，可以依托北戴河新区国际康养旅游中心的一些项目，也可以引入秦皇岛市惠斯安普医学系统股份有限公司开发的疾病早期筛查与慢性病干预康复系列医疗设备，改造北戴河休疗养院为养生酒店，面向以亚健康群体为主的全客群，按照抗肿瘤、抗衰老、减压/睡眠改善、美容/塑身等不同主题，提供养生服务套餐，使北戴河休疗养院华丽转身为各具特色的北戴河养生酒店，做强健康服务业，叫响秦皇“国际健康岛”。

4. 服务民生，启动秦皇岛人口健康普查工作

十九大报告指出“人民健康是民族昌盛和国家富强的重要标志。要完善国民健康政策，为人民群众提供全方位全周期健康服务”。人口健康普查是政府提供全方位全周期健康服务的重要途径和具体体现。创建“国际健康岛”，首先要让生活在“国际健康岛”的人民感知健康，提前进行健康风险干预。秦皇岛可以借鉴北京市平谷区人口健康普查工作经验，通过开展秦皇岛人口健康普查，进行人口健康检测和健康数据分析，绘制秦皇岛人口健康状况分布图和结构图，建立健康服务平台，开展健康风险干预。

2018年2月18日

（此建议得到时任秦皇岛市委书记孟祥伟的批示）

对秦皇岛融入京津冀协同发展的几点建议

——市委咨政建议

今年2月26日，习近平总书记主持召开座谈会，专题听取京津冀协同发展工作汇报并发表重要讲话，将京津冀协同发展提升到重大国家战略的高度。秦皇岛市作为全国最早开放的14个沿海城市之一，发展速度较慢、经济总量较小的主要原因，是因为秦皇岛一直处于京津冀区域的边缘。要想改变这种边缘劣势，必须要抓住京津冀协同发展的这次机遇，打破常规发展思路，创新思路，使秦皇岛在京津冀协同发展过程中核心化。

一、做好顶层设计，创新“两种”思路，使秦皇岛成为京津冀区域的次中心

有两种思路可供选择：

思路一：建设“北京首都飞地”。中国国际城市主题文化设计院付宝华院长提出的建设“北京首都飞地”确实是一个非常好的思路，如果这个思路能够得到北京市政府甚至中央的支持，这将是京津冀协同发展的一个突破口，也将促进环渤海大城市带的形成，不仅有利于京津冀协同发展，也有利于环渤海经济圈的发展。

思路二：建设“北戴河首都”。如果说“首都飞地”难以吸引北京的文化产业，高新技术产业，金融产业、总部经济，那么我们可以逆向思维，建设“北戴河首都”，把“夏都”变成首都，中央及各部委搬迁到北戴河，划定“北戴河特区”。美国首都华盛顿特区正好紧邻马里兰州和西弗吉尼亚州两个州，距纽约大城市经济圈380公里；秦皇岛距北京380公里，位于河北省与辽宁省的交界处。如果真能迁都北戴河，很多坐落在北京的公司总部和金融产业也必将“随迁”到北戴河（这里指的是大北戴河的范畴），真正实现北戴河建设总部经济的目标。

二、用好“看得见的手”（政府），为“看不见的手”（市场）发挥作用奠定坚实的基础

核心 - 边缘体系是在市场经济体制下，由市场力量（主要规模经济带来的技术集聚和社会集聚）和某些偶然因素（区位因素和特定的自然条件，以及建立在区位因素和自然条件基础上的政府因素）的共同作用下发展起来的。所以，秦皇岛政府在融入京津冀协同发展过程中的主动作为，应依托自身的区位因素和特定的自然条件，进一步完善基础设施、优化好“两个环境”，为市场配置资源奠定坚实基础。

1. 进一步完善与京津石互联互通的海陆空立体交通网络，突破距离瓶颈

尽快打通秦皇岛到北京的“高铁”通道，使北戴河机场尽早通航，形成与京津两市的“一小时交通圈”，同时通过“京津”中转，缩短石家庄到秦皇岛的距离；以西港搬迁改造为契机，积极拓展港口集疏运功能，力争参与到渤海自由贸易区建设中；下大力气疏通城市内部交通微循环，打造市域“半小时交通圈”。

2. 进一步加大环境治理力度，打好生态这张牌

加强大气污染防治、城乡造林绿化、北戴河近岸海域环境治理和渤海湾渔业生态修复，加大节能减排和淘汰落后产能力度，强化秦皇岛“生态”资源对京津冀高端产业和企业的吸引力，打好生态这张牌。

3. 进一步优化发展环境，搭建好“筑巢引凤”的平台

不断优化发展环境，加大简政放权、加强服务、推进公开的步伐，提高公共服务效率，用优质的发展环境和市场机制吸引京津优质要素向秦皇岛流动。

三、处理好经济发展与资源保护的关系，成立“两个”委员会，全市一盘棋

秦皇岛作为区域中的边缘地区，虽然经济总量比较小，经济发展速度较慢，但也正是因为工业发展慢对生态破坏比较小以及自身得天独厚的自然环境，反而使秦皇岛拥有经济发展快的核心地区所不具备的稀缺的自然资源，三区四县形成了英国城市学家霍华德所描述的未来理想城市的模式——明日的田园城市（城市规模不能太大，被乡村带包围）。在京津冀协同发展这个中长期过程中，秦皇岛在加快招商引资步伐、促进经济发展的同时，必须全市一盘棋，协调好经济发展与资源保护的关系，解决好县域经济与城市工业结构的互动关系。

1. 组建京津冀协同发展招商委员会

由市主要领导挂帅，各县区领导、相关职能部门领导、相关领域的专家和相关企业家组建京津冀协同发展招商委员会，统一协调京津冀产业转移招商工作，避免多头招商、分散招商、饥不择食，把好对接质量关的同时，减少资源的浪费，形成合力。

2. 组建京津冀协同发展调研委员会

由市委领导牵头，市委市政府相关研究人员、专家学者、企业家组成京津冀协同发展调研委员会，对京津冀的资源和产业状况进行详细的调研分析，向市委市政府提供资源整合、产业协同发展的方案，为秦皇岛融入京津冀协同发展大格局提供科学客观的决策依据。

2014 年 4 月 26 日

加强统筹协调　推进多规合一
——市“十三五”规划编制建议

“十三五”时期是党的十八大提出两个“一百年”奋斗目标的第一个“一百年”（到中国共产党成立100年全面实现小康社会）的最后一个五年计划时期，是我国跨越中等收入陷阱的关键时期，也是我国区域经济重构的重要阶段。所以，“十三五”规划的编制工作对各地都显得尤为重要。

一、充分认识“十三五”规划编制工作的重要性

1.“前定格”阶段的精细化设计

“十三五”时期实际上进入了“前定格”阶段，这个阶段的五年规划基本上确定了各地经济社会发展在全国的位置，五年规划的编制不能再粗放了，一定要精细化顶层设计。

2. 区域经济重构的准确定位

随着京津冀协同发展、“一带一路”、长江经济带等国家“新空间”战略的部署，未来行政区划将被逐步打破，区域经济开始重构。指导京津冀三地发展的纲领性文件《京津冀协同发展规划纲要》即将出台，京津冀协同发展已进入到全面推进、重点突破的实质性操作阶段。通过精细化编制“十三五”规划，找准我市在京津冀区域重构中的位置。

3.“依法治市”的先行基础

推进依法治市、建设法治政府，依法规划要先行。通过统筹协调编制“十三五”规划，使国民经济和社会发展规划与城乡总体规划、土地利用总体规划、生态环境保护规划“多规合一”，形成一张蓝图干到底的规划体系，为我市可持续发展奠定良好的基础。

4. 经济发展转速换挡期的战略引领

我国经济发展速度由高速转向中高速，经济发展进入新常态。我市也面临经济下行的巨大压力，通过编制"十三五"规划，谋划好我市的产业发展，选择好战略性新兴产业，并为其未来成长为主导产业提供足够的资源和良好的环境。

二、深刻剖析"十二五"规划执行的不足

第一，规划编制系统性差，多项规划之间缺乏协调和衔接，不协调的各规划无法满足城市发展的需求，往往造成公共设施配套不足、投资浪费、产业链不完整，削弱了规划的严肃性和权威性。

第二，项目落地涉及发改、规划、国土、环保等多个部门的协调，各部门审批依据不一致，需要反复协调，造成投资建设成本高，行政效率低下，规划执行随意性大，很难一张蓝图干到底。同时，人大、执法部门和公众也无法有效地监督规划的实施和修改。

第三，规划与预算不配套，尤其是国民经济与社会发展规划相对粗放，缺乏对产业发展配套的引导资金，规划没有预算配套，很多规划内容难以落地。

三、推进"多规合一"编制"十三五"规划的建议

1. 精细化编制"十三五"规划

深入分析"十二五"规划的完成情况，不能把未完成指标简单地归为宏观形势和国际环境，要客观实际地分析规划编制、实施过程中存在的问题，如未完成指标是不是因为计划编制时的设定不够科学？为什么宏观经济形势对我市的影响这么大？尤其要精准分析、选择先导产业和战略性新兴产业，为未来我市培育主导产业奠定坚实的基础。

2. 推行县区试点"多规合一"编制"十三五"规划

推进市县"多规合一"是中央全面深化改革领导小组第二次会议确定的2014年经济体制和生态文明体制的一项重要任务。所谓"多规合一"是指推动国民经济和社会发展规划、城乡规划、土地利用规划、生态环境保护规划等多个规划的相互融合，融合到一张可以明确边界线的市县域图上，实现一个市县一本规划、一张蓝图，解决现有的这些规划自成体系、内容冲突、缺乏衔接协调等突出问题。我市在京津冀协同发展中被定位于旅游、休闲、度假胜地，生态环境的保护尤为重要，"多规合一"有利于融合考虑产业发展、土地有效利

用、新型城镇化、美丽乡村以及环境保护等多方面因素，符合秦皇岛市情。我市虽然不是国家推进“多规合一”的试点城市，但是我们应该把握大势，借着编制“十三五”规划之机，推行县区试点“多规合一”编制“十三五”规划。

3. 成立领导小组统筹协调市级多项规划的编制工作

为保证市级多项规划的顶层设计科学前瞻和有效落地实施，成立以市长任组长，分管发改、国土、环保、建设、财政的副市长任副组长的市级多项规划编制工作领导小组，下设办公室，由发改、国土、环保、建设、财政五部门人员组成，集中办公，另外聘请市内外的相关专家作为“十三五”规划编制顾问团成员，指导各项规划的编制工作。

4. 启动编制 2030 年远景规划工作

抓住这次“十三五”规划编制之机，在京津冀协同发展规划大框架下，同时启动 2030 年远景规划的编制工作，根据秦皇岛城市资源特点以及京津冀协同发展大格局，考虑影响中长期发展的重大趋势因素如老龄化、市场化、法制化，布局“十三五”规划后十年产业发展、城市建设以及生态环境保护，争取在京津冀区域经济重构中占据有利位置，着力把“十三五”规划的战略性新兴产业培育为主导产业，着力把我市优势资源转化为产业优势，着力提升我市人民的生活水平和生活质量。

2015 年 8 月 18 日

（此建议得到时任市委书记孟祥伟的批示）

对加快建设法治政府的三点建议

——市委咨政建议

四中全会以"依法治国"为主题，为建设法治国家描绘出新的蓝图。全会要求全面推进科学立法、严格执法、公正司法、全民守法进程，坚持依法治国、依法执政、依法行政共同推进，坚持法治国家、法治政府、法治社会一体建设。落实全会精神，推进依法治市、建设法治政府，应把好依法决策、依法规划和依法理财"三关"。

一、要把好"依法决策关"

决策是行政行为的起点，规范决策行为是规范行政权力的重点，也是法治政府建设的前提。建议：

（1）健全依法决策机制。一是把公众参与、专家论证、风险评估、合法性审查以及集体讨论决定确定为重大行政决策的法定程序。二是建立行政机关内部重大决策合法性审查机制，确保决策制度科学、程序正当、过程公开、责任明确。

（2）发挥人大在依法决策中的保障作用。为保证城市政治、经济、文化、社会和生态文明等各项事业的连续性、稳定性和可持续发展，党委决定的重大发展战略应提请人大常委会审议后批准实施，不得随意调整。

（3）建立政府法律顾问制度。组成以政府法制机构人员为主体、吸收专家和律师参加的法律顾问队伍，为政府重大行政决策、出台规范性文件等进行法律方面的研究论证和风险评估，充分发挥法律顾问在制定重大行政决策、推进依法行政中的作用。

二、要把好"依法规划关"

规划管方向、管未来，是指导和调控城乡建设发展的蓝图和依据，是保障城乡建设有序推进的重要手段。建设法治政府依法规划要先行，一定要保持城市规划的连续性，不能政府一换届、规划也“换届”。尤其要按照《中华人民共和国城乡规划法》和《河北省城乡规划条例》强化对规划依法执行的力度。建议：

（1）强化土地使用、开发强度、空间尺度、生态绿地的依法管控。切实把好规划执行关，使城乡总体规划与国民经济和社会发展规划、土地利用总体规划、生态环境保护规划“多规合一”，形成一张蓝图干到底的规划体系。

（2）提高行政执法水平。尤其要强化规划审批后的监督检查，依法对违法违规建设行为进行查处，节制各类违法建设行为的发生。

（3）加大人大对规划变更的监督力度。对城市总体规划、控制性详细规划的强制性内容，不得以政府、规委会、领导小组的文件、会议纪要等形式随意改变，规划变更必须要经过人大常委会审议后批准才能实施，确保规划执行的刚性。

三、要把好“依法理财关”

依法治市首先要做到依法理财。从 2015 年 1 月 1 日起，将施行新修订的《预算法》，全法共 101 条，其中保留了原预算法的 20 条，修改了 53 条，新增了 28 条。与原预算法相比，新预算法增强了预算的完整性和透明度，改进了预算控制方式，规范了政府债务管理，完善了财政转移支付制度，增强了预算执行的规范性，加强了人大对预算的审查监督，强化了法律责任。作为经济宪法，《预算法》的立法宗旨是规范政府收支行为，强化预算约束，加强对预算的管理和监督，建立健全全面规范、公开透明的预算制度，保障经济社会的健康发展。2014 年全国经济下行压力较大，2015 年也不容乐观，秦皇岛经济形势也比较严峻，面对严峻的经济形势和新预算法的实施，政府既要解决城市发展问题、满足民生需要，更要依法理财、遵守法律红线。建议：

（1）加大对新预算法的学习和培训力度。不仅财务人员要清楚新预算法的内容，所有行政人员都要了解新预算法的要求，充分认识依法理财是实现治理体系和治理能力现代化的重要突破口，是建设法治政府的重要组成部分，是化解当前财政管理中各种矛盾和问题的重要途径，确保行政人员树立“职权法定”“责权对等”的理念，做到“法无授权不可行”。

（2）转变理财理念和工作作风。财政部门要严格落实新预算法的规定，做好2015年全口径预算编制工作，处理好存量债务与融资发展的关系，领导干部更要树立“依法定程序行政”的理念，不得随意改变资金的使用方向，对法定程序要有敬畏感。

（3）强化人大的审查监督作用。法律的生命力在于实施。人大要做好2015年预算的初审工作，充分发挥人大代表作用。当前人大没有设立财经委员会，可借助第三方力量参与人大对预算的审查，用更深、更细的事前监督来支持政府工作，发挥好人大对政府预算的审查监督作用，确保新预算法在秦皇岛的顺利实施。

2015年11月3日

（此建议得到时任秦皇岛市委书记孟祥伟、市人大常委会主任李秦生的批示）

双城引领　双港支撑　打造知名滨海国际城市

——市委“建设国际化城市”座谈会发言

秦皇岛市第十二次党代会首次提出建设国际化城市的战略目标。目前正值我市制订《城市发展总体规划（2016—2040）》之际，在时间跨度长达25年的城市发展总体规划中，顶层设计好城市发展方向、城市发展空间和城市发展蓝图显得尤为重要。我市应抓住京津冀协同发展的有利时机，做好“双城”引领、“双港”支撑的城市发展顶层设计，为打造知名滨海国际城市奠定坚实的基础。

一、国际城市的衡量指标体系

国际城市是指在投资、贸易、商业、服务、信息、迁移和文化等方面有许多跨国联系的城市。城市国际化战略要着眼于跨国社会经济联系的建立，寻求在国际合作中获得发展。国际城市一般具有以下特征：（1）全局联结性。国际化城市经济高度发达，拥有雄厚经济实力，一般是制造业中心、商贸中心、金融中心、交通中心、通信中心、信息中心和管理中心等，对世界各城市的进化起着强烈的示范效应。国际化战略就要着眼于其诸多城市中心功能的综合，从而表现出全局联结性的特征。（2）国际指向性。国际化城市地理位置优越，区位优势明显，与国内市场和世界大市场高度关联，是世界市场链条体系的中心环节。它们接受国际市场供求关系的调节，根据国际市场的需求变化来安排生产、经营，从而成为连接国内外经济的桥梁和枢纽。国际化战略就要表现出国际指向性特征，注重城市在国内外经济中的结合点，突显其集散牵头功能。（3）实施策略性。国际化城市是全方位开放的城市，面临着各种复杂的问题。国际化战略在实施中要体现其策略性，针对不同的问题采取不同的措施。

国际城市的衡量指标体系一般由4类15个指标组成：第一类是经济发展指标（4个指标）；第二类是生活水平和社会发展指标（4个指标）；第三类是城

市基础设施和生态环境指标（3 个指标）；第四类是反映国际开放交流程度的指标（4 个指标）。（见表 1）

表 1　国际化城市的标准

分类	指标	数值
第一类经济发展指标	人均 GDP	>10000 美元
	第三产业产值占 GDP 比重	>80%
	外贸依存度	30% 左右
	R&D（研究与开发）投资占 GDP 比重	>5%
第二类生活水平和社会发展指标	人文发展指数（HDI）	>0.8
	人均住房使用面积	人均 25 平方米以上
	高等教育毛入学率	>50%
	信息化综合指数Ⅱ	80
第三类城市基础设施与生态环境指标	轨道交通客运比重	60% ～ 80%
	航空港年旅客吞吐量	4500 万人次以上
	空气综合污染指数（P）	<3
第四类反映国际开放交流程度的指标	众多大型跨国公司总部所在地	一半以上的全球最大 500 家企业设立分支机构
	外国金融机构数量	一般应达到 1000 家
	城市年入境旅游人数	年海外游客入境人数至少在 600 万人次以上
	年举办国际会议次数	大型国际会议的重要举行地如纽约、东京等城市年均举办次数为 80 ～ 90 个

按照这个指标体系对比，秦皇岛建设国际化城市主要存在以下瓶颈：（1）城市的综合经济实力较低；（2）国际开放交流程度不高；（3）城市基础设施有待加强；（4）生态环境指标尤其是空气污染指数偏高。

二、秦皇岛建设国际城市的几点建议

1. 紧紧抓住滨海特征，定位知名滨海国际城市

一是借助北京建设世界城市之机，延伸首都政治功能打造“第二会客厅”，成为国际滨海名城。由首都城市和港口城市及其连线所组成的区域双核空间结构是世界城市兴起的一种高效的空间结构，也是国际上以首都作为中心城市的世界城市发展规律。首都北京在京津冀协同发展大局中正在建设“一体两翼”（首都＋北京副中心＋雄安新区）的世界城市，秦皇岛除了成为首都重要的出海口，也具有承载国际高端度假、中央暑期度假、国际高峰交流的滨海客厅功能，更具有延伸首都政治功能，建设非正式外事交流的“第二会客厅”的特殊优势。

二是做强山海关军事文化旅游产业区，叫响“中国明代最完整军事体系”

品牌，打造国家历史文化滨海名城。中国有 1.8 万千米长的大陆海岸线，滨海城市很多，但长城与大海相连的滨海城市只有秦皇岛。以山海关古城为中心，整合秦皇岛境内拥有的关城、长城以及入海石城等历史军事建筑物，通过顶层设计参与性的活动，让长城、关城和历史人物、事件“活起来、动起来”，让旅游者置身于“军事体验之中”，亲身感受山海关作为“两京锁钥无双地”的军事重镇，做强军事旅游文化产业区，叫响“中国明代最完整军事体系”品牌，打造国家历史文化滨海名城。

三是围绕 162.7 千米海岸线大纵深，做强北戴河生命健康产业创新发展示范区，打造世界级“蓝色”健康中心城市。围绕秦皇岛 162.7 千米海岸线资源，深入挖掘秦始皇求仙入海“长寿”文化，利用北戴河生命健康产业创新发展示范区这块国家级牌子，以驱动创新、集约发展、高端引领为原则，打造生命健康服务业、生命健康制造业、生命健康农业三大板块，做强集“药、医、养、健、游”于一体的大健康产业链，打造世界级“蓝色”健康中心城市。

2. 紧紧抓住建设北戴河生命健康产业创新发展示范区机遇，做精做特“北戴河”新城

在提升以海港区为秦皇岛城市中心品位的基础上，充分利用北戴河生命健康产业创新发展示范区这一国家平台，以昌黎县城为北戴河新城的生活中心，打造包括北戴河、北戴河新区的蓝、绿、紫多彩的生命健康产业新城。

一是利用北戴河生命健康产业创新示范区，打造国际最先进的抗衰中心。利用优良的自然环境吸引国内外最先进的生命健康机构、研究机构向北戴河新区集聚。挖掘秦皇岛地名渊源，将秦皇岛定义为现代破译人类寿命密码的抗衰中心。

二是推动北戴河休疗养院转型升级，叫响北戴河养生酒店品牌。在北戴河生命健康产业创新示范区建设的引领下，从高端入手，把养生酒店作为北戴河休疗养院转型升级的突破口，面向全客群，按照抗肿瘤、抗衰老、减压 / 睡眠改善、美容 / 塑身等不同主题，提供养生服务套餐，与北戴河新区的生命健康产业形成集群优势，把秦皇岛打造成康养旅游的新高地。

三是发挥昌黎城镇化优势，把昌黎打造成北戴河新城的生活中心。2015 年昌黎城镇常住人口 14.94 万人，远远超过其他县城。昌黎作为河北省首批扩权县，在产业发展、城市建设、人口规模上都具有承接北戴河新区生命健康产业

延伸、生活服务的优势；昌黎曾作为唐山地区行政公署驻地，在医疗、教育等方面基础较好；北戴河机场也坐落在昌黎境内，把北戴河新城中心设在昌黎，不仅有利于保护北戴河和北戴河新区的自然环境，也缩短了秦皇岛与京津冀金三角（北京、天津、雄安）的距离，拉近了与京津冀区域次中心唐山的距离，有利于秦皇岛第三产业的发展。

四是升级“双港”，筑牢门户，把北戴河新城打造成北京首都功能外溢的“第二会客厅”。秦皇岛海港转型升级，建设功能完备、客货兼顾的现代化港口。东港区在承接西港货类运输转移后，巩固面向华北及东北、西北的货运出海通道优势；西港区依托城市核心商圈，建设承载旅游、客运功能，保税及商贸功能的国际滨海旅游港，打造成为首都地区出入境游的海上门户。北戴河空港功能升级，打造旅游服务国际航空港。加强北戴河机场旅游服务水平，争取永久国际航空口岸，尽快开通与俄、日、韩等国家定期航空航班；加密与主要客源地国家和地区、国内省会城市和旅游城市航线，融入国际、国内旅游组织体系，争取 6 天入境免签等旅游优惠政策，构建“一支多通”机场体系。

3. 制定城市发展负面清单，保证国际城市建设走生态之路

国际城市的建设必须走生态优先、绿色发展之路，这是秦皇岛未来在京津冀协同发展中的战略定位，也是秦皇岛打造“健康”特色中心城市的基础。所以，城市规划和建设中要制定负面清单。

一是制定城市组团间的绿廊或者绿带负面清单。设置生态保护红线，作为生态底线，保障生态安全。按照河北省统一部署，严格落实 3 大类、17 中类的划定要素和管控要求；设置生态控制线，作为生态高线，提高生态建设品质。包括生态保护林、重要河流水系廊道、重要基础设施廊道、城市组团绿带等。

二是制定北戴河新城产业发展负面清单。按照国务院批准的北戴河生命健康产业创新发展示范区产业发展规划，制定关于生命健康服务业、生命健康制造业和生命健康农业三大板块的产业发展负面清单，确保在保护好北戴河新城生态的基础上，尽快使北戴河新城产业形成集“药、医、养、健、游”于一体的大健康产业链。

三是制定秦皇岛海洋开发负面清单。设置海洋开发负面清单，在保护海洋生态的前提下，加大对海洋开发的力度，向秦皇岛 1805 平方千米的海域要生产力，积极培育海洋生物医药、海水综合利用、海洋能利用等海洋产业。

综上所述，秦皇岛建设国际化城市，应该发挥自身独特的资源优势，积极融入京津冀世界城市群的建设中，通过双城引领、双港支撑，打造以生命健康产业为核心，具有国际滨海旅游、休闲度假、国际会议、健康养生、科技研发等国际化专业服务职能的世界级“蓝色”健康中心城市。

2017 年 8 月 31 日

双城引领 双港支撑 打造一流的国际旅游城市

——市委咨政建议

秦皇岛市第十二次党代会首次提出建设国际化城市的战略目标。2017 年 12 月 8 日省委书记王东峰来秦宣讲党的十九大精神，对秦皇岛在京津冀城市群发展中的定位也提出了建设一流国际旅游城市的要求。我市应抓住京津冀协同发展的时机，顶层设计好城市发展方向、城市发展空间和城市发展蓝图，为打造一流国际旅游城市奠定坚实的基础。

一、国际旅游城市的定义与分类

国际旅游城市是指经济社会发达，旅游资源丰富，资源品位高，具有超国界吸引力，城市综合环境优美，旅游设施完善配套，旅游产业发达并成为城市主要支柱产业，国际国内游客数量众多，在国际上具有较高知名度的国际性城市。国际旅游城市是在城市参与世界经济发展分工合作中形成的，是根据城市发展条件和比较优势的大小，选择了旅游产业作为其主要的外在功能，并依托完善的城市功能体系产生强大的国际客源聚集能力，最终形成的城市形态。

（一）按照主体吸引物的不同划分

1. 自然风光型

自然风光型城市主体吸引物为山水风光等自然资源，资源品位高级，或以罕见景观著称于世，或以景观完美组合闻名全球，如坎昆、帕塔亚、火奴鲁鲁。

2. 花园型

花园型城市规划布局合理，城市建设园林化，城市建筑艺术化，给人以城园合一的感觉，如新加坡、堪培拉、华盛顿。

3. 娱乐型

娱乐型城市的主体吸引物为主题性游乐项目，以人造景观或惊险刺激性娱乐活动吸引大量游客，如拥有全球第一家迪斯尼乐园和好莱坞影城的洛杉矶、盛行博彩业的澳门和蒙地卡罗。

4. 商贸型

商贸型城市主体吸引物为经济贸易等萌生性旅游资源，一般是世界著名的金融、商贸交易场所，如香港、莱比锡。

5. 文化型

文化型城市主体吸引物为悠久历史积淀的人文旅游资源，一般以拥有世界垄断级文物古迹而著称于世，形成独特丰富的文化氛围，如巴黎、西安、开罗等。

（二）按照城市主要功能的差异划分

1. 国际风景旅游城市

国际风景旅游城市以鲜明的风景为标识，凭借城市得天独厚的自然风光以及融自然环境为一体的人文景观，创造出优美的风景名胜和城市旅游环境，成为国际观光、度假、康复、疗养的胜地，如坎昆、帕塔亚、火奴鲁鲁。

2. 国际商务旅游城市

国际商务旅游城市以鲜明的商贸为标识，凭借城市得天独厚的经济贸易中心、金融枢纽地位和完善的商务服务体系，加上优美的城市环境和风光资源。如苏黎世，新加坡等。

3. 国际会议旅游城市

国际会议旅游城市以鲜明的会展为标识，凭借良好的国际交流和会展服务环境，成为各类国际会议和展览活动的集聚地，如日内瓦、布鲁塞尔等。

4. 国际宗教旅游城市

国际宗教旅游城市以独有的宗教地位，主要提供宗教朝拜、宗教观光等产品为主的国际旅游城市，如麦加。

二、秦皇岛建设国际旅游城市的资源优势

1. 秦皇岛是京津冀城市群中唯一山海风光优美的度假、疗养滨海城市

1898 年清政府把北戴河作为中国第一个对外国人开放的旅游度假目的地，700 多幢具有世界各国建筑风格的老别墅就是最好的历史见证；1954 年党中央又把北戴河确定为中央领导暑期休假办公的“夏都”，北戴河现有各级各类疗养院近 200 家。

2. 秦皇岛是中国大陆海岸线上唯一长城与大海相连的国家历史文化名城

中国有 1.8 万千米长的大陆海岸线，滨海城市很多，但长城与大海相连的滨海城市只有秦皇岛一个。2001 年山海关被国务院批准为国家历史文化名城，成为中国第 100 个国家历史文化名城。

3. 秦皇岛是中国唯一以历史上的皇帝命名的城市

传说中国历史上第一个皇帝秦始皇统一六国后，派卢生到海上求长生不老之药。秦始皇曾莅临碣石为卢生一行送行，后人在秦皇岛东山海域打捞上一个“秦皇求仙入海处”的石碑，不仅使秦皇岛成为唯一用皇帝命名的城市，也为秦皇岛添加了长寿文化基因。

三、秦皇岛建设国际旅游城市的几点建议

（一）“双城”引领，做好国际旅游城市的空间布局

秦皇岛位于华北平原与东北平原的交界地，是坐落在山海之间的一个狭长地带，发展腹地很难拓展，这也是其难以做大第二产业的一个瓶颈。现有的城市格局来源于其“以港兴城”的历史。按照京津冀协同发展建设世界级城市群的目标定位，以及东峰书记提出的“以城定港”的发展要求，秦皇岛在做精做特以“海港区”为中心的海港老城同时，要做大做强以“北戴河新区”为中心的北戴河新城。

1. 做精做特海港老城，擦亮“夏都”国际名片

一是借助北京建设世界城市之机，延伸首都政治功能，打造“第二会客厅”。由首都城市和港口城市及其连线所组成的区域双核空间结构是世界城市兴起的一种高效的空间结构，也是国际上以首都作为中心城市的世界城市发展规律。首都北京在京津冀协同发展大局中正在建设“一体两翼”（首都 + 北京副中心 + 雄安新区）的世界城市，秦皇岛除了成为首都重要的出海口，也具有承载国际高端度假、中央暑期度假、国际高峰交流的滨海会客厅功能，更具有延伸首都政治功能，建设非正式外事交流的“第二会客厅”的特殊优势。

二是做强山海关军事文化旅游产业区，叫响“中国明代最完整军事体系”品牌，打造“国家历史文化名城”。以山海关古城为中心，整合秦皇岛境内拥有的关城、长城以及入海石城等历史军事建筑物，通过顶层设计参与性的活动，让长城、关城和历史人物、事件“活起来、动起来”，让旅游者置身于“军事体验之中”，亲身感受山海关作为“两京锁钥无双地”的军事重镇，做强军事旅游文化

产业区，叫响“中国明代最完整军事体系”品牌，打造“国家历史文化名城”。

2. 做大做强北戴河新城，打造“健康”新兴产业

做精做特以“海港区”为中心的海港老城同时，充分发挥北戴河生命健康产业创新发展示范区这一国家级平台作用，围绕秦皇岛162.7千米海岸线资源，深入挖掘秦始皇求仙入海“长寿”文化，培育生命健康服务业、生命健康制造业、生命健康农业三大产业板块，做大做强集“药、医、养、健、游”为一体的大健康产业链，打造以昌黎县城为生活中心、包括北戴河、北戴河新区的蓝、绿、紫多彩的北戴河生命健康产业新城。

一是利用北戴河生命健康产业创新示范区，打造国际最先进的抗衰中心。深入挖掘秦始皇求仙入海“长寿”文化，赋予秦皇岛“长寿”的历史文化基因，以北大未名集团为引领，利用优良的自然环境和独一无二的历史资源吸引国内外最先进的生命健康机构、研究机构，尤其是国外著名医学院向北戴河新区集聚，让北戴河新区成为生命健康产业链条高端人才的集聚地，从而成为现代破译人类寿命密码的抗衰中心。

二是推动北戴河休疗养院转型升级，叫响北戴河养生酒店品牌。在北戴河生命健康产业创新示范区建设的引领下，从高端入手，把养生酒店作为北戴河休疗养院转型升级的突破口，面向全客群，按照抗肿瘤、抗衰老、减压/睡眠改善、美容/塑身等不同主题，提供养生服务套餐，与北戴河新区的生命健康产业形成集群优势，把秦皇岛打造成国际康养旅游的新高地。

三是发挥昌黎城镇化优势，把昌黎打造成北戴河新城的生产生活中心。昌黎作为河北省首批扩权县，在产业发展、城市建设、人口规模上都具有承接北戴河新区生命健康产业延伸、生活服务的优势；昌黎曾作为唐山地区行政公署驻地，在医疗、教育等方面基础较好；北戴河机场也坐落在昌黎境内，把北戴河新城中心设在昌黎，不仅有利于保护北戴河和北戴河新区的自然环境，也缩短了秦皇岛与京津冀金三角（北京、天津、雄安）的距离，拉近了与京津冀区域次中心唐山的距离，有利于秦皇岛第三产业的发展。

（二）“双港”支撑，畅通国际旅游城市的交通通道

秦皇岛位于华北平原与东北平原的交界地，是坐落在山海之间的一个狭长地带，是华北进入东北的交通要道，铁路运输存在夏季游客进出“两难”的瓶颈。秦皇岛要建设国际旅游城市，必须升级“双港”，畅通国际旅游城市

的交通通道。

1. 秦皇岛海港转型升级，建设功能完备、客货兼顾的现代化港口

按照建设国际旅游城市的要求，秦皇岛应加快转型升级，西港区依托城市核心商圈，重点发展海上旅游客运和邮轮母港，建设面向旅游、客运、保税及商贸的国际旅游港和自由贸易港，打造京津冀城市群出入境游的海上门户；东港区在承接西港货类运输转移后，积极拓展集装箱和杂货业务，巩固面向华北及东北、西北的货运出海通道优势，建设功能完备、客货兼顾的现代化港口。

2. 北戴河空港功能升级，打造旅游服务国际航空港

加强北戴河机场旅游服务水平，争取永久国际航空口岸，尽快开通与俄、日、韩等国家定期航空航班；加密与主要客源地国家和地区、国内省会城市和旅游城市航线，融入国际、国内旅游组织体系，争取 6 天入境免签等旅游优惠政策，构建"一支多通"机场体系。

（三）制定城市发展负面清单，用绿色生态为国际旅游城市背书

城市综合环境优美是国际旅游城市的基本条件，秦皇岛建设国际旅游城市必须走绿色生态之路，这也是秦皇岛打造"健康"新兴产业的环境基础。国际旅游城市规划和建设中一定要制定负面清单。

1. 制定城市组团间的绿廊或者绿带负面清单

设置生态保护红线，作为生态底线，保障生态安全。按照河北省统一部署，严格落实 3 大类、17 中类的划定要素和管控要求；设置生态控制线，作为生态高线，提高生态建设品质。包括生态保护林、重要河流水系廊道、重要基础设施廊道、城市组团绿带等。

2. 制定北戴河新城产业发展负面清单

按照国务院批准的北戴河生命健康产业创新发展示范区产业发展规划，制定关于生命健康服务业、生命健康制造业和生命健康农业三大板块的产业发展负面清单，确保在保护好北戴河新区生态的基础上，尽快使北戴河新城产业形成集"药、医、养、健、游"于一体的大健康产业链。

3. 制定秦皇岛海洋开发负面清单

设置海洋开发负面清单，在保护海洋生态的前提下，加大对海洋开发的力度，向秦皇岛 1805 平方千米的海域要生产力，积极培育海洋生物医药、海洋能利用、海水淡化等海洋产业。

综上所述，秦皇岛建设一流的国际旅游城市，应该发挥自身独特的资源优势，积极融入京津冀世界级城市群的建设中，通过双城引领、双港支撑，打造以生命健康产业为核心，具有国际滨海旅游、休闲度假、国际会议、健康养生、科技研发等国际化专业服务职能的世界级“蓝色”生命健康旅游城市。

2017 年 12 月 17 日

关于打造秦皇岛爱情圣地的建议

——市政协提案

大力实施旅游立市战略是秦皇岛“十二五”期间的总体发展目标之一，切实以旅游业大发展带动需求、产业、生产要素以及城乡区域等各方面发展，必须强化大旅游和产业融合旅游的理念，突破秦皇岛旅游季节性强的瓶颈。而挖掘文化资源，打造秦皇岛爱情圣地，融文化、情感、娱乐、婚庆于一体有利于破解旅游季节瓶颈。

一、打造秦皇岛爱情圣地的资源优势

1. 文化资源优势

孟姜女的故事与牛郎与织女、梁山伯与祝英台、白娘子与许仙故事并称的中国四大民间传说，它不但有极高的审美价值、教化功能，而且是文学艺术创作的重要资源和近现代旅游业发展的依托。山海关作为这个故事“最占势力的”黏附地，在历史的长河中，已经成为秦皇岛市的一张重要名片，并创造出文化的、社会的、经济的效益。2006 年，山海关被中国民间文艺家协会命名为“中国孟姜女文化之乡”；2008 年，山海关“孟姜女故事传说”又成为国家级非物质文化遗产。1898 年，北戴河成为中国政府对外开放的第一个旅游胜地，赵四小姐与张学良的一生情缘在此开始，使这个被吕碧城比喻为浪漫的“西洋美人”的旅游胜地充满了爱情文化资源。

2. 自然资源优势

“山盟海誓”是对男女爱情真诚、永恒的诠释。秦皇岛坐落在山海之间，具有象征永恒爱情的高山和大海，可以使恋人们徜徉在山海中体验爱的真谛，而且在山海之间还横亘着坚不可摧的长城，更给爱情的沃土增添了忠贞不渝的养分，应该说秦皇岛具有难得的爱情资源优势。

二、打造秦皇岛爱情圣地的建议

1. 开发爱情主题公园

依托山海关孟姜女庙开发爱情主题公园，突出孟姜女传说中爱情故事的精髓——对爱情的忠贞不渝。通过设计情侣可参与的相关爱情活动，如“姜女寻夫108难”，让游客融入其中，亲身体验活动的魅力。通过延伸孟姜女传说内涵，融入“孟姜女为爱情牺牲后被封为神祇——贞爱元君，掌管人间婚姻事宜，福佑人间”的内容，进一步神化孟姜女，确立孟姜女“东方爱神——贞爱女神”的形象。以打造中国著名的爱情文化旅游胜地——“爱情圣地”为核心目标，以“贞爱女神之园”为主题形象，以贞女祠为核心，开发建设孟姜女文化苑、世界爱情文化长廊、爱情主题公园、结婚纪念园等爱情主题园，配合与孟姜女传说相关的歌剧、话剧、影视剧、音乐、雕塑等艺术作品的创作，推动孟姜女文化价值的提升和品牌形象的塑造。

2. 设计爱侣旅游路线

设计5～7天经典爱侣旅游线路：针对老年游客设计5天的“找回昔日浪漫游”；针对青年情侣设计7天的“新婚浪漫游”。

3. 发展婚庆系列服务

依托北戴河自然资源和人文资源发展婚庆系列服务：（1）拓展多种多样的婚礼形式，如浪漫的草坪婚礼、刺激的水下婚礼和热气球婚礼、神圣的教堂婚礼，等等；（2）策划多种婚庆活动，如青龙满族民俗婚礼体验月、北戴河浪漫婚纱拍摄游活动、中外情侣万人蜜月休闲度假旅行游，等等；（3）开发老年婚庆活动，如每年定期举行金婚、钻石婚集体庆祝典礼，邀请适龄老年夫妇参加，还可以举办以“说出你的浪漫”为主题的讲故事比赛，与其他老年朋友分享当年的点点滴滴，重新找回昔日的浪漫与温情。

2011年2月14日

关于打造秦皇岛战略性新兴产业基地的建议

——省"十二五"规划编制建议

中国共产党河北省第七届委员会第六次全体会议提出，"十二五"期间，必须坚持以重点突破带动全局，举全省之力突出抓好"四个一"战略重点，形成区域竞相发展、协调发展新格局。其中"一带"即加快沿海经济隆起带发展，选择秦皇岛、唐山、沧州三市近海临港、基础较好、潜力较大的县（市、区），实施"11县（市、区）、8功能区、1路、1带"的重点推进计划，力争"十二五"末沿海11县（市、区）生产总值翻两番。为实现这一目标，建议在"十二五"期间，针对国家新一轮产业发展规划，着力打造秦皇岛战略性新兴产业基地，加快我省沿海经济隆起带的发展。

一、我省沿海经济隆起带发展面临的三大风险

1. 未来中国产业发展大格局变化的风险

近两年，中国先后推出了两个大的国家级产业发展规划。一个是在金融危机之后与"4万亿"刺激计划先后推出的《十大产业振兴规划》，另一个是今年推出的《战略性新兴产业发展规划》。前一个产业振兴规划，包括汽车、钢铁、纺织、造船、装备制造、电子、轻工、石化、有色金属、物流十大产业，意在扩大内需，加强基础设施建设，以及结合传统产业的改造和提升，所以振兴的大都是国企当家的、能耗较高的传统行业，着眼于拉动经济保增长，与中国经济转型的大方向有明显冲突；后一个产业发展规划，意在转变经济增长方式，重点转向新兴产业项目，包括节能环保、新一代信息技术、生物、高端装备制造、新能源、新材料和新能源汽车七大产业。可见，未来中国产业发展格局，一方面会抑制、淘汰、兼并重组那些"两高一资"产业中的弱势企业，另一方面将会推动战略性新兴产业领域的若干产业的发展。未来的政策资源、金融资源、技术资源以及人才资源等，都会逐渐流向战略性新兴产业领域，而那些传统高能耗产业，也将会渐渐失去政策的特别关注度。

我省沿海经济隆起带的主导产业大都包含在《十大产业振兴规划》中，而几乎很少有国家今年推出的《战略性新兴产业发展规划》中鼓励发展的产业，这就意味着在新一轮的产业格局调整中，我省沿海经济隆起带的产业发展将面临难以享受到国家对战略性新兴产业发展的各种资源投入优惠政策的风险。

2. 我省沿海经济隆起带的产业布局趋同性的风险

河北省优势产业主要以冶金、建材、化工、医药、机械等为主，传统产业占很大比重，而且大多是原材料消耗多、成品体积大的产业，其销售和运输的半径多局限在500千米之内，在市场占有和产品销售方面都面临很多制约。针对这一特点，今后钢铁、建材、化工等产业将向沿海转移，充分利用沿海运输便捷、滩涂多、环境容量大的特点，缩短原材料和产品运输距离，实现大进大出，同时最大限度减少占用耕地和环境污染。但是，也容易造成沿海经济隆起带的产业布局趋同性风险。

唐山曹妃甸工业区四大主导产业定位于现代物流、钢铁、石油化工和装备制造，而沧州渤海新区也把石油化工、装备制造、电力能源、港口物流四大产业作为其支柱产业，秦皇岛未来发展的四大主导产业是休闲度假、装备制造、高新技术和港口物流。沿海经济隆起带三大城市的主导产业趋同性较大，唐山和沧州只有一个产业不同，秦皇岛与唐沧两市也只有两个产业的区别，只有秦皇岛的高新技术产业靠近战略性新兴产业鼓励发展的新一代信息技术产业，这对秦唐沧沿海经济隆起带的产业布局来说存在着很大的风险。

3. 我省沿海经济隆起带的水资源承载力的风险

资源承载力是经济持续发展的基础，在发展经济的过程中要充分考虑区域资源和生态环境的承载能力，合理规划区域内的产业结构和产业布局。河北是全国最严重缺水的省份之一，人均淡水资源占有量仅有307立方米，只有全国人均水平的1/7。随着河北“发展沿海经济隆起带”战略目标的提出，沿海区域对水资源的需求急剧增加，水资源供需矛盾十分突出，水资源短缺已成为制约河北沿海区域经济高速发展的“瓶颈”。据《河北省2007年水资源简报》预测的2008年上半年沧州、唐山水资源供需比分别为0.39、0.56，缺水量分别为6.85亿立方米、10.77亿立方米，成为河北省缺水程度最为严重的城市。在沿海区域中水资源条件最好的秦皇岛市，人均占有水资源量也只有 626 立方米，仅为全国人均值的 1/3，亩均占有量 545 立方米，为全国均值的 1/4。

而河北沿海区域水资源供需间的严重不平衡，除了水资源匮乏之外，产业结构为医药、钢铁、轻工、造纸、化工等高污染、高耗水行业是重要原因。如果不注意调整沿海经济隆起带的产业结构和产业布局，沿海经济隆起带的可持续发展必将面临水资源承载力的威胁。

二、建议将打造秦皇岛战略性新兴产业基地纳入我省"十二五"规划中

面对沿海经济隆起带发展的三大风险，我省应该抓住国家实施战略性新兴产业发展规划这一大好机遇，利用秦皇岛已有的基础和环境区位优势，在"十二五"规划中对秦唐沧沿海经济隆起带进行产业分类指导与规划，通过着力将秦皇岛市沿海打造成我省沿海经济隆起带的战略性新兴产业基地，来化解沿海经济隆起带发展所面临的传统产业与新兴产业、产业趋同以及资源承载力等风险，从而促进沿海经济隆起带快速可持续发展，真正使我省沿海经济隆起带起到联结"一圈""一区"，带动"一批"的作用，同时为京津冀架起与环渤海、东北亚经济联动的桥梁，为实现河北省 2020 年建设沿海经济社会发展强省目标奠定坚实基础。

三、打造秦皇岛战略性新兴产业基地的基础和优势

1. 基础

秦皇岛经济技术开发区的数据产业基地已经被认定为"河北省高新技术区域特色产业基地"，而且秦皇岛在沿海三个城市中是高校最集中的地方，燕山大学拥有亚稳材料制备技术与科学国家重点实验室，东北大学软件公司也坐落在秦皇岛的北戴河区，对于发展新材料和新一代信息技术产业有很好的技术创新平台，利用中国环境管理干部学院和河北农业大学海洋学院的知识资源和技术优势，加快海水淡化和节能环保产业发展的进程；同时，可以利用秦皇岛现有的新能源和环保产业基础，重点研发风力发电机组所需各种叶片、叶轮的制造技术和产品，发展生态环保技术、废物无害化处理技术，开发太阳能海水淡化设备、城市垃圾处理及资源化技术装备等产品。

2. 优势

在交通、通信发达，环境优美的地方可以搞"实验室经济"，把"知识孵化为技术"。秦皇岛具有得天独厚的自然资源优势（蓝天、碧海、金沙）和区位优

势（距离北京、天津、沈阳等科研院所较近），再加上已经形成的旅游休闲度假胜地的各种基础设施，有利于吸引北京、天津以及东北的高科技人才到这里进行短期阶段性的科研工作，把秦皇岛建设成环渤海经济圈核心地区高科技人才的“候鸟地”，建立“实验室经济”的技术基地。秦皇岛具有打造战略性新兴产业基地的优势。

2010 年 11 月 29 日

加强区域合作 共同应对危机

——上海、北京、秦皇岛三地民建联谊研讨发言

2008 年美国次贷危机引发金融危机后，中国的经济也面临着考验，尤其是 2009 年中国有太多的难题亟待破解，如经济下滑、企业倒闭、消费不振、进出口贸易骤降、失业率飙升、大学毕业生就业困难，等等。我们可以借用温总理在今年"两会"期间的一句话"今年恐怕是中国经济最困难的一年"来表达金融危机对中国经济的影响。那么，我们如何应对这场危机呢？

一、充分认识危机的根源

虽然金融危机发生在大洋彼岸的美国，但是由于危机对中国经济的冲击很大，加之各种媒体的报道，多数中国人几乎都能说出危机的发生轨迹，即美国次贷危机引起金融危机，金融危机引起全球经济危机。真的是这样一个传导机制吗？

实际上，经济危机早已隐藏在美国经济中了。股市的下跌虽然直接引发了全球金融危机，我们一些上市银行或保险公司持有次级抵押债券或与之相关的衍生证券，或者持有遭受金融危机的国外金融机构的股份，导致其股价下跌，也带动了整个市场的下跌，但更根本的原因是经济危机的显现，这是影响所有上市公司，也就是整体市场的因素。

世界银行高级副行长、首席经济学家林毅夫曾经谈到，金融危机的形成，与美国政府没有处理好 2001 年互联网泡沫破灭有关。"当时泡沫破裂，美国经济就应该陷入衰退。但那次衰退很短。为什么那么短？因为美联储用降息来刺激房地产经济。"随着 2006 年年初房地产泡沫破灭，次贷危机逐步显现，并愈演愈烈成为影响全球的金融危机。

经济危机的本质是什么？就是经济活动中生产出来的产品被"抛弃"，就

是生产过剩。互联网过后，经济中再没有出现有大量需求的产品来继续支持经济的高速发展，经济陷入衰退是必然的。经济活动本身就是周期性的，但是经济衰退是人们所不愿意看到的。为了避免衰退，美联储不断地降息。但是，大多数经济部门已经陷入“危机”中，产品过剩，资金的充裕并不能创造大量的需求，也就无须大量的供给。这样一来，资金就流入到房地产市场和金融市场，这两个市场有足够的弹性来容纳大量的资金。比如说住房，既是消费品又是投资品；而且作为消费品它又有其特殊性，人们可以无止境地享用。既可以住公寓，也可以住别墅，还可以住豪宅、庄园，没有止境。房地产市场和金融市场的繁荣客观上也带动了其他行业。所以，一时间，经济危机被掩盖，或者说被暂时地挽救了。但当这两个行业的繁荣被终结时，危机就再次暴露出来。

股市的上涨，既有我国经济高速发展的合理因素，也有美国泡沫经济的拉动的影响，也有国际资金宽裕、热钱流入的原因。同样地，潜在的经济危机的因素也在里面，需要格外重视。就是说，实体经济中的很多部门，因本部门经营困难，把资金转移到了房地产市场和股票市场中。

二、应对危机面临的几个难题

1. 信心的建立

美国次贷危机引发的金融危机，导致了许多银行纷纷因亏损而濒临倒闭。银行业普遍更加关心平衡自己的资产负债水平，从而出现借贷紧缩甚至借贷枯竭，其必然引起超前消费模式的美国经济陷入经济危机。所以，美国政府大量向银行注入资本，并希望制定有效的政策建立信心来结束这场金融危机引发的经济危机。

对中国而言，美国次贷危机对我国金融机构的直接投资所造成的损失相对较小，但是由于美国此次危机使得美国经济增长放缓、全球信贷紧缩，这将使得我国整体外部环境趋紧，再加上最近美元的强劲升值造成人民币对一揽子货币的加速升值，对我国的出口影响很大，而对于出口占到 GDP 的三分之一多的中国，出口减速势必引发消费和投资疲软，进而影响中国的经济增长。这是金融危机最为直接的对中国实体经济的影响。有专家曾做过模型分析，如果美国经济增长下降 1 个百分点，中国的经济增长可能会被向下拉动 0.5 个百分点。中国政府为增强信心，实现 GDP 增长保 8% 目标，中央政府 4 万亿、中央加地方政府 25 万亿的投资规模来刺激经济。

2. 汇率的稳定

由于金融危机导致金融市场的动荡，美国国债成为投资者更愿意持有的资产，而美国因救市行动而发行的大量国债势必会导致更多的货币供给。从中长期角度看，会抬高美国国债利率和引起美元贬值，这会对我国以美元计价的固定收益资产造成一定的损失，对我国储备大量美元也是一种风险。但这仅是一种风险而已，美元的汇率涉及美国经济、全球经济、美国货币供给、其他经济体货币供给等多重因素，所以将来也未必一定会出现美元币值走弱的现象。

美国也会采取一些措施，使得美元对全世界其他货币汇率保持稳定。如果美国金融界的地位进一步下降，对美国会形成进一步打击。至于汇率问题，短期内，美国在中美汇率问题上不会有太大要求，而是主要希望中国不从美国国债上撤离。但中长期保有大量美元外汇储备风险很大。

3. 投资的理性

为了实现保 8 目标，中央政府 4 万亿、中央加地方政府 25 万亿的投资规模来刺激经济，绝大多数投资于建设，这让今年 8% 经济增长率没有问题。但是这样的投资有可能使得原来的结构性问题更加严重。中国的投资应该回归理性。假如在房地产领域过度投资，那么房地产市场的价格崩溃就会动摇其金融体系。如果对经济高速发展做出盲目的乐观估计，因而进行过度商业投资，这同样也会影响中国金融体系的稳定。因而中国需要思考国内投资策略，比如说在房地产和商业投资领域追求健康适度地发展。另外，大手笔基础建设投资推动的增长是不可持续的，下一步的增长可能有问题。中国经济重心应该从制造业向服务业领域转换，与其做一个制造业大国，不如成为一个以高科技创新为驱动、面向消费服务的经济大国。修桥修路的投资不如投资建立社保体系，把各阶层的人都纳入保障体系，使老百姓获得"免于恐惧的自由"（Freedom from fear），长期内可能会帮助我们刺激消费，对经济发展有利。因为经济总是有起伏，关键是在经济衰退时，我们可以有保障体系帮助老百姓渡过难关。

三、破解危机的途径——加强区域合作

在经历了 1997—1998 年亚洲金融危机后，亚洲经济体国家意识到，金融危机并非仅凭一国之力可以抵抗的。因而，加强区域合作、共同应对此次危机的呼声日益高涨。博鳌亚洲论坛理事长拉莫斯表示，在当前金融危机蔓延的艰难时刻，他呼吁发展中国家和新兴经济体联合起来，以协作的方式共同抵御发达国家经济下滑的影响。“在当前这个非常艰难的时刻，合作是通向出路的钥匙，我们需要一张安全网为受到全球金融危机的经济体提供缓冲。”

此次金融危机给各国经济发展带来挑战的同时，也为加强区域合作提供了契机。2008 年 12 月底召开的国务院常务会议决定，对广东和长三角地区与港澳地区、广西和云南与东盟的货物贸易进行人民币结算试点。今年 4 月 8 日国务院常务会议再次决定在上海和广东省广州、深圳、珠海、东莞 4 市开展跨境贸易人民币结算试点。国内长三角、泛珠三角以及环渤海经济圈等区域合作进一步推进。秦皇岛也要加大与京沪及周边地区的合作力度。

1. 加强与环渤海核心城市的合作，着力打造高科技人才的“候鸟地”

秦皇岛可以利用得天独厚的自然资源优势（蓝天、碧海、金沙）和区位优势（距离北京、天津、沈阳等科研院所较近），建立“实验室经济”的技术基地，把“知识孵化为技术”，着力打造环渤海经济圈高科技人才的“候鸟地”。

2. 加强与环渤海核心城市的合作，着力打造核心城市居民“回归田园的好去处”

秦皇岛自然环境（蓝天、碧海、金沙、绿树）优美，环境优势明显，距离环渤海核心城市比较近，生态农业和生态旅游业比较发达，应着力打造环渤海经济圈核心城市居民“回归田园的好去处”。

3. 加强与津沪唐等地的合作，倾力建立以港口为中心的物流网络

秦皇岛一定要紧紧抓住港口这个中心，在环渤海经济圈崛起阶段，大力发展临港经济，促进临港物流的发展，力争使秦皇岛港成为环渤海经济圈中的一个重要的物流节点，成为京津冀子区域中的重要出海口岸。强化与天津和唐山的合作，以天津港为龙头形成京津唐区域港口群，与青岛、大连等重要节点形成环渤海物流网，真正确立自己在环渤海区域中的次中心地位。

4. 加强与周边地区的合作，充分发挥节点位置

“两京锁钥无双地”充分说明了秦皇岛的自然地理位置的特点，它是一个区域连接另一个区域的重要节点。在战争年代，它是咽喉要道，是兵家必争之地；在今天的市场经济年代，它应该成为一个区域产品进入另一区域的中转站，成为两个区域物流网络中的中枢节点。所以，秦皇岛应充分发挥其环境优势，进一步打通海陆空通道，加强与周边地区的合作，真正使自己成为环渤海经济圈与东北亚经济圈经济往来的中枢节点。具体做法：一是加强与环渤海港口的联

系，使秦皇岛港成为环渤海港口网络中的重要节点；二是加强与唐山的合作，争取形成唐山—秦皇岛前店后厂式的合作模式；三是加强与东三省的联系，发挥东三省产品进入环渤海地区的中转站作用；四是加强与内蒙古的合作，使秦皇岛成为内蒙古产品的海上出口；五是加强与日、韩、俄口岸的联系，使秦皇岛成为三国产品进入中国的重要口岸。

2009 年 5 月 23 日

秦皇岛如何应对“后奥运经济”

——“后奥运经济”座谈会发言

一、“奥运经济”的内涵

1. 目前对“奥运经济”概念的两种理解

狭义概念是指“奥运会经济”，基本上局限于奥运会直接收入的范围，主要包括电视转播权、奥林匹克标志产品的专营权、赞助商的赞助、纪念品以及门票收入等，它的最大受益者是国际奥委会和主办国组委会。

广义概念则是奥运会直接经济和奥运会整个过程产生的间接经济的总称。除了因申办、举办奥运会产生的各种货币收入以外，还包括申办和举办奥运会的全过程所产生的其他间接经济效果，以及对主办城市和主办国的经济、社会发展所产生的影响。

结合我国奥运会的申办、筹办和举办情况，我认为奥运经济主要有以下四个部分组成：

（1）为举办奥运会进行的奥运场馆、训练场、奥运村等相关设施投资及其产生的经济影响。

（2）围绕奥运市场开发进行的出售电视转播权、纪念币、门票、TOP（The Olympic Partner）计划（赞助商的数量由较多企业转变为少数优秀企业）、特许经营等经济活动及其产生的经济影响。

（3）奥运会主办、协办或者其他关联城市借奥运契机，为发展区域经济，加快城市化进程，促进经济、社会、人与自然的协调发展而进行的各种经济活动及其产生的经济影响。

（4）奥运会结束后一段时期内，奥运效应对主办、协办或者其他关联城市的经济的后续影响。

2. 奥运经济的本质表现

从历届举办城市和国家的历史实践看，与常见的经济活动有所不同，奥运经济本质上表现为以下方面：

第一，奥运经济是注意力经济，它是由注意力资源的相对集中而给举办城市和国家带来的一种阶段性加速发展的经济现象，这是奥运经济的核心内涵。

第二，奥运经济是品牌经济，通过良好的运作通常能造就一批驰名产品和企业品牌，这是一笔巨大的无形资产，也是中国举办奥运会所要取得的重要收获。

第三，奥运经济是借势经济，奥运会的举办将对所在城市和国家的经济、社会发展产生强大的推动力量，从而产生一种加速器或催化剂的作用，促进城市经济、社会的全面发展。

第四，奥运经济是概念经济，奥运会本身是一种公益性的体育盛事而不是一种经济活动，但为了确保奥运会的顺利举行需要进行大量的经济投入，奥运概念产生的间接经济效益远大于奥运会本身所产生的经济效益。

3. 奥运经济特征突出表现在多元性、阶段性、拉动性、后续性和非均衡性等方面

按照国际奥委会关于申办奥运会的程序，可分为申办、筹办和举办三个主要阶段，其中举办阶段的奥运经济主要表现为直接经济形式，申办和筹办阶段的奥运经济主要表现为间接经济形式。此外，从历届奥运会来看，奥运会对举办地经济的影响不会随着奥运会的结束而立刻结束，而是在赛后一段时间内逐渐衰弱，赛后这一阶段的影响主要表现为间接经济形式。因此，奥运经济可通过其影响形式划分为 4 个主要阶段：（1）申办过程间接经济为主的获得阶段；（2）筹办过程间接经济为主的获得阶段；（3）举办过程直接经济为主的获得阶段；（4）奥运会结束后经济辐射效应获得间接经济的阶段。

奥运宣传万里行活动总策划陈放先生以时间为坐标，把 2008 北京奥运经济分为 4 个部分：（1）前前奥运经济；（2）前奥运经济；（3）中奥运经济；（4）后奥运经济。

澳大利亚新南威尔士财政署和塔斯马尼亚州立大学地区经济分析中心，对悉尼奥运会的经济发展周期问题联合进行了一项研究。研究认为，悉尼奥运会对澳大利亚和新南威尔士州的经济具有 12 年周期的影响，新南威尔士州的生产总值在 12 年内将增加 63 亿美元，其中，前期（1994—1999 年）增加 38 亿美

元，赛期（2000年）增加12亿美元，赛后（2001—2005年）增加13亿美元。可以看出，无论采用哪种方法进行奥运经济的阶段性划分，间接经济始终是奥运经济的主体。

二、奥运会对举办城市和举办国的影响（奥运效应）

（一）积极效应

1. 有形的经济效应

（1）直接经济效应。实质上是组委会经济影响效应，奥运会举办国组委会从指定电视转播权、奥林匹克标志产品的专营权、赞助商的赞助、纪念品以及门票发售获得的收入，扣除赛事组织、奥运场馆、训练馆、奥运村、交通环保等投入后的盈余。

（2）间接经济效应。指奥运会申办、筹办和举办过程中，由于赛事组织、奥运场馆、训练馆、奥运村、交通环保等相关设施投入所产生的对建筑业、建材业、旅游业、房地产业、交通运输及仓储业等相关产业的经济影响。从历届奥运会的历史情况看，奥运会对举办区域建筑业、建材业、交通运输及仓储业等影响明显；对旅游业、房地产业和通信设备制造业的影响全面深刻；而对农业等产业影响相对较小，且主要集中在绿色食品、有机食品及苗木花卉等行业。

（3）衍生经济效应。指由奥运会衍生出的如体育博彩业、体育广告业等具有普及性和兼容性的新产业对经济社会的影响。衍生经济效应具有长期性与战略性。

2. 无形的价值效应

（1）提升企业知名度；（2）促进政治体制的完善；（3）提高国家声誉和地位；（4）培养人们价值观；（5）激发民族自豪感；（6）促进城市环境的建设。

（二）消极效应

1. 虹吸效应

不同区域之间由于资金、技术、人才以及国家政策等方面的差异，会产生类似物理中的虹吸现象，我们称之为虹吸效应，即举办奥运会对奥运城市而言，会产生集聚效应（凝聚效应）使大量人才、资金、技术等资源向举办地集聚，而对其他城市而言，就意味着大量人才、资金、技术的外流。

2. 挤出效应

当政府部门单独采用扩张性财政政策时，由于产量的上升引起货币市场的相应调整、利息率提高，最终导致公众消费或企业投资减少，就是经济学中所谓的“挤出效应”。挤出效应的产生是由于政府支出行为对私人部门具有负的外部性，这种负的外部性则是通过利息率的变化来传导的。从历届奥运会来看，除了1984年洛杉矶奥运会和1996年亚特兰大奥运会以外，其余各届奥运会几乎都是政府投资占主导地位，奥运会对私人部门投资存在多大程度的挤出效应取决于政府部门的各项制度安排、经济情况和所采取的配套货币政策。

3. 低谷效应（即后奥运效应）

奥运经济是一种集聚经济和借势经济，奥运会的经济活动主要集中在奥运会前期和奥运会赛期。奥运会结束后，与奥运相关的奥运场馆、训练场、奥运村、交通、环保、奥运营销等经济活动相继结束，建筑、建材、交通、通信、电力、环保相关产业或部门投资急剧下降、人们的消费开始逐步回落、大量的体育场馆和设施将出现闲置或使用率低下，房地产景气指数也面临下降的威胁。我们把后奥运时期供给的相对刚性和有效需求严重不足带来的经济衰退、通货紧缩与奥运前期和赛期的经济繁荣、通货膨胀相比形成了巨大的落差，奥运经济在后奥运时期的这种消极影响称为“后奥运效应”，也称为“低谷效应”。

奥运低谷效应最典型的案例是“蒙特利尔现象”。1976年加拿大蒙特利尔奥运会由于一味追求高标准、高技术的奥运设施使得实际支出大大超出原本预算的1.25亿美元，奥运设施规划设计时为考虑到赛后利用的问题导致实际使用率还不到5%，蒙特利尔奥运会让当地政府背上了长达20年的包袱。此外，奥运会后期，一些奥运会相关产业严重衰退。1976年蒙特利尔奥运会、1988年汉城奥运会、1992年巴塞罗那奥运会、1998年长野冬运会、2000年悉尼奥运会、2004年雅典奥运会均表明，奥运经济低谷效应的存在有一定的客观必然性。当然，在整个经济系统中，因为投资不仅包括奥运投资，还包括非奥运投资，奥运会后期的经济总量未必下降，但可以肯定的是举办城市经济增长速度一定是下降的。

4. 通货膨胀

奥运会举办地一般会因为奥运场馆、训练场、奥运村、交通、环保、电力等设施的建设而在奥运前期进行大量的投资，因为参赛选手和观众的进入以及中等以上收入阶层边际消费倾向于提高而在奥运期间进行大量的消费，从而造成一种相关产业甚至全社会范围供不应求、物价上涨的局面，通货膨胀就产生了。从历届奥运会的情况看，全社会物价在奥运会前、中、后期呈现出一个先上涨后下跌的态势，相关行业也有类似的特征，只是个别行业价格上涨可能在奥运会后持续一段时间后下跌。

5. 部分人群利益受损

从历届举办情况看，总体上奥运会对举办国，尤其是举办城市的影响是积极的，通过举办奥运会可以提高人们的福利水平，但是不同人群受奥运经济的影响具有非均衡性。部分人群的经济利益因为奥运会的举办而增加，另一部分人群的经济利益因为奥运会的举办而受损，还有一部分人的经济利益不因奥运会的举办而变化或者变化不大。受损人群如奥运会举办导致物价上涨的利益受损者；奥运会举办需要拆迁或外迁导致利益受损的居民；城市摆地摊者；因虹吸效应、挤出效应导致利益受损的其他区域或举办城市中非奥运项目中本应收益的人群，等等。

6. 其他消极效应

筹办和举办奥运会通常需要耗费大量人力、物力和财力，在政府主导的模式下，政府部门往往需要设法筹集足够的资金、抽调大量的人力物力以首先满足奥运会的需求。在人力、物力、财力相对稀缺的情况下，一些非奥运建设项目投资可能会因此延误或减少，一些非奥运领域的教育、科研、卫生、民政投入也可能受到影响，等等。

三、秦皇岛应对“后奥运经济”的建议

1. 强化秦皇岛品牌，促进旅游产业创新发展

（1）整合策划秦皇岛区域内的旅游资源，进一步强化秦皇岛整体品牌；（2）把体育与旅游紧密结合起来，进一步强化秦皇岛休闲旅游城市的品牌；（3）把房地产业与旅游结合起来，进一步强化秦皇岛“宜游、宜居”的城市魅力；（4）把文化产业与旅游结合起来，进一步强化秦皇岛长城与海融合的独特文化。

2. 抓住奥运机会，加强联系创新

抓住奥运机会，促进秦皇岛与北京、天津、沈阳、青岛、上海、香港等奥运会主办、协办城市之间的联系创新。

3. 弘扬奥运举办理念，促进城市环境创新

进一步弘扬 2008 北京奥运提出的"科技奥运、人文奥运、绿色奥运"的举办理念，从软硬两个层面促进秦皇岛城市环境的创新。

4. 总结奥运赛期经验，促进政府公共管理的创新

5. 固化奥运精神，增强城市活力和凝聚力

2008 年 8 月 20 日

秦皇岛市县域经济发展建议

——博士专家走基层座谈会发言

一、秦皇岛所辖县区现状及发展存在的问题

（一）产业基础薄弱

第一，农业产业化水平还较低，龙头企业数量和规模相对较小，带动力较弱，农产品精深加工能力不强，与农户风险共担、利益共享的联结机制还不完善，特色农业发育也不充分。

第二，工业经济总量较小，工业经济增长尚未摆脱粗放型发展路径，多为原材料粗加工型、劳动密集型企业，大型企业、品牌企业较少，没有形成产业集聚效应，新兴工业数量少，高科技企业基本上还是空白。

第三，旅游业服务功能单一，配套服务设施不完善，缺乏四季皆宜的设施载体和服务，淡旺季矛盾突出，没有形成产业互动。

（二）自然条件和资源禀赋相差甚远，发展不平衡

1.“三区”与“四县”之间的差距

“三区”基本上属于城市区，城市化程度高，第三产业相对发达，农业用地相对较少，主导产业比较明显；“四县”辖区内农业人口比重较大，工业基础薄弱，第三产业所占比例较小，主导产业不突出。

2.“四县”之间的差距

由于自然条件和资源禀赋相差甚远，“四县”之间的发展也存在很大差距。抚宁的第二产业已初具规模，昌黎县主导产业的扩散效应对区域经济的发展已经产生一定的影响，发展后劲较大。但是，青龙的工业还处于资源开发阶段，产业链条也不健全，卢龙的资源禀赋特色性较差，不能形成具有带动型的主导产业，缺乏发展后劲。

（三）县域经济发展存在的问题

1. 从局部利益出发，争抢项目，造成资源浪费，还有可能失去良机

"上项目"是三区四县发展县域经济的主要手段，各县区都认为"在现有的财政体制下没有项目就没有经济增长点"。项目确实给县区经济发展带来了好处：增加了财政收入、增加了GDP、扩大了就业水平、增加了居民或农民的收入，等等，所以，各县区都在抓项目、抢项目、上项目。如总投资120亿元的240万千瓦电厂项目，就有昌黎、卢龙、抚宁三个县"争"。由于各县区从局部利益出发，争抢项目，造成了资源（人力、物力、财力）的浪费，而且还有可能失去良机。

2. 对跨越式发展理解不透，影响区域经济的可持续发展

县域经济的快速发展，并不等于跨越式发展。所谓跨越式发展，是指在一定历史条件下，落后者对先行者走过的某个发展阶段的跨越。跨越式发展战略应该包括以下三个基本内涵：一是速度与效益的统一性。既要快速发展，又要可持续发展。二是创新的前提性。跨越式发展必须以创新为前提，在观念、体制、机制、科技上创新。三是非均衡性。跨越式发展是一个过程，要遵循客观规律，坚持有所为有所不为，集中资源（人、财、物），在基础好、具备发展条件的重点领域、重点产业、重点区域突破。但是，目前各县区对跨越式发展理解不够，只是一味追求快速发展，急于引进项目，对可持续发展考虑不够；善于模仿，缺乏创新；对实现跨越式发展的领域、产业缺乏选择性。

3. 地方财政不能满足地方发展的需要，影响干部的工作积极性

由于产业基础薄弱，在现有的财政体制下，多数县区的财政收入只是"吃饭收入"，不能完成提供公共产品和公共服务的职能，完善县域经济发展的外部环境，缺乏对外来企业和人才的吸引力，也影响到本土干部的工作积极性。

二、解决县域经济发展问题的基本原则

解决县域经济发展问题必须坚持以下三个基本原则：

1. 整体发展原则

整体发展是指各县区经济发展必须处理好各县区之间、各县区与全市之间以及全市与其他地区之间的相互关系，以全市发展为主进行协调，局部服从整体，把整体效果作为秦皇岛市发展的最优效果，即实现1+1>2的整体效应。

2. 可持续发展原则

所谓可持续发展，就是既要考虑当前发展的需要，也要考虑未来发展的需要，不要以牺牲后代人的利益为代价来满足当代人的利益。避免重蹈“先污染后治理”的传统发展之路，实现经济、社会、资源和环境的协调发展。

3. 跨越式发展原则

跨越式发展，就是在充分了解自身条件和优势、劣势的基础上，抓住时机，把劣势转化为优势，挖掘潜在优势，发挥现有优势，创造新的优势，利用后发优势，实现超常规跨越式发展。

三、解决县域经济发展问题的建议与措施

（一）整体利益出发，全市一盘棋，统筹规划各县区经济发展

“上项目”是目前县域经济发展的主要手段，市里应该给予大力支持。但是各县区“上项目”必须从整体利益出发，全市一盘棋，统筹规划，形成合力，实现整体效应。具体措施如下：

1. 制订并完善全市中长期经济社会发展规划

县域经济的发展必须围绕全市经济社会发展整体目标，可以说，从县区定位到县区发展评价，都必须从全市发展着眼去认识县域经济发展的作用。所以，制订并完善全市的中长期经济社会发展规划是保证县域经济可持续发展的前提。

2. 从全市发展角度出发，对县区发展进行定位

县区发展必须围绕我市在区域发展中的定位进行准确定位。例如，不能把山海关仅仅看作是秦皇岛的一个辖区，必须把它当作秦皇岛市发展对辽宁省集聚和扩散的增长极；同样，昌黎县也应看作是连接秦皇岛市与唐山市的一个增长极；海港区作为中心城区要发挥其辐射作用，定位于全市的服务中心。

3. 全市组成一个功能齐全的招商委员会

为了保证招商项目的成功率，减少资源的浪费，形成合力，全市组成一个功能齐全的招商委员会，负责收集信息、发布信息、举办各种形式的招商引资活动。招商委员会应制定科学的招商程序，并且应有市领导、各县区领导、相关领域的专家参加。

4. 建立有利于可持续发展的“三维”增长模式的考核指标体系

全市经济是否走可持续发展道路关键在县域经济的发展，而县域经济是否可持续发展关键在市里对县区领导的考核，所以建立有利于可持续发展的考核

指标体系是实现可持续发展的根本保证。政府绩效评估是一项复杂的系统工程，国内外的评估指标都比较复杂。为了简化计算，保证可持续发展，可以建立"三维"增长模式的考核指标体系，即对县区领导的考核不仅仅从物质资本的增长去衡量业绩，还应该从物质资本、知识资本和生态资本三个方面的综合增长去衡量业绩。

（二）抓住产业结构调整机遇，实现县域经济跨越式发展

我国目前遇到产业结构调整机遇，估计需要5年时间。我市县域经济的发展必须抓住这一机遇，真正实现县域经济跨越式发展。具体措施如下：

1. 大力发展房地产、交通运输以及环境产业等基础产业

基础产业是财富增长的主要增长点之一，在中国30年内都会有所发展。基础产业可分为五大类：能源产业、原材料产业、建筑业（包括房地产业）、交通运输产业和环境产业。这五大类产业在未来的利润空间都很大，地区间都在争夺这个平台。我市应该利用自己的区位优势和自然资源优势，大力发展房地产业、交通运输产业和环境产业等基础产业。特别应该鼓励各县区发展旅游房地产，把工业基础薄弱的"劣势"转化成城市人向往的田园"优势"，挖掘田园生活的潜在优势，发挥区位优势和旅游资源优势，创造旅游房地产优势，把秦皇岛打造成"城市里的田园"，真正实现县域经济超常规跨越式发展。

2. 积极接受韩国、日本的产业转移，发展机械制造业

一个地区就业和税收的增长主要来源于制造业。县域经济的发展也离不开制造业的发展。制造业主要包括三大类：产品制造业、设备制造业和机器制造业。产品制造业在我国严重过剩，而设备制造业和机器制造业严重短缺，所以，我市县区在接受发达地区产业转移时一定要有所选择，不宜选择严重过剩的家电类产品制造产业，应发挥我市的区位优势，积极接受韩国、日本的机械制造产业转移，发展机械制造业。

3. 全面加快服务业发展，尤其是精神产品服务业的发展

服务业是未来发展的方向。服务业也可以分为三类：传统服务业、现代服务业和精神产品服务业。我市"三区"的服务业与"四县"相比比较发达，但也只是停留在餐饮和商贸类传统服务业，旅游产品也多停留在景点观光上，对休闲度假类产品开发不够，尤其是由消费者直接参与的旅游产品、体育休闲、文化产品严重短缺。所以，在全面加快服务业发展的同时，应该加大精神产品服

务业的开发。

（三）充分发挥资源优势和区位优势，打造“实验室经济”的技术基地

我市县域经济发展缺乏高新技术产业、信息技术产业和生命生物工程产业的支持，而新知识转化为产业需要经过两个环节，即知识技术化和技术产业化，把“知识孵化为技术”需要现代实验室，现代化实验室用企业操纵称为“实验室经济”。在交通、通信发达，环境优美的地方可以搞“实验室经济”，如美国硅谷就是“实验室经济”的技术基地。我市可以利用我们的自然资源优势（蓝天、碧海、金沙）和区位优势（距离北京、天津、沈阳等科研院所较近），建立“实验室经济”的技术基地，打造中国的硅谷。

2005 年 2 月 18 日

旅游房地产开发与秦皇岛市的发展

——中国旅游商业地产秦皇岛论坛发言

一、旅游房地产的开发

（一）旅游房地产的内涵

“旅游房地产”这一称谓在我国是近几年才“流行”起来的，到目前为止，我国专家学者对旅游房地产的概念也众说不一，下面给出几种比较有代表性的观点：

第一种观点把旅游房地产界定为以旅游度假为目的的房地产开发营销模式。其开发物是实现全部或部分旅游功能的房地产，具体包括：时权酒店、产权酒店、养老度假村、高尔夫度假村、休闲生态度假村、登山 / 滑雪运动度假村等产品形态。

第二种观点认为，旅游住宿设施和其他旅游服务设施都属于旅游房地产的范畴。包括直接用于旅游观光和度假用的房地产建设项目本身，如宾馆、酒店、度假村、别墅、招待所、娱乐设施等；也包括直接或间接为旅游服务的房地产开发项目，如超级商场、会议中心、体育训练中心等。

第三种观点认为，旅游景观（指人造景观）、旅游住宿设施和其他旅游服务设施（如旅游区域内的公共基础设施）都属于旅游房地产的范畴。

第四种观点则把旅游房地产近似地看成景观房产。

本人认为，界定旅游房地产，需要统一口径：（1）旅游功能性原则。旅游房地产是旅游者在旅游过程中需要消费的一种旅游商品，它必须能够实现全部或部分旅游功能。（2）房地产属性原则。作为一类特殊功用的房地产，旅游房地产具有房地产的一般属性。（3）定义层次性原则。由于构成旅游房地产概念的房屋建筑具有不同的用途类型，旅游房地产的内涵也有不同的层次。

根据对旅游房地产的定位、原则和综合上述专家的观点，笔者对旅游房地产的定义如下：旅游房地产是承载用地和承载用地上实现全部或部分旅游功能的以房屋为主的永久性建筑物及其衍生的权利。

根据房屋建筑的不同，笔者把旅游房地产划分为三个层次：第一个层次是狭义旅游房地产，它主要指旅游饭店、度假村、招待所、别墅等旅游住宿设施。第二个层次是中义旅游房地产，它不仅包括旅游住宿设施，还包括人造旅游吸引物如庙宇、宫殿等，旅游娱乐设施如广场、公园、娱乐设施、体育训练中心等和旅游商用设施如购物中心、旅行社等旅游非住宿设施。第三个层次是广义旅游房地产，它是旅游住宿设施、旅游非住宿设施和其他旅游服务设施的总称。

本人认为，我们今天研讨的旅游房地产开发应该是指狭义旅游房地产的开发。

（二）旅游房地产开发类型

1. 第二居所开发

区位：一般消费者喜欢将度假住宅设在 4 小时车程的范围内，最好 90 分钟之内。但是最短距离应该在 80 千米左右，以便形成适当的环境转换带。国际性的度假区，距机场不超过 1 小时车程。

规模：要求具有度假的乡野情调，不能过于拥挤，一般的别墅基地的大小最少都在 1000 ～ 1200 平方米之间。

设施：具有先天良好的风景旅游资源，侧重点考虑健康娱乐设施的配置，还需要设置配套的商业区、医疗点、办公室、商务中心、通信设施等配套设施。

2. 产权酒店开发

目标客户：年收入 5 万美元，拥有高学历，年龄 30 ～ 50 岁，有一定的假期，主要购买目的为休憩、休闲、投资。

环境：自然环境优良，在居住品质上实现梯级提升。

区位：产权酒店距离本地城市生活区不大于 4 小时车程；异地客户要求乘坐飞机能方便到达。

3. 商务度假开发

目标客户：注重人力资源的企业。

区位：开发地区要求良好风景资源，清幽安静，距离主要商业中心区不超过2小时车程。国际商务度假区距离机场不超过60分钟车程。

环境：要求具有专业化的管理服务团体，装备完善的视听设备，必须设有丰富的游憩休闲设施，如高尔夫球场、网球场等，设置有完备的住宿客房、会议室、餐厅，要能满足不同规模的会议要求，要成规模开发。

（三）秦皇岛发展旅游房地产的优势分析

首先，秦皇岛具有资源优势。旅游房地产是以旅游度假为目的的房地产开发营销模式，旅游房地产的开发必须建立在一定的旅游资源基础之上。秦皇岛以其丰富的旅游资源成为中外著名的旅游目的地，可以说冬无严寒、夏无酷暑、湛蓝的大海、金色的沙滩、雄伟的长城等自然资源和人文资源，吸引着大量的中外游客。

其次，秦皇岛具有区位优势。秦皇岛位于东北和华北地区的连接地带，是关内外交通的咽喉要道，居京津唐、东北和渤海三大经济区之间，陆、海、空交通十分方便，具有成为北京、天津、唐山、沈阳等周边大城市市民休闲、度假目的地的区位优势。

最后，秦皇岛具有品牌优势。北戴河从清政府允许中外人士"避暑居住"的海滨度假地，到中央领导暑期办公、休息的"夏都"和全国劳模、专家的"修养之地"，不仅拥有建筑风格各异、配套设施齐全的众多旅游房地产，而且形成了中外闻名的旅游房地产品牌优势。

从资源优势、区位优势以及品牌优势来看，秦皇岛适合开发旅游房地产。

二、力争把旅游房地产培育成秦皇岛市新的经济增长点

新的经济增长点，是指一个国家或地区在一定的发展时期，在政府干预指导下，由市场形成的对整个国家或地区经济发展有较大影响、持续时间较长、增长速度较快的产业。基础产业、主导产业、一般产业、新兴产业和传统产业都可以作为新的经济增长点。

也不是任何产业部门都可以作为培育的对象，而必须具备一定的可行性条件。一般来说，所选择的产业在国民经济或地区经济中占有较大比重，其增长对整个国民经济或地区经济有较大的影响和贡献；产业关联度大，能带动较多相关产业的发展；市场容量大，且具有较长远的开发前景；有利于科技进步，有利于产业结构调整和高级化。

下面本人就旅游房地产作为秦皇岛市新的经济增长点进行可行性分析：

（一）旅游房地产具有广阔的发展空间和市场潜力

1. 中国旅游业的蓬勃发展孕育着巨大的市场。

随着中国旅游业的蓬勃发展，国内旅游消费开始从观光旅游向休闲度假旅游转变，国内度假需求已经产生，并形成了一定的市场规模。1999 年国庆节到 2003 年春节的 11 个“黄金周”，全国出游人数累计达到 6.1 亿人次，实现旅游收入 2573 亿元。

2. 适合居民闲置资金投资的金融产品短缺刺激了个人投资需求。

随着国内人均收入的提高，人们可用于储蓄的资金比例增大，投资意识增强。但是，从资本市场来看，无论从间接融资市场还是直接融资市场，适合中国居民闲置资金投资的金融产品供给严重短缺，银行储蓄存款这种传统的投资品种成了大多数人无奈的选择。

中国居民已经认识到房产除了自住的功能外，还是进行投资的重要手段。所以，具有一定旅游功能的房地产产品成为中国居民闲置资金投资的热点。如“消费＋投资”概念的产权酒店成为居民闲置资金投资的首选；异地置业市场需求也非常旺盛。

3. 传统房地产市场的成熟带来了新的市场基础。

随着住宅市场成熟期的到来，住宅消费开始向舒适型转移，销售市场出现了萎缩的前兆，即滞涨期。这样，传统房地产开发领域的机会越来越少，大量传统房地产资金开始物色新的领域。尤其是近几年国内旅游的快速增长，强化了人们的心理预期，促使大量资金流向旅游房地产，而秦皇岛以其资源优势、区位优势和著名的品牌优势也吸引了许多房地产开发商。

（二）旅游房地产的产业关联度大

旅游业和房地产业都属于关联性很强的产业，通常房地产业对国民经济其他部门具有两次带动作用，能够带动 50 多个行业的发展。据国民经济投入产出表分析，房地产业每增加 1 元销售额带动其他商品的销售额增加 1.34 元。

旅游业属于最终需求型产业，与先行产业的产业关联性较强。旅游业的发展，会拉动其先行产业相关部门的发展。据张帆等人在《旅游业对秦皇岛市社会经济的贡献度研究》报告中对秦皇岛的投入产出分析，旅游业每消费 100 万元，能带动 32.87 人就业；全市居民收入中有 9.8% 来自旅游业，也就是说本地居民每 10 元的收入中就有 1 元与旅游相关。

所以，旅游业与房地产业的联动发展，不仅有利于推动产业本身的发展，而且也有利于促进产业良性互动，有利于秦皇岛市的资源优势向产业优势转化，有利于秦皇岛市形成持续稳定的经济增长态势。

（三）旅游房地产对城市经济的影响和贡献较大

由于旅游房地产具有很高的产业关联度，发展旅游房地产必然有助于其他相关产业的扩张，导致城市经济的成倍增长，产生乘数效应和扩散效应。据测算，一个拥有100万名会员的分时度假系统可以拉动国内市场500亿/年消费额，可以盘活3000万平方米的存量房，解决2万的就业人口。可见，旅游房地产对城市经济的影响和贡献较大。

（四）旅游房地产有利于产业结构向高级化发展

旅游房地产属于第三产业，它涉及规划和设计、开发建设、专业策划、法律、金融、网络、酒店管理和物业管理等许多环节，既涵盖了知识密集型的第三产业，也包括了劳动密集型的第三产业，对许多行业和部门都有相关带动作用，也有利于城市就业水平的提高。所以，发展旅游房地产会直接扩大第三产业在整个产业结构中的比重，有利于我市产业结构的合理化和高级化。

三、旅游房地产开发应注意的几个问题

（一）城市定位问题

城市的定位问题不仅是城市发展的关键性问题，而且城市定位的准确与否直接影响着旅游房地产的发展。特色是旅游之魂，没有特色就没有旅游，没有差异就没有吸引力，也就没有城市和旅游房地产发展的基础。所以，城市定位要以突出特色为原则，旅游房地产要与城市定位相一致，才能保持城市持续稳定的发展。如苏州定位于上海的后花园，旅游房地产的开发围绕着上海人来度假和休闲做文章，适合开发休闲生态度假村、养老度假村等旅游物业；杭州市政府则着眼于建设现代化国际风景旅游城市，旅游房地产的开发围绕着"游在杭州、住在杭州"，形成了环西湖地带的休闲别墅区、高尔夫别墅区；海南定位在亚洲最佳、国际著名热带海岛度假旅游目的地，产权酒店成为旅游房地产开发的主要形式。

（二）法律环境问题

旅游房地产的健康发展依赖于健全的法律法规，最忌产权不清，损害消费者的利益。旅游房地产作为旅游物业，具有业主分散、集中管理、业主不经常

居住等特点，所以牵涉到很多法律方面的问题。加强旅游房地产的立法工作，切实保护消费者的正当权益是影响旅游房地产健康发展的基础工作。

（三）城市规划问题

城市规划是旅游房地产发展的基础，旅游房地产必将是城市的一个重要组成部分，旅游房地产与城市互相促进，互相影响，同步前进。城市把旅游房地产作为新的经济增长点来培育，一定要注意城市规划与合理开发的问题。因为旅游城市的过度开发会破坏城市的资源优势，毁坏城市发展的基础，产生“拔苗助长”的负效应。旅游房地产的开发应该在城市整体规划的基础上进行，房地产的开发不仅不会破坏原有的自然资源，而且还可以通过旅游房地产的开发形成城市自身不具备的后天优势，达到优势强化的目的。

2005 年 8 月 18 日

昌黎发展的支点

——昌黎发展论坛发言

本人认为，寻找昌黎发展的支点，只有在充分认识昌黎发展的内部条件和外部环境的基础上，才能抓住发展机遇，采取适宜的内外部调控机制促进昌黎的发展。

一、昌黎发展的 SWOT 分析

SWOT 是一种分析工具，主要用于分析事物（可以是企业，也可以是区域、产业或国家）发展的内部条件和外部环境。我们利用 SWOT 分析工具，分析昌黎发展的内部优势 S（strength）和劣势 W（weakness），以及外部机遇 O（opportunity）和挑战 T（threat）。

（一）昌黎的发展优势

昌黎县发展的优势因素比较明显，上天赐予了昌黎资源优势和区位优势，昌黎县政府提出的“五带兴昌，八业立县”的发展战略的实施，又形成了一定的产业优势。

前面张书记和几位发言人对昌黎发展的优势已经作了详细地分析，这里我不再多作陈述。下面我们从另一视角重点分析昌黎发展的劣势。

（二）昌黎的发展劣势

我们大家都知道木桶原理，决定一个木桶盛水量多少的是构成木桶的所有木板中最短的木板，而不是最长的木板。

经济学中的木桶原理告诉我们，一个地区的经济发展最根本的制约因素恰恰在于其劣势因素。只有克服了劣势，才能真正发挥其优势。换句话讲，一个地区的静态资源优势如果不能转化为动态的比较优势，这个地区也就无优势可言了。

本人认为昌黎县发展的主要劣势在于昌黎县的优势产业没有真正形成产业集群。

所谓产业集群，是指在某一特定领域内互相联系的、在地理位置上集中的公司和机构的集合。简单地说，就是在一个适当大的区域范围内，生产某种产品的若干个同类企业，还有为这些企业配套的上下游企业，以及相关的服务业，高密度地聚集在一起。

产业集群地区大量的中小企业彼此间可以发展为高效的竞争与合作关系，形成高度灵活专业化的生产协作网络，产业集群具有极强的内生发展动力。企业间不仅有物质的交流，更有信息和知识的交流，特别是隐含经验类知识的交流，使区域成为有利于学习和知识溢出的环境，依靠不断的创新能力保持了地方产业的竞争优势。

实际上，产业集群是每个国家国民经济、区域经济、城市经济，甚至县域经济的一个显著特征。在经济发达的国家如此，例如硅谷和好莱坞可能是世界上最有名的产业集群；在中国也是一样，在浙江，产业集群被称为“块状经济”。据统计，浙江有 52 个“块状经济”的产品在国内市场的占有率达到 30% 以上；在全国 532 种主要工业产品中，浙江有 56 种以“块状经济”方式形成的产品居全国第一。

下面我们根据昌黎县的葡萄酒产业优势举一个酒业集群的例子来说明产业集群。图 1 是加利福尼亚酒业集群解剖图。这个产业集群包括 680 家商业酿酒商和几千个供酿酒商用的葡萄种植者。这个集群中存在着广泛的补充性产业支持着酿酒制造和葡萄种植，其中包括葡萄贮存、灌溉和收割设备、木桶及标签的供应商；专业化的公共关系和广告公司，以及众多的以消费和贸易读者为对象的酒类出版物。许多当地机构团体也被纳入酒业产业集群，例如加利福尼亚大学就有世界知名的葡萄栽培和葡萄酒酿制计划、酒业协会，以及加利福尼亚参议院和立法会议的特别委员会。而且，这个产业集群还与加利福尼亚的农业、食品和餐饮，以及酒乡旅游业等其他产业集群有着联系。

通过加利福尼亚酒业集群的例子，我们可以看出，昌黎县的葡萄酒产业只是具有一定的产业优势，还没有形成产业集群，昌黎县也还没有完全“享受”到产业集群的许多好处。

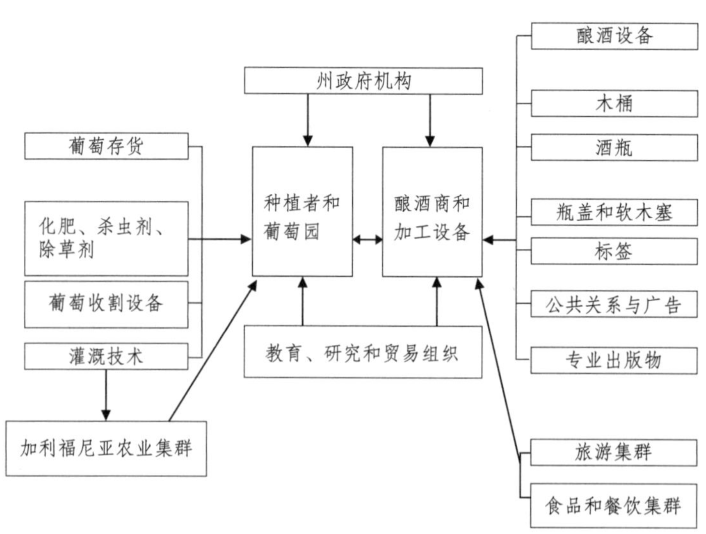

图 1　加利福尼亚酒业集群解剖图

（三）昌黎发展的机遇

1. 县域经济的发展受到国家的重视

在中共十六大报告中，国家已明确把突出发展县域经济作为解决“三农”问题、解决城乡差距、推动城乡协调发展和区域协调发展的战略举措。

目前中国农村问题研究者对县制的前途存有三种意见，即“强县”“废县”“虚县”。《县域论》作者张春根主张“缩省、撤市、强县”，实行“新郡县制”，减少行政层次，取消“市管县”体制，形成“省—县—乡三级体系”；改变县级政府“责任重大，权限不够”的状况。这种观点是人文地理学和行政学界的主流意见，也是促进昌黎县域经济发展的一个机遇。

2. 河北省县级行政区划改革试点已经开始

河北省县级行政区划改革是昌黎发展的又一个机遇。“五一”前召开的河北省区划地名工作会议决定，将对县级行政区划进行调整，主要思路是减少县的数量，扩大县域规模。这次调整规划原则是：顺应地理、经济、文化习惯，注重历史沿革，根据经济布局和经济带动能力，着眼经济发展潜力，参照交通条件等因素，小城市兼并县，优势互补，合理布局。

昌黎县的历史沿革和经济带动能力、经济发展潜力，都有可能在这次改革中确立昌黎县独立发展的地位和空间。

3. 环渤海经济圈发展受到国家重视

环渤海地区作为中国北方经济最活跃的地区，也是中国对外开放的窗口和对外贸易的重要基地之一，在全国经济的整体格局中占有重要的地位。“十五”计划纲要中明确指出：“进一步发挥环渤海、长江三角洲、闽东南地区、珠江三角洲等经济区域在全国经济增长中的带动作用。”

2004 年 5 月 21 日下午“环渤海经济圈合作与发展高层论坛”在人民大会堂新闻发布厅举行，河北、陕西、天津、内蒙古、辽宁、山东、北京等地的省长、市长都参加了新闻发布会。国家发改委也正在加紧研究制订进一步推动地区经济合作的意见，以促进地区经济的协调发展。这说明环渤海经济圈将由概念阶段进入实质性阶段。

昌黎目前只是渤海湾中的一块“璞玉”，上天赋予了她很多资源优势，但是要把她雕琢成光彩耀人、价值连城的“美玉”还需要我们昌黎人抓住机遇，在环渤海地区产业结构调整中形成一定的比较优势。

（四）昌黎发展面临的挑战

昌黎县是一个农业大县，我们应清醒地看到，加入 WTO 后，中国农业面临着严峻的挑战。尤其是龙头企业将直接面对国外企业的竞争。当前，中国的龙头企业与国外企业相比，还存在较大的差距，这些差距主要表现在以下四个方面：一是质量上的差距；二是产品开发能力上的差距；三是规模和实力上的差距；四是行业自律上的差距。这些差距给昌黎县农产品与国外公司的产品在国内外市场上的竞争带来很大的压力。

另外，从 2004 年 1 月起，中国进口葡萄酒关税从 65% 下调到 14%（骤降 51%），这对全球原料市场普遍过剩的葡萄酒跨国公司而言，无疑是一个巨大的利好，但是对缺少大型集团式企业的中国葡萄酒业则是一个巨大的挑战，而以“中国酿酒葡萄之乡”著称的昌黎县发展也将面临严峻的挑战。

二、发展大农业、促进产业集群，提升昌黎整体竞争力

根据前面对昌黎发展的 SWOT 分析，我们可以得出这样的结论：昌黎作为一个农业大县，其发展必须改变传统农业发展思路，把农业和工业融合起来发展，深化产业结构，即走一条大农业发展道路，促进产业集群形成。

所谓大农业实际就是传统农业与加工业的产业融合。我认为昌黎发展大农

业应该从两个层面来理解：

一个层面是昌黎要走农业产业化发展的道路。农业产业化包含以下几个层次：一是在生产组织形式上，按照农业经济再生产的规律，将农业的产前、产中、产后诸多环节通过利益纽带联结为一个完整的产业系统；二是在经营方式和经营内容上，适应市场经济的要求实行种养加、产供销、贸工农一体化经营；三是在生产经营目的上，要在提高产业化组织整体经营利润的基础上，使农业的增值能力和比较效益得到提高，逐渐形成农业自我积累、自我发展的良性循环机制，实现农业增产、农民增收、财政增收的目标。在实践中，农业产业化具体表现为生产专业化、布局区域化、经营一体化、服务社会化、管理企业化。

另一个层面是昌黎要走农业系统化发展的道路，把种植业、农产品加工业、海洋养殖业、家畜养殖业以及农业观光旅游业看成是一个系统，强化系统内部各个产业之间的联系。我认为，如果用休闲旅游这根主线把系统内的产业连接起来，则可以把昌黎建成一个集农业（粮、油、果、蔬、牧、林、渔）生产、加工、旅游为一体的具有田园风光的"生态旅游基地"，强化昌黎在环渤海经济圈中的独具特色和比较优势。同时，在大农业的基础上，努力促进产业集群的形成。因为产业集群能够形成高度的分工与协作，成百上千家规模不大的企业（相当于一个个生产车间）聚集在一个地区，靠专业市场组织成一个个的"大集团公司"，不仅提高了劳动生产率，而且产生了外部规模经济，有利于提高区域整体竞争力。

三、实现昌黎发展的主体

昌黎发展大农业，延长产业链条，深化产业结构，离不开以下几个相关主体：

1. 龙头企业

龙头企业是大农业的核心主体。在现有体制下，只有通过发挥龙头企业的作用，才能让广大农民进入市场。龙头企业通过组织农户，实行专业化、标准化和规模化生产，可以充分发挥家庭经营和农村劳动力成本较低的优势，同时依靠精深加工和提高科技含量，创出一批有较强竞争力的名牌农产品，在国内外市场参与竞争，从而最终实现生产与市场的对接，真正带动千家万户的农民进入市场。

2. 农户

如果说龙头企业是大农业的核心主体，那么农户则是大农业的基础主体。实际上，农户是产业链的最前端，成千上万的农户是龙头企业的第一生产车间，他们的行为、观念、技术不仅对企业最终产品质量产生很大的影响，而且也影响着整个产业发展。

3. 中介

除了龙头企业和农户以外，大农业的发展也离不开中介组织，如农业科技协会、农业专业协会等。中介组织主要为广大农户提供中介服务，向广大农户提供信息。所以，建立完善的农户服务系统，发挥服务中心、行业协会等中介服务机构的整体功能，是发展大农业、促进产业集群必不可少的环节。

四、政府在昌黎发展中的作用

当产业集群与产业竞争力的关联度显著提高以后，对一个地区来说，如何促进当地的产业集群，就成为产业和整个经济发展的基本问题。

产业集群首先是市场的行为，是企业根据市场的需要、竞争的需要以及经济效益的考虑做出的选择。但是，产业集群的区位和产业选择，市场的分割与统一，都与政府的行为相关。政府必须认识到，一个国家或地区的繁荣取决于生产率而不是自然资源禀赋。政府应该尽力创造一种环境以支持日益增长的生产率。因此，政府必须发挥新的功能——协调功能。

首先，政府应该提供物质基础设施，如便利的交通、通信设施，配套的生产服务设施等，来营造产业集群发展的硬环境。

其次，政府必须致力于营造一种适合产业集群发展的氛围或者说是软环境。这种软环境主要体现在，要建立集群内的企业之间、企业与科研机构和行政机构之间长期合作基础上的稳定关系。昌黎县政府可以从三个层次上为产业集群的发展营造软环境：

第一个层次是介质环境。包括人们的文化水平、心理素质、价值观念、社会风气等。它直接影响着人们是否追求创新，人与人之间能否相互信任、相互合作。昌黎县政府在这一方面做得很好，今天的发展论坛实际上就是在创造介质环境的平台。

第二个层次是机构环境。包括各种为集群企业之间建立联系的机构和制度。

例如为资金流动服务的银行等金融机构，为劳动力流动服务的人才交流中心，为加强同业人员交流合作而成立的行业协会，以及为企业集群服务的各种中介机构。这种环境能否发挥效力，取决于这些机构的服务是否规范化、制度化。

第三个层次是调控环境。指政府发挥宏观调控作用，使集群内的企业产生协同效应。政府应该通过制定相应的财政金融政策，创造良好的调控环境，来正确引导产业集群的发展。

2004 年 6 月 14 日

关于创建“健康北戴河”的建议

——北戴河区政协提案

十九大报告明确提出“实施健康中国战略”。健康中国战略需要健康城市、健康社区、健康家庭建设为支撑。2016 年 11 月，全国爱卫办确定 38 个国家卫生城市（区）作为全国健康城市建设首批试点城市，河北入选的试点城市是迁安市。北戴河作为中外闻名的疗养度假胜地、中央领导疗养度假之地以及中国首个生命健康产业创新示范区所在地，应抓住实施健康中国战略之机，在北戴河开放 120 周年之际，打出创建“健康北戴河”这张牌。建议：

1. 尽快启动北戴河人口健康普查工作

十九大报告指出：“人民健康是民族昌盛和国家富强的重要标志。要完善国民健康政策，为人民群众提供全方位全周期健康服务。”人口健康普查是政府提供全方位全周期健康服务的重要途径和具体体现。北京市平谷区于 2016 年 5 月启动了以打造“健康平谷”为主旨的全区人口健康评价项目。该项目由平谷区政府组织，以政府购买服务方式委托北京立方社会经济研究院具体实施，采用秦皇岛市惠斯安普医学系统股份有限公司开发的惠斯安普 HRA 人体阻抗数据采集分析仪，作为专用健康数据采集终端设备，采取抽样方法，对平谷区人口进行健康普查，建立全区人口初始健康数据库。北戴河可以借鉴北京市平谷区人口健康普查工作经验，通过开展北戴河人口健康普查，进行人口健康检测和健康数据分析，绘制北戴河人口健康状况分布图和结构图，建立健康服务平台，开展健康风险干预。

2. 推进休疗养院向养生酒店转型升级

目前，在全球养生产业 3.4 万亿美元收入中，养生旅游部分占 4940 亿美元的规模。而养生服务中有 80% 的服务与养生酒店相关，养生酒店未来市场发展潜力巨大。"养生酒店"可以是新建或改造酒店，面向亚健康为主的全客群，按照抗肿瘤、抗衰老、减压/睡眠改善、美容/塑身等不同主题，提供养生服务套餐，通过身、心、灵全方位调养，达到平衡身心，恢复活力，净化心灵，感悟升华，进而影响生活方式的目的。养生酒店不同于传统商旅酒店，选址应于环境幽静之处，设置专业养生套餐，配备专业的养生、医疗、营养专家，是专业健康养生的旅游目的地。引入秦皇岛市惠斯安普医学系统股份有限公司开发的疾病早期筛查与慢性病干预康复系列医疗设备，改造北戴河休疗养院，使北戴河休疗养院华丽转身为各具特色的北戴河养生酒店，做强健康服务业，叫响"健康北戴河"品牌。

3. 注册"健康北戴河"国际论坛永久会址

利用 2018 年庆祝北戴河辟为避暑地 120 周年之际，注册"健康北戴河"国际论坛永久会址，谋划举办首届"健康北戴河"国际论坛，借助国际马拉松赛、世界徒步大会、国际帆船帆板赛等重要赛事，加大"健康北戴河"宣传力度。

4. 办出首届市旅发大会特色

首届市旅发大会要突出"健康北戴河"主题，用健康主线串起"健康环境、健康社会、健康服务、健康文化和健康人群"五大健康的内容，设计适合四季性、融合性旅游项目，增强对高端业态、产品和游客的吸引力和黏性，进一步提升北戴河的影响力和美誉度。

2018 年 2 月 8 日

北戴河——总部经济离你有多远

——北戴河经济发展论坛发言

近年来，总部经济的浪潮风起云涌，我国不少大都市都把总部经济作为发展本地经济的一个重要策略，北京、上海、广州、厦门等各大城市相继出台了一系列措施以吸引跨国公司的地区总部。北戴河作为秦皇岛这样一个中等城市的一个辖区，基于其优越的环境资源和特殊的政治背景，也提出了把总部经济作为其新的经济增长点的发展思路。那么，北戴河是否具备发展总部经济的条件？如何才能把企业总部更多地吸引到北戴河？

一、总部经济理论的内涵

所谓总部经济，是指某区域由于特有资源优势吸引企业总部在该区域集群布局，将生产制造基地布局在具有比较优势的其他地区，而使企业价值链与区域资源实现最优空间耦合，以及由此对该区域经济发展产生重要影响的一种经济形态。总部经济一般具有五个方面的特征：

1. 知识性

知识性指总部经济集中了企业价值链中知识含量最高的区段，如研发、营销、资本运作、战略管理等，均属于高度密集的知识型劳动。

2. 集约性

集约性指企业按照收益最大化原则进行企业不同组织功能的空间布局，最大限度取得中心城市服务业发达、智力资源密集的优势，最大限度利用生产基地的土地、劳动力、能源等要素优势，以最小的投入取得最大的产出。

3. 延展性

延展性指总部经济模式下，制造企业总部的发展需要服务业与其紧密关联，将第二产业和第三产业紧密联结起来，不但向第三产业中的知识型服务业延展，而且还向一般性服务业延展。

4. 辐射性

辐射性指总部经济模式下，可以通过总部——加工基地链条实现中心城市信息、技术、人力资源向不发达区域的强力辐射。

5. 共赢性

共赢性指总部经济模式改变了区域之间对同一产业在企业、项目上非此即彼的简单争夺，使得区域间能够按照产业价值，依据本区域资源优势进行同一企业或项目生产的不同区段间的合作。

二、城市发展总部经济的条件

“总部经济”虽然在中国出现不久，但近几年，在中国几个大的中心城市（如北京、上海、广东、厦门等）都出现了总部集群现象。“总部经济”对于城市进行产业结构调整、改善城市形象、优化投资环境、提高城市化水平和综合实力等方面有着明显的贡献。一个城市或地区若能吸引大量企业总部从别的城市迁移至本城市落户生根，那么，该城市或地区一定具备特定的综合环境条件。要想了解吸引企业总部落户的条件，首先要明确企业总部的功能定位。

（一）企业总部的功能定位

企业总部是企业最高领导及企业高层管理人员所在地。它是企业运营的中枢核心，好比人体的大脑和心脏，为企业制定决策并向企业各个部分合理输送人力、财力、物力。企业总部一般应具有如下职能：

1. 战略决策职能

为企业制定战略目标、发展规划和各项方针政策；为子公司或分公司提供项目企划、市场调研、产品定位、广告宣传、信息系统、法律及财务咨询、经验交流、成果共享、人员培训等方面的服务，指导并支援下属公司的经营活动。

2. 内外协调职能

对内协调各子、分公司及部门分工协作关系，解决冲突矛盾；对外充当企业外部信息交流的平台，代表集团出面与政府部门、传播媒介、股东、债权人、供销商、其他公司首脑、客户及社会公众谈判、沟通和协商，树立企业形象。

3. 资源配置职能

整合公司人（人员任免、调动）、财（资金筹集、运作）、物（资料采购、分配）以及信息等各种经营资源，对企业价值链的各环节所需资源进行优化配置，通过内部资源调整扶植具有增长点的成长业务，实现企业价值最大化。

4. 营销管理职能

指导并支援子、分公司进行市场营销活动，制定品牌营销策略，通过销售集团产品完成资金的回归并重新投入扩大再生产；为产品提供完善的售后服务。

5. 控制监管职能

制定企业集团的各种标准，考核子、分公司计划的完成情况，监控集团公司整体经营状况和财务状况，在发生偏差时，及时纠正偏差或制订新的计划实施方案，以确保集团经营目标的实现。

6. 资本运作职能

确定并实施企业集团投、融资方案，为子、分公司提供各种金融服务及投资银行业务，通过资本市场的运作使集团获得资本性收入。

7. 研发创新职能

组织人财力开展研发活动，进行充分开放的信息沟通，有效利用和控制知识资本和技术资源，进行产品设计和技术创新，促进产品更新换代，不断开拓集团新的产品领域来满足市场需求，保证企业的核心竞争能力。

那么，一个城市应该具备什么样的环境条件才能实现上述企业总部功能呢？

（二）城市发展总部经济的硬环境条件

由于企业总部的功能定位为企业价值链的高端部分，因而可以获得更高的利润回报，不但可以补偿其较高的费用成本，还可以把总部所在地的战略资源及生产所在地的常规资源有机结合起来，提升城市产业水平、扩大城市经济总量，提高城市影响力和竞争力。城市只有具备了特定的硬件资源，才能将企业总部功能充分发挥出来。具体来说，城市吸引总部入驻所应具有的硬环境条件包括：

1. 城市较高的经济发展水平

一个城市的经济发展水平，是城市总体经济实力的体现，它代表了一个城市参与竞争的综合竞争力大小。企业总部也是一种资源，地区发展总部经济实际上是对有限的总部资源的一种争夺。

2. 城市拥有丰富的科技、研发及高素质的人力资源

企业总部完成产品创新、研发功能需要城市拥有一定规模和实力的科技、研发力量。同时企业总部集中了大量管理人员和技术人员，城市丰富的高素质人力资源，可以满足公司总部知识密集型价值创造活动的特定需要。

3. 城市拥有发达的金融业

现代企业的生存及发展壮大，依靠其自有资金是远远不够的。企业需要借助各种金融工具，为企业筹集所需资金。一个城市拥有发达、完善的金融市场，可为企业负债经营提供多种金融衍生工具和必要的金融服务，从而使企业总部以相对低的交易成本更便捷地完成其资本运作职能。

4. 城市拥有高度发展的房地产业

城市发展总部经济需要借助一定的载体，这个载体就是房地产业。房地产也是总部经济发展的客观基础，企业总部的所有功能都需要在特定的工作环境中完成。高雅、舒适、功能齐全的写字楼环境不仅是企业总部地位的象征，还可增强总部员工的满意度，提高员工的办公效率。

5. 城市拥有繁荣的商品市场

“哪里有市场，就把总部移到哪里。”这是一位民营企业的老总在总部选址中所说的一句精辟话语。企业只有最终把产品销售出去，才能进行扩大再生产，维持正常运转。总部迁移运动本身就是市场选择的结果。城市拥有繁荣的商品交易市场，遍及全国乃至全球的销售网络，对于企业是极具吸引力的，来到这里，企业的产品可以迅速从一个地方性产品一跃成为全国乃至全球性产品。

6. 城市拥有强大的交通运输能力

城市拥有强大的交通运输能力，可以为企业把产品从生产基地运往销售市场争取到时间，提升产品价值；企业总部要保持对于全球、全国各分、子公司和加工制造基地的联系和控制，需要最为及时便捷的交通方式。特别是一个城市的航空运输系统，以其绝对的快捷性和长距离优势成为吸引总部尤其是跨国总部的重要砝码。

7. 城市拥有良好信息沟通能力

总部经济这种企业总部与生产基地相分离的组织结构形态是在信息网络技术和现代通信技术迅速发展的条件下形成的。便捷的信息传递和通信手段可以大大节约总部与其生产加工基地分离导致的空间成本，使企业能够更有效地利用区域资源禀赋差异，进而促进总部经济在该区域的形成。

8. 城市拥有围绕总部专业化的服务体系

总部经济的发展离不开配套完善、一系列专业化服务体系的支撑。哪里有总部聚集，哪里就有兴旺发达的服务产业，二者是相辅相成、互促互利、共同发展的。城市的金融、证券、保险、租赁、会计、法律、会展、培训、中介咨询、信息服务业等构成企业总部日常活动的重要组成部分，它们的发展情况为企业所关注。

9. 城市人文多元化和开放化

发展总部经济，就是要使城市成为全国各地乃至世界各国优秀文化的大熔炉。宽容多元的人文环境可以降低企业迁移的适应成本，而语言、文化习惯的通融性，更有助于信息的沟通和情感的交流。此外，城市对外开放，有利于城市引进外资，对外宣传自己，从而更好地与世界接轨，提升自己的对外形象和知名度。这与城市吸引跨国企业总部入驻有着直接的关系。

10. 城市拥有宜居的生活环境

企业各种经济活动，归根到底是人的各种经济活动。在这个“以人为本”价值理念占据主流的社会，城市生活居住环境也成为企业总部选址的一大因素。要考虑城市医疗水平、基础能源设施、环境景观、社会治安等方面，以确保总部员工拥有良好的居住条件和生活质量。

三、北戴河发展总部经济的 SWOT 分析

（一）北戴河发展总部经济的优势

1. 北戴河的区位、交通资源优势

北戴河位于连接东北、华北的咽喉之处，处于环渤海和东北亚两大正在崛起的经济圈内，周边有北京、天津、沈阳和唐山等大城市。京哈铁路、大秦铁路、102 国道、205 国道等交通线密集分布，京沈高速公路出口引线直抵城区，秦皇岛港和山海关机场近在咫尺，优越的地理位置和完善的交通条件为发展总部经济提供了交通便利的环境。

2. 北戴河的文化、开放优势

1898 年，北戴河被清政府辟为“允许中外人士杂居”的避暑区，成为中国历史上第一个由国家确定的旅游度假地。古代贤人、近代名人、当代伟人都与北戴河结下了不解之缘。目前，北戴河是中央领导暑期休息地，与戴维营、克里木半岛齐名于世界。大量名人在此留下的足迹、轶事和佳作，为北戴河增添了厚重的文化底蕴，对海内外企业独具吸引力。

3. 北戴河的房地产、宜居优势

北戴河拥有海洋、森林、湿地三个主要的生态系统。近 20 千米海岸线沙软

潮平，海水质量常年保持在国家一类水质标准，是纯天然的海水浴场；拥有城市森林1100多万平方米，森林覆盖率达60%，人均公共绿地面积50.98平方米，为全国之冠；拥有全国最大的城市湿地（33万平方米），建有国内第一个候鸟自然保护区，被誉为“观鸟的麦加”。毛主席曾经说过：“北戴河的阳光、大海和空气最是吸引人。”这里曾建有中西合璧、风格各异的719栋中外别墅，被誉为“万国建筑博物馆”，现存名人别墅135座，这也是吸引企业总部选址独具特色的魅力。

4. 北戴河的政治背景、公关优势

北戴河的闻名，不仅在于它独特优美的自然景色，而且它具有较深的政治背景。这种机遇的存在，有助于提升企业总部的政府公关能力，及时得到政府高层的一些政策和信息，对企业的整体发展方向具有重要的价值。这种优势，可以说是北戴河的独有优势，对一些企业总部具有吸引力。另外，由于北戴河特殊的政治背景，对社会治安的要求很高，北戴河当地社会安定、社会秩序良好，也是吸引企业总部的一个条件。

（二）北戴河发展总部经济的劣势

1. 北戴河的科技、人力资源劣势

从北戴河的科技、人力资源环境看，人才层次还比较低，以职业技术型为主，研发能力较弱，与企业总部知识密集型价值创造活动特定需要的丰富的高素质人力资源还有一定的差距。另外，北戴河附近的高校在研究所和高层次人才方面也比较欠缺，对总部经济的发展较为不利。

2. 北戴河金融、服务业不发达，商品市场不繁荣

长期以来，北戴河特有的旅游资源和政治使命形成了服务业受季节性影响大，第二产业不发达，服务于第二产业的金融、服务业也不发达的产业结构，结果导致商品市场极其不繁荣。国有四大银行虽然在北戴河区设有分支机构，但业务类型很少涉及有规模的投融资服务，这将使得区内企业在融资方面遇到较多的困难，构成了北戴河总部经济发展环境建设方面的实际困难。

（三）北戴河发展总部经济的机遇

1. 环渤海经济圈崛起带来的机遇

继长江三角洲、珠江三角洲经济圈大展活力之后，环渤海经济圈正加速崛起。环渤海地区已成为继珠三角、长三角之后的中国第三个大规模区域制造中

心。随着投资的转移，一些制造业企业总部也在向环渤海地区转移，北戴河优越的环境、便利的交通以及特殊的政治背景对珠三角和长三角的企业总部存在着很大吸引力。

2. 振兴东北老工业基地带来的机遇

随着东北经济的振兴，北戴河发展总部经济将会面临较大的机遇。宜居的环境、便利的交通、政治背景以及东北人的北戴河情结都是吸引东北制造业企业总部迁至北戴河的主要因素。

3. 首钢迁址的机遇

一百多年历史沉淀的北戴河宜居环境不是曹妃甸几年建设能够可比的，再加上北戴河与曹妃甸不到一个小时的车程，这个距离可以吸引首钢相关配套企业总部迁移至此。另外，随着唐山这一古老的能源城市的迅速崛起，北戴河以其优越的环境优势对唐山的能源企业总部具有很大的吸引力。

（四）北戴河发展总部经济的挑战

北戴河周边几个大城市对企业总部的吸附能力比较强，对北戴河发展总部经济形成了挑战。北京作为首都在发展总部经济上具有北戴河不可比的优势和环境，天津也由于其港口和历史沉淀的完备的金融服务体系对企业总部具有一定的吸引力，沈阳作为辽宁的省会对企业总部的吸引力也比较大，大连由于其优越的环境和对外来文化的高包容度，对国外企业总部的吸引力很大。

综上所述，北戴河发展总部经济既有优势又有劣势，既存在着机遇，又有一定的挑战。

四、北戴河打造总部经济的几点建议

总部经济离北戴河到底有多远？北戴河如何打造总部经济？笔者提出以下几点建议，仅供参考。

（一）积极改善北戴河软硬环境条件

1. 软环境建设

（1）法规制度环境的建设。跨国公司或外埠企业在选择总部驻地时，都会将东道国或当地的法规制度环境作为考虑的重要因素。北戴河应围绕总部需求，全面清理现行法律、法规政策，修改和完善那些与国际惯例存在冲突的法律规则，规范市场秩序，加强信用体系建设，切实保护跨国公司或其研发机构的知识产权及利益，加大执法和监督力度，为企业总部的发展营造良好的法规制度环境。

（2）改善金融与税收环境。北戴河可以在专门的总部基地聚集区内实行特殊的税收政策，吸引跨国公司和国内企业总部进入规划区内，对于国家鼓励优先发展的产业或投资方向，赋予该企业总部更为优惠的税收条件。

（3）建立与周边高校共享人力资源的机制。北戴河区内科研院所与高校不多，但是可以通过与周边地区（如北京、天津、沈阳）高校共享人力资源，来满足总部经济对人力资源的需求。如北戴河政府通过每年向所需人才所在高校提供一定的资金支持，与高校建立联动机制，共享资源。

2. 硬环境建设

（1）进一步改善交通状况。加强与京津冀、东北、长三角、珠三角区域城市间的交通联系，打通与国内外主要城市联系的海陆空通道。

（2）优化基础设施建设。全面建设"数字北戴河"，建成完善的信息网络基础设施，为企业总部实施完整、实时的内部远程控制系统提供基础保障，大力发展信息服务产业，重视信息通信安全，为企业总部提供安全、高效的现代化信息服务体系。

（二）发挥北戴河资源优势，弥补劣势

首先，北戴河应充分发挥交通、文化、宜居等资源优势，重点吸引环保企业、现代制造业企业、旅游企业、文化创意企业总部入驻北戴河，吸引国内外金融、会计、法律、培训、信息、咨询等知识型服务业企业总部，提升北戴河服务业水平。

其次，北戴河还需克服自身弱点，弥补不足，积极培育非公经济，吸引民营企业总部落户北戴河，降低其进入壁垒，加强对其合法权利、利益的保障。在投融资、税收、进出口等方面给予民营企业同等待遇，确保非公企业在北戴河发展的稳定性和公平性。

最后，北戴河应加强大区域间的分工协作。（1）要把与北京总部竞争关系转化为区域合作关系，以北京、天津的科技、人才、资本为龙头，以河北低成本土地、劳动力及配套资源为生产中心，以京津秦的港口、航空为运输通道，在整个京津冀经济圈范围内构建"总部—加工基地"的总部经济链条，并由此形成产业集群，实现优势互补，资源整合，促进整个京津冀大区域内城市的共同发展。同时，根据北戴河的定位要求及区域自身资源禀赋差异，确立北戴河总部经济发展方向和重点，形成“与北京错位互补”的总部聚集区。(2) 加强与唐山、东北的合作，逐步形成北戴河—唐山、北戴河—东北的前店后厂合作模式。

（三）科学规划、合理布局，构建北戴河完善的总部经济空间体系

北戴河总部经济可以划分为南北两大区：

南区建成旅游企业总部、文化创意企业总部集聚的休闲旅游别墅区。南区为现有城区，以原有建筑物为依托，本区内不允许建设高层现代化建筑，保持北戴河原有建筑群风格，作为旅游企业总部、文化创意企业总部集聚区。

北区建成聚集环保企业总部、现代制造业企业总部和知识型服务业企业总部的现代化新城区。围绕北戴河经济技术开发区建立北戴河新城区，吸引环保企业总部、现代制造业企业总部和知识型服务业企业总部到新区落户，把新区规划建成与现有城区风格迥异的高楼林立的现代化城区；同时，建议秦皇岛市政府搬迁到北戴河新区，这样可以带动相关金融、会计、法律、信息、培训、咨询等知识型服务业企业迁至北戴河，不仅有利于北戴河总部经济的培育，也便于秦皇岛政府更好地辐射三区四县。

2007 年 12 月 10 日

从"斯密理想"看"三双"教育实践活动

——市社科联"三双"座谈会发言

2007年3月，秦皇岛市委针对党的十六届四中全会提出的构建社会主义和谐社会的战略目标，以及河北省第七次党代会做出建设沿海经济社会发展强省的战略部署，结合本市实际情况，确立了在全省率先建设富有实力、充满活力、独具魅力的沿海经济社会发展强市的奋斗目标，并部署了在全市范围内开展"学党章、守党规、做合格的好党员，学宪法、守法律、做合格的好公民"为主要内容的"双学、双守、双做"（简称"三双"）教育实践活动，以此实现更好更快发展、构建和谐秦皇岛的两大主要任务。党的十七大召开后，秦皇岛市委进一步提出要把学习贯彻十七大精神与"三双"教育实践活动紧密结合起来，在党员、公民中迅速掀起学习十七大精神、推动"三双"教育实践活动深入开展的新高潮。在此，本人试图用经济学的视角，探求"三双"教育实践活动的重要现实意义和深远历史意义。

一、"斯密悖论"与"斯密理想"

现代西方经济学的开山鼻祖——亚当·斯密以《道德情操论》和《国富论》这两部巨著闻名于世。在这两部巨著中他塑造了两个形象——"经济人"和"道德人"。《国富论》阐述的是他的市场自由主义经济观，由此塑造了"经济人"的形象；而《道德情操论》论述的是他的利他主义道德观，塑造了一个"道德人"的形象。关于斯密塑造的这两个形象，人们通常把他们对立起来，认为《国富论》的论调是人的"利己之心"，而《道德情操论》的立足点则是人的"利他之心"，从而认为斯密的"经济人"是利己的，"道德人"是利他的，因而斯密在伦理学上的道德对经济学来说是非道德。于是有人赞誉《道德情操论》，有人欣赏《国富论》，这种矛盾在经济学史中被称为"斯密之谜"或者“斯密悖论”。

也许在斯密心中，这两本书并不矛盾。斯密深受其好友大卫•休谟人性论的影响，把人性作为出发点。斯密的研究实际是要以人性为基础构建一个符合人性的社会秩序，即他从法国重农学派那里学到的自然秩序。人性中既有动物的一面——利己，又有天使的一面——利他。一个符合人性的社会应该承认人利己行为的合理性，由此出发来建立自然秩序，这就是《国富论》中论述的由价格这只“看不见的手”引导的市场经济秩序。斯密相信，价格可以把利己引导向有利于整个社会。但这并不是斯密的全部思想。斯密认为，人不同于动物，人有同情心，应该能适当抑制利己的本性，讲点利他精神。一个社会不能是私欲横流的社会，应该有道德规范。按照斯密的解释，“道德情操”一词指人判断克制私利的能力。斯密设想的市场经济是一个有道德的市场经济。《道德情操论》一书所论述的正是利己的人如何在社会中控制自己的私利和行为，使得由利己的人构成好社会，也是一个讲道德的社会。

一个人或一个社会追求的最终目的是幸福而不仅仅是财富，财富之所以重要只是因为物质是人类社会生存与发展的基础，也是幸福的基础，但财富本身并不等于幸福。对个人来说，幸福是一种相对的感觉，斯密认为幸福来自“心灵的平静”，“判断一个人的贫富是根据他能负担得起多少生活必需品，能给自己多少生活中的便利和娱乐活动的程度来划分的。但是，同样的财富，同样的贫困，和一个人的幸福是没有因果关系的”。只有当一个人有同情心，讲道德时，才会有内心的平静与由此而来的幸福。对一个社会而言，财富的增加，即GDP的增加，也并不等于社会福利或所有人的幸福增加。可见，我们不能只是孤立地谈《国富论》中的利己主义，而忽视《道德情操论》中的利他精神，在一个社会中“个人这一概念是随着相互之间的权力、责任和义务才形成的。道德规则不仅承认个人的尊严，也承认其社会的相互联系。如果人类没有基本接受道德规则的话，社会将会崩溃”。这实际上是斯密对理想市场经济的一种阐述，即市场经济应该是一个讲道德的经济。本书称之为“斯密理想”。

二、“三双”教育实践活动是构建和谐社会的一项战略举措

改革开放以来，中国经济快速增长，人均GDP已经超过1000美元，到了发展的关键时期。参照世界经济的发展历程，到了这一点上，社会矛盾会凸显，处理得好，经济发展进入正常的发展轨道，处理得不好，就会走向衰

落。党的十七大提出坚持中国特色社会主义，坚持改革开放，构建和谐社会，这与斯密理想中的市场经济非常相似，既承认人利己的合理性，利用它来发展经济。同时又要在正义与道德规范之下，实现社会进步和人民福利增加的理想目标。

本人认为，建立市场经济机制发展经济并不难，我国改革开放30年来取得的成绩有目共睹，难的是要人们建立起能克服自私的"道德情操"。我们目睹了金钱欲爆发之后的种种罪恶，更感到斯密的《道德情操论》比《国富论》对于我们建立社会主义市场经济的指导作用更大。因为道德的建立不仅要靠法律和制度，也要靠教育。"三双"教育实践活动就是一种思想道德教育，这种教育涉及面广，影响力大，是构建和谐社会的一项战略举措。

（一）"三双"教育实践活动有利于构建和谐社会的理性基础

和谐社会是一个多元的社会。多元社会事实上是利益多样化的社会。在市场经济条件下，不同利益群体的形成及其利益冲突是不可避免的。不同的利益群体不仅有经济上的要求，而且相应地也有政治要求和其他社会要求。他们需要有合法渠道来表达其利益要求，并要求国家的政治决策充分体现其利益需要。因此，一方面，政府和社会应当为不同的利益群体提供畅通的利益表达渠道，使得处于不同利益群体中的个人有机会申诉其愿望和要求；另一方面，政府必须协调各种利益矛盾，使人与人、群体与群体之间和睦相处。

人与人之间总是存在着千差万别。构建和谐社会的难题正是在于要在不和谐中实现和谐。在社会存在矛盾和差别的条件下构建社会主义和谐社会，以人为本，公正、平等的原则很重要。以人为本，最基本的要求就是尊重人的平等权利。在社会主义制度下，不管是拥有优势资源的社会群体，还是居于资源劣势的社会群体，不管是掌握权力的干部，还是一般的平民百姓，都应该拥有受社会尊重的权利和尊重他人的义务。可以说，民主法治是构建社会主义和谐社会的理性基础。

党章是规范和制约全党行为的总章程和总纲领，宪法是国家的基础法律和根本大法。共产党以党章为立党的政治根基和最高准则，国家以宪法为立国的政治根基和最高法律。学党章、守党规，学宪法、守法律，是每个公民的权利和义务。通过"三双"教育实践活动，有利于在全体党员中充分发扬党内民主，坚持民主集中制，开展批评与自我批评；有利于保障公民在政治、经济、文化、社会等方面的权力和利益，引导公民依法行使权力、履行职责；有利于以党内和谐促进社会和谐，以优良的党风带政风、促民风，营造社会稳定、政治安定的和谐局面。

（二）“三双”教育实践活动有利于构建和谐社会的坚实基石

和谐社会是一个有序的社会。和谐社会需要权威和秩序，它要求无论社会发生何种变化，始终有一个核心的政治权威，它有能力驾驭错综复杂的政治局面；它还要求，无论社会变化如何之大，社会生活依然遵循着基本的秩序。维持社会生活秩序的基本工具就是法律和制度，从这个意义上也可以说，和谐社会是一个法治的社会。

和谐社会也是一个诚信的社会。社会和谐的深层基础在于全社会之间拥有一种普遍的认同，人与人之间有一种相互信任的纽带。人类若没有足够的信任，那么人与人之间就失去了相互联系的基本纽带，社会就不能正常运行。也正如“斯密理想”所描述的一样，和谐社会是一个讲道德的社会。

任何经济与社会活动，都是在规定的社会环境中由各种职业的人所参加的，而人的职业道德行为对经济社会发展有着重要的直接影响。提高全社会各行各业及其从业人员的职业道德素质，规范人在经济和社会活动中的职业道德行为，是构建和谐社会的坚实基石。

在全社会各行各业进行职业道德建设中，干部队伍和职业道德建设是关键。马克思主义认为，政治是经济的集中表现。毛泽东同志说“政治路线确定之后，干部就是决定的因素”。一个地区、一个企业的经济能否发展，关键在于干部。不同行业、不同部门的干部掌握和行使着不同的权力，而干部的思想道德素质，对他们能否真正地维护人民的根本利益，是有决定性影响的。党政干部中的不正之风，总是同他们的职业道德问题相联系着的。这种带有职业特点的不正之风，不仅有很坏的政治影响，而且还有恶劣的道德影响。党政干部的职业道德状况，为全社会各阶层所瞩目。因此，加强干部的职业道德建设，对于推动各行各业职业道德建设，起着重要的示范和表率作用。

“三双”教育实践活动坚持“学”是基础、“守”是关键、“做”是根本，坚持领导干部带头、坚持联系实际的基本原则，有利于强化党员干部的职业道德建设，对于进一步端正党风、政风和社会风气，保持共产党员的先进性，提高党在人民心目中的威望，从而奠定和谐社会的坚实基石。

（三）“三双”教育实践活动有利于构建和谐社会的精神支柱

和谐社会是一个法治的社会，也是一个讲道德的社会。但是，有些行为，既没有法律惩罚，也没有道德谴责，却会降低社会总福利水平，这时，就要靠信仰的约束。经济学家杨小凯就提出：“我觉得基督教在经济史上起的作用是非常非常大的。”他认为，从经济学的角度来说，在经济上能够使一种社会秩序不断扩张的，只有基督教。哈佛大学的教授 Shleifer 等人也作了一些经验性的研究。他们把经济表现和意识形态作回归分析，发现有些宗教对经济起着阻碍作用；有些宗教，像基督新教，对经济发展、对社会和平（指圣经里说的永久和平和公正秩序）起着促进作用。经济史学家 North 认为，意识形态、宗教决定了一个国家的政治秩序、道德准则，决定了可以接受和不可以接受的行为。这个东西决定政治游戏规则，决定法律制度和经济表现。

自古以来，民无信不立。邓小平、江泽民同志曾多次强调，十多亿人口的中国，如果没有一个共同的理想和信仰，必然是一盘散沙。在中国，执政的共产党坚持的是社会主义道路，这是历史的选择和人民的选择。中国共产党靠马克思主义指导革命的胜利，也靠马克思主义指导现代化建设。这样的基本事实，决定了中国共产党和中国人民只有从马克思主义科学的世界观中汲取现代化建设的实践方向、方针和方法，才能获得中国特色社会主义建设事业的胜利保障。中国长期以来的实践表明，意识形态不能搞多元化，动摇马克思主义意识形态的主流地位，就会失掉社会和谐发展的根基。但是，意识形态的一元化并非意味着思想的单一性。强调意识形态的一元化，指的是马克思主义作为主流价值取向的主导意义。有主流必然有支流，有主导必然有被主导。世界是多元的，社会生活是多样的，社会阶层是多种的，人们的价值取向不可能实现千篇一律的统一。改革开放以后，社会发展的多元格局成为客观现实。各种社会力量在为建设社会主义服务的大前提下，思想认同和价值取向的差异不可避免。执政党的任务不在于消灭价值取向的差异，而在于以主流价值取向引导支流的价值取向，原则是容纳那些进取向上和健康有益的价值取向，制止那些邪教迷信、消沉腐朽和有害社会的价值取向。由此可见，树立马克思主义的主流价值取向具有整合社会各种力量的重要意义，这是构建社会主义和谐社会的精神支柱。

通过开展“三双”教育实践活动，有利于解决当前广大党员和公民不同程度地存在的信仰缺失问题；有利于广大党员进一步坚定信念，强化宗旨观念，提高政治信仰，树立“为民、务实、清廉”的党员干部形象；有利于进一步提高公民法律意识和文明素质，培养全体社会成员共同遵循的价值取向和行为标准，建立与社会主义市场经济相适应、与社会主义法律规范相协调、与中华民族传统美德相承接的思想道德体系，构建和谐社会的精神支柱。

三、推进“三双”教育实践活动的几点建议

一个社会思想道德的建设和核心价值体系的形成需要一个长期而漫长的过程。“三双”教育活动虽然组织机构健全，宣传力度大，但是如果只是孤立地通过宣传教育手段，就有可能流于形式，难以实现预期的战略目标。本人认为，凡属思想道德建设，必须结合实际，把教育融入其工作和生活中，这就像“斯密理想”一样，利己的人只有在社会中控制自己的私利和行为，才能够由利己的人构成一个好社会。所以，本人建议从以下几个方面进一步推进“三双”教育实践活动，构建和谐秦皇岛。

（一）结合行业特点创新“三双”教育实践活动内涵

各行各业都有自身特殊的职业道德要求，比如，党政干部的道德要求是大公无私、廉洁奉公、忠诚积极、全心全意为人民服务；新闻工作者的道德要求是敢于讲真话、实事求是反映客观情况；司法工作者的道德要求是铁面无私、执法如山，等等。“三双”教育实践活动除了不断创新活动载体以外，应该结合行业特点，不断创新活动内容，坚持知行统一，积极引导党员和公民把道德要求转化为自觉行动。比如，可以在教师中开展“学宪法、守师纪，做合格好教师”教育实践活动；在学生中开展“学礼仪、守规范、做合格好学生”教育实践活动。“知者行之始，行者知之成。”把知识转变成能力，用规范约束行动，将行动变为习惯，是知与行相统一、教育与实践相结合的过程。

（二）通过“三双”教育实践活动切实解决工作中的实际问题

坚持以人为本，通过以学习教育、社会实践为基础的思想道德建设，全面地提升人的政治素质、思想素质、道德素质、文明素质和心理素质，切实解决不同党员群体、不同角色公民工作生活中的实际问题，把学习教育和社会实践活动渗透到社会生活的方方面面，贯穿到整个经济社会发展之中，争取通过耳濡目染和潜移默化的教育实践，使每一个党员、每一个公民都接受符合社会主义核心价值要求的理想信念和道德观念，并使之变成个人的人生信念和生活原则。

（三）建立“三双”教育实践活动长效机制

“三双”教育实践活动是一项复杂的系统工程，是一场自我学习教育的社会实践，重在深入，贵在坚持。如果没有一个有效的长效机制，那么就有可能流于形式。所以，建立长效机制成为推动“三双”教育实践活动的物质动力。

2008 年 2 月 1 日

关于深入开展“后创城”时期交通秩序整治的几点建议

——市委组织部“后创城”征集建议

2017 年 11 月，我市顺利通过“创城”大考，以优异成绩被中央文明办确定为第五届全国文明城市。自创城工作启动以来，市委、市政府科学谋划、精心部署，交管部门行动迅速、措施得力，交通设施明显改善，交通秩序明显改观，为创城成功作出了突出贡献。但客观地讲，我市的交通管理工作中依然存在短板，长效机制尚未完全建立，不文明交通行为还有反弹危险，新问题、新挑战亦层出不穷。

一、问题与不足

（一）交管长效机制急需完善

良好的交通秩序不仅是文明城市的重要标志，也是城市加快发展的重要推动力。创城工作启动以来，在市委、市政府的正确领导下，交管部门结合我市具体实际，行之有效地开展了礼让斑马线、机动车限行、规范泊车、城区禁鸣等系列交通秩序整治活动。但在创城期间，市委、市政府及交管部门没有专门制订系统的交通秩序整治工作方案，由于顶层设计的缺失，导致多项活动带有很强的临时性、突击性和任务指定性色彩，且多为交管部门担当主角或唱独角戏，公安局、城管局、市规划局、建设局等相关部门之间没能很好地形成工作整体，协同参与活动的合力没有达到最大化。进入“后创城”时期，如何完善交通秩序整治长效机制，使交通秩序整治攻坚战向持久战转变、个别部门单打独斗向多部门协同作战转变，已经成为我市“后创城”时期的当务之急。

（二）郊区交通设施有待优化

文明城市创建是一项复杂的系统工程，文明城市建设更是一项长期而艰巨的任务，不仅要求经济和社会各项事业的全面进步，物质文明、政治文明、举止文明与精神文明建设的协调发展，同时要求城市与周边农村的协调可持续发展。近年来，根据我市快速发展的迫切需要，经济技术开发区进行了扩区，抚宁实现了县改区，北戴河成立了新区，这三个区域既是我市文明城市创建的新领域，也是重要区域。客观而言，新扩区、新立区的原有交通基础设施明显弱于主城区。如何将新扩区、新立区的交通基础设施建设纳入全市统一发展大局，按照主城区建设标准甚至更高要求进行规划建设，也是我市"后创城"时期的当务之急。

（三）交通秩序整治需持之以恒

交通秩序整治是加强和改进城市交通管理的重要举措、治本之策，而全社会遵法守法更是城市文明的充分体现。目前，我市群众的文明素质、文明出行意识有了明显提高，但行人翻越护栏、闯红灯、电动自行车长期占用机动车道行驶以及机动车不规范变换车道、夜间不文明使用远光灯、路边违禁停车、超速行驶等不文明现象仍相当程度地存在。交管部门持之以恒地开展交通秩序整治活动，加强对上述不文明现象的查处、整治力度，同样是我市"后创城"时期的当务之急。

二、意见与建议

（一）建立健全工作长效机制

一是市委、市政府尽快建立长效的工作决策机制，将"后创城"时期文明城市建设工作作为重点工作，按照《全国文明城市测评体系》中的各项目标任务，结合我市具体实际，制定《秦皇岛市文明城市管理与建设规划》，强化"后创城"文明建设的顶层设计。二是完善长效的组织协调机制，充分发挥公安局、城管局、市规划局、建设局、教育局及广大机关事业单位作用，构建耦合机制。三是建立长效的工作运行机制，推行工作责任制，做到责权利明确。四是建立长效的量化考核机制，定期考核评定，考核结果与单位班子考核挂钩。五是建立长效的督察问责机制，对于履行职责不力或推诿扯皮、敷衍塞责的要进行问责，追究责任单位主要负责人和相关责任人责任。六是建立长效的舆论宣传机制，利用网络、广播、电视、报纸等媒体，大力宣传工作动态和工作成果，努力形成全民参与的舆论氛围。七是建立长效的市民教育机制，加强文明城市建设与管理的宣传教育工作，培养市民的主人翁意识、归属感和荣誉感。

（二）统筹完善城郊交通设施

一是从规划、标准、政策三方面共同推进交通的城郊一体化，加快推进经济技术开发区、北戴河新区内部交通网及与秦皇岛主城区、205 国道、102 国道、西部快速路间连接线的建设，拟定“断头路”“瓶颈路”任务清单，加快打通“最后一公里”，重点解决海港区北部工业区海阳路与北环路交叉口周边、海港区建设大街街道河北大街中段金原国际商务大厦周边、海港区北部工业区海阳路与北二环交叉口周边的交通拥堵问题。二是按照统筹衔接、经济适用、便捷高效和安全可靠的原则，有序发展轻轨、有轨电车、地铁等交通制式。三是按照城市规划及时调整公交系统布局，加大投入，增加公交线路，提高城区公共交通线路覆盖率，让公交发展与城市发展相匹配。四是对公交车辆运行密度采取弹性管理，在上下班市民出行高峰时段，加大公交车投放密度，缩短发车间隔时间，加大运力，保证乘坐需求。五是尽快建立共享单车管理机制，规范单车企业利用大数据、云计算手段进行合理布局，避免过度投放、堆积占道、乱停乱放等不良现象。六是持续强化对各类停车场及泊位的统一核定与管理，禁止临街商铺圈占门前泊位。

（三）持续开展交通秩序整治

一是强化路面管控力度，依法从严查处各类交通违法行为，针对不遵守交通信号、不按规定通行、违法变道、随意掉头等突出的交通违法行为，深入开展专项整治活动。二是充分发挥城区智能交通指挥中心的作用，加大投入力度，在十字路口、重点路段、复杂路段、单行道口增设监控网点，切实提高路面监控率，实现全覆盖、无盲区、无空点。三是严格查处不遵守交通信号、见缝就插、乱穿乱行、不避让其他车辆、直行猛拐的电动车驾驶人，凡有侵占（抢占）机动车道行驶、逆向行驶以及违反交通信号灯等明显交通违法行为者，加大对其处罚的力度，最大限度地消除电动车交通安全隐患。四是充分利用电视、广播、网络、报纸、官方微博、微信等媒体的作用，积极引导广大市民绿色出行、文明出行、安全出行、错峰出行，避免道路交通流量呈现井喷式增长。

文明城市建设只有起点、没有终点，永远在路上。特别是交通管理工作，作为城市管理的难题，只有建立长效工作机制，并将其作为推进城市治理体系和治理能力现代化的重要抓手，坚持抓常、抓细、抓出实效，才能更好地服务于秦皇岛文明城市的管理与建设。

2017 年 12 月 22 日

第二章
产业发展建言

产业结构竞争力是地区竞争力的一项重要指标，而产业结构演进是一个长期的发展趋势。经过对秦皇岛产业结构演进的研究发现，从新中国成立至今，秦皇岛历史上基本上未曾出现过“一、二、三”的产业结构格局，而是从“一、三、二”产业结构到“三、二、一”产业结构的演进，二者的分水岭在1984年秦皇岛成为首批沿海对外开放城市之后。进入“十五”以来，三次产业的比例大致保持在10 ： 40 ： 50的水平。秦皇岛“三、二、一”的“高度化”产业结构极具特殊性，产业比例所呈现的“高度化”并非建立在经济高度发达的基础上，而这样的产业结构高度化难以助推经济增长，秦皇岛经济增长面临着产业结构的“陷阱”。本章集选了“十一五”到“十三五”期间，作者围绕秦皇岛产业结构升级、优先发展产业选择、新兴产业发展以及现代产业体系构建等方面多渠道建言献策的11篇建言。

加强与唐山的合作　优化秦皇岛的产业结构

——市政协提案

在环渤海地区加速崛起阶段，唐山市依托原有工业基础，形成了以煤炭、钢铁、电力、建材、机械、化工、陶瓷等重工业为主的工业体系，再加之首钢搬迁至曹妃甸，带动唐山高速发展。与唐山相毗邻的秦皇岛，应该抓住唐山迅猛发展这一机会，加强与唐山的合作，优化秦皇岛的产业结构。

一、秦唐两市比较

1. 两市三次产业结构差异较大

通过对两市 2005 年三次产业构成比较发现，秦皇岛是“三、二、一”的产业结构，工业基础比较薄弱，第三产业比重较大；唐山的第二产业比重较大，是明显的“三、一、二”产业结构。而且两市的二产、三产相差较大，有利于产业分工协作，形成合力。

2. 两市产业专业化水平差异较大

通过对两市 2005 年区位商比较发现，唐山区位商大于 1 的行业主要集中在采矿业、农林牧渔业、居民服务和其他服务业、制造业和教育；秦皇岛区位商大于 1 的行业主要集中在交通运输仓储及邮政、农林牧渔业、金融、水利、环境和公共设施管理、租赁和商业服务、卫生、社会保障和社会福利、居民服务和其他服务业、公共管理和社会组织、电力、燃气、水的生产供应、科学研究及技术服务和教育。显然，两市的产业同构现象不严重，有利于两市的经济合作，扩大两市产业的集聚规模，提高两市企业生产的专业化水平。

通过对秦唐两市的三次产业结构和产业专业化水平进行比较，发现唐山的优势产业主要集中在采矿业和制造业等第二产业，而秦皇岛的第二产业尤其是采矿业相当薄弱。秦皇岛的第三产业相对于唐山具有比较优势，尤其是交通运输仓储及邮政和科学研究及技术服务方面具有绝对优势。唐山薄弱的第三产业在一定程度上抑制了其第二产业的快速发展，而秦皇岛相对发达的第三产业背后却缺少了第二产业强有力的支撑，发展乏力。如果二市进行密切的经济合作，协同发展，将实现双赢效果。

二、秦皇岛产业结构优化的几点建议

第一，树立唐秦一体观，从唐秦大区域角度确立秦皇岛产业发展思路，在不牺牲环境的前提下，秦皇岛可考虑依托现有的产业基础，围绕唐山的第二产业发展上游的配套产业如高新技术、装备制造等低污染、无污染产业。

第二，树立大物流理念，发挥便利的公路、铁路、港口等交通系统优势，提升和整合现代物流服务功能，形成各种形式的物流服务网络，把物流产业培养成支柱产业，利用其在物流、科研及技术服务、金融等方面的潜在优势，积极主动地为唐山的第二产业服务。

第三，树立大旅游理念，充分发挥秦皇岛的旅游、环境资源优势，大力发展餐饮、文体、娱乐、房地产等产业，形成唐山人娱乐休闲地。

第四，树立优势互补观，充分发挥秦皇岛的环境资源优势和唐山的工业优势，与唐山形成“前店后厂”式的协同发展态势。具体实施措施：（1）成立唐秦两市协作调研组（由相关专家学者、官员、企业人员组成），对唐秦两市的资源、产业状况进行详细的调查研究，向政府提供资源整合、产业协同发展的方案，为唐秦两市协同发展奠定基础。（2）根据调研组提出的协同发展方案，政府从不同层面和角度策划唐秦两市协同发展的公关方案，并集中力量实施公关方案，为唐秦两市协同发展提供物质保障。（3）组织唐秦两市企业家和专家学者进行交流，政府尽可能为其搭建交流平台，通过这两个层面的交流，为唐秦两市实质性合作打开出口。

2008 年 2 月 8 日

（此提案得到时任秦皇岛市委书记王三堂的批示，列为 1 号督办提案）

调整秦皇岛市产业结构　从“唐秦一体化”入手

——市委产业发展座谈会发言

唐山、秦皇岛两市文化同根，人文同脉，秦皇岛市自1983年脱离唐山后，于2007年年底两市首次合作，签署冀东区域战略合作框架协议，拟共同打造环渤海经济隆起带龙头。在环渤海地区加速崛起阶段，唐山市依托原有工业基础，形成了以煤炭、钢铁、电力、建材、机械、化工、陶瓷等重工业为主的工业体系，加之，首钢的搬迁、曹妃甸工业园区的崛起、南堡油田的开发，将为唐山建成我国北方国际性铁矿石、煤炭、原油、天然气等能源原材料主要集疏大港，世界级重化工业基地，国家商业性能源储备和调配中心，国家循环经济示范区奠定基础。与唐山相毗邻的秦皇岛，应该抓住唐山迅猛发展这一机会，从“唐秦一体化”入手，调整秦皇岛的产业结构，与唐山优势互补、资源共享，提升唐秦地区整体竞争力，真正使唐秦地区成为河北沿海经济强省腾飞的龙头。

一、唐秦一体化的产业结构比较

1. 两市三次产业结构差异较大

通过对两市三次产业构成比较发现，秦皇岛是“三、二、一”的产业结构，工业基础比较薄弱，第三产业比重较大；唐山的第二产业比重较大，是明显的“三、一、二”产业结构。尤其是两市的二产、三产相差较大，有利于产业分工协作，形成合力。

2. 两市产业专业化水平差异较大

通过对两市区位商比较发现，唐山区位商大于1的行业主要集中在采矿业、农林牧渔业、居民服务和其他服务业、制造业和教育；秦皇岛区位商大于1的行业主要集中在交通运输仓储及邮政、农林牧渔业、金融、水利、环境和公共设施管理、租赁和商业服务、卫生、社会保障和社会福利、居民服务和其他服务业、公共管理和社会组织、电力、燃气、水的生产供应、科学研究及技术服务和教育。显然，两市的产业同构现象不严重，有利于两市的经济合作，扩大两市产业的集聚规模，提高两市企业生产的专业化水平。

通过对唐秦两市的三次产业结构和产业专业化水平进行比较，我们发现唐山的优势产业主要集中在采矿业和制造业等第二产业，而秦皇岛的第二产业尤其是采矿业相当薄弱。秦皇岛的第三产业相对于唐山具有比较优势，尤其是交通运输仓储及邮政和科学研究及技术服务具有绝对优势。唐山薄弱的第三产业在一定程度上抑制了其第二产业的快速发展，而秦皇岛相对发达的第三产业背后却缺少了第二产业强有力的支撑，发展乏力。所以，加快唐秦一体化，两市协同发展，有利于促进两市产业结构的调整，实现双赢。

二、唐秦一体化的秦皇岛产业结构调整路径

区域经济一体化是世界经济发展的趋势，秦皇岛产业结构的调整一定要从"唐秦一体化"角度出发，确定产业结构调整思路，才能破解"三、二、一"产业结构高度化却难以助推经济增长的难题，跳出产业结构的"陷阱"，促进各产业内部结构的升级。

1. 大力发展绿色生态农业

从新中国成立至今，秦皇岛历史上基本上未出现过"一、二、三"的产业结构格局，是从"一、三、二"产业结构到"三、二、一"产业结构的演进，二者的分水岭大致是1984年秦皇岛成为首批沿海对外开放城市前后。所以，工业化、城市化程度不高，生态被破坏得不严重，再加上自然环境（蓝天、碧海、金沙、绿树）的优美，使其环境优势明显，应大力发展绿色生态农业，提升整体环境品牌效应，提高农产品附加值，促进第一产业内部结构升级。

2. 积极培育唐山第二产业的高端配套产业

从唐秦一体化角度确立秦皇岛第二产业的发展思路，在不牺牲环境的前提下，秦皇岛可考虑依托现有的产业基础，充分发挥科研及技术服务优势，积极培育唐山第二产业的高端配套产业如高新技术、装备制造、环保等低污染、无污染、高附加值产业。

3. 进一步提升现代服务业比例

（1）努力构建现代物流产业体系。借助秦皇岛作为京津唐与东北地区的交通枢纽的区位优势，利用秦皇岛在物流、科研及技术服务、金融等方面的潜在

优势，发挥秦皇岛港口码头、高速公路、通达的铁路网等交通系统优势，承接工业原材料、战略物资、工农业产品等大宗货物的仓储运输，形成水陆铁全方位大物流服务网络。积极主动地为唐秦两市的第二产业服务，努力构建物流配送业务、第三方物流等现代物流产业体系，把物流产业培养成支柱产业，真正使秦皇岛成为环渤海经济圈与东北亚经济圈经济往来的中枢节点。

（2）做大做强休闲产业。进一步发挥秦皇岛的旅游、环境资源优势，大力发展餐饮、文化、体育、娱乐等产业，形成集“吃、住、行、游、购、娱”于一体的北方休闲度假天堂，大力开发休闲产品，如休闲食品、休闲文化产品、休闲娱乐产品、休闲体育产品等，积极培育休闲品牌，做大做强休闲产业。

（3）不断壮大金融和房地产业。利用秦皇岛优越的环境、便利的交通以及特殊的政治背景，吸引东北制造企业总部以及唐山重工业总部和研发供销部门迁移到秦皇岛，与唐山形成“前店后厂”式的协同发展态势。这就需要不断壮大金融业和房地产业，为总部经济和“前店”的经营提供相关产业保障。

三、实施唐秦一体化的几点建议

第一，成立唐秦一体化调研组（由相关专家学者、官员、企业人员组成），对唐秦两市的资源、产业状况进行详细的调查研究，向政府提供资源整合、产业协同发展的方案，为秦皇岛产业结构调整奠定前期基础。

第二，根据调研组提出的产业结构调整方案，政府从不同层面和角度策划唐秦一体化公关方案，并集中力量实施公关方案，为唐秦一体化提供物质保障。

第三，组织唐秦两市企业家、政府相关部门负责人、专家学者进行交流，尽可能为其搭建交流平台，通过多个层面的交流，为唐秦一体化实质性进展打开出口。

2009 年 7 月 17 日

对秦皇岛现代产业体系建设的思考

——市人大产业体系建设座谈会发言

一、认清现代产业体系建设的内涵

产业体系是以特有经济主体结构和特定经济主体生存方式为基础的产业关联、产业构成、产业运行下的经济现象。传统产业体系是与传统产业活动相适应的产业体系，其最基本的特征是技术变动相对缓慢，由此导致了企业间和产业间的生产、技术连接相对固定的基本特性。而现代产业体系是以知识生产为龙头，以知识转化为基点，以快速反应、快速协调为手段，企业间相互依存程度更高，分工更加细密，信息和物流成为基础，政府充分参与以推进国家创新和保护环境与资源。所以，传统产业体系与现代产业体系的分水岭不仅体现在经济主体结构和主体行为的变化上，更表现在产业活动方式、关联关系、政府作用及其环境约束的改变上。

张耀辉在《传统产业体系蜕变与现代产业体系形成机制》一文中提出，现代产业体系由创新型企业及其集群、包括科教政策在内的产业政策、现代产业基础设施、现代产业体系推进制度四个部分构成。（见图 1）

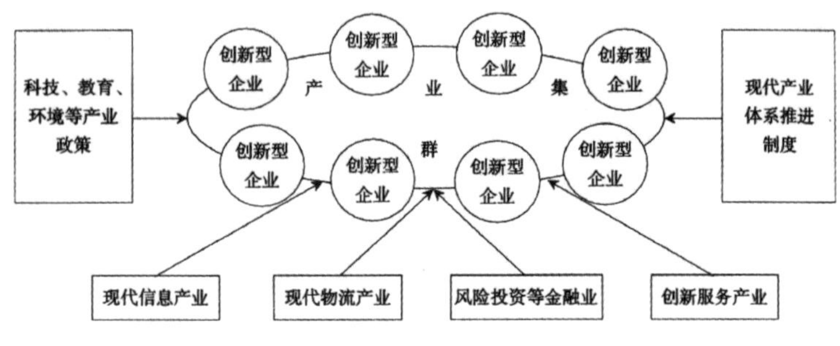

图 1　现代产业体系构成

可见，从政府层面上讲，现代产业体系的建设需要从政府前瞻性的战略构想、产业政策和产业发展环境等方面入手。

二、明确主导产业发展方向

秦皇岛现代产业体系的构建必须依托秦皇岛的优势，突出秦皇岛特点。在现代产业体系的构建中，政府能够前瞻性地明确主导产业的发展方向，认真研究主导产业的规律及发展趋势，有利于提升主导产业的核心竞争力。

1. 界定主导产业的范围

虽然秦皇岛的产业结构实现了“一、二、三”的比例（2008 年为 11.3 ∶ 40.5 ∶ 48.2），但是由于经济总量小、工业弱反衬出三产强，实际上产业结构不尽合理且内部层次低，主导产业支撑不够，传统的四大支柱产业——机械装备制造业、冶金及金属压延业、粮油食品加工业和玻璃建材业难以成为秦皇岛未来发展的主导产业。根据 2008 年市政府提出的打造“一个中心，三个基地”(即生态休闲度假中心，先进制造业基地、高新技术产业基地、港口物流集散基地）的产业定位，秦皇岛的主导产业应该确定为以下四大产业，即休闲产业、装备制造业、高新技术产业和物流产业。

2. 丰富主导产业的内涵

围绕“一个中心，三个基地”丰富秦皇岛四大主导产业的内涵：（1）以旅游业为中心的休闲产业，除了发展旅游业外，还应大力发展康体、休学、体育、文化、农业、房地产等相关休闲产业，真正使秦皇岛成为生态休闲度假中心；（2）以重大装备制造业为中心的装备制造业，发展船舶制造、电力装备、重型工程装备、高速铁路设备、数控机床、汽车及零部件等装备制造业；（这里不要使用“先进制造业”，因为先进制造业包含在高新技术产业中，会造成两大主导产业的重合；（3）高新技术产业，除了大力发展电子信息产业外，应大力培养新能源、新材料、清洁产业、海洋产业；（4）物流产业，充分发挥秦皇岛的区位优势，依托港口、公路、铁路运输枢纽优势，以港口物流为龙头，陆路物流为支撑，依靠现代信息技术和物流组织方式的创新，打造海陆空物流网络体系，确立秦皇岛在环渤海与东北亚中的节点位置。

3. 明确主导产业的建设重点

由于四大主导产业在秦皇岛处在不同的发展阶段，侧重点应有所不同，一定要明确各个产业阶段性的工作重点。如 2009 年我市提出“旅游立市”战略，休闲产业已经进入一个新的发展阶段，除了提升原有的旅游业竞争力外，一定要通过新的关键项目重点开发，作为产业增长极带动整个休闲产业的发展。可以通过开发北戴河新区，吸引外资建立国际医疗系统，利用北戴河新区的自然资源和休闲娱乐设施，大力发展健康产业，发展康体旅游。同时，在不同的区域，侧重点也有差异。所以，应在每一个主导产业中选择适当的关键项目重点开发，通过产业带动作用提升主导产业素质，提升与其他产业对接的可能性。

4. 注重产业链条的延长

针对四大主导产业，根据产业发展规律和科技进步的新趋向，制订产业链延长规划，有计划地引导企业的项目投资。比如根据秦皇岛旅游发展中“购物”的短板，制订旅游产业链条发展规划，有计划地引导企业投资开发有秦皇岛特色的旅游商品。

5. 加强产业的融合

产业融合是产业发展的一种趋势，如高新技术产业与文化产业彼此的融合与渗透，使电脑动画、数字电视、数字图书、网络游戏、博客、多媒体手机等综合性产业形态层出不穷。秦皇岛应在现有产业的基础上，加强产业间的融合，如加强旅游与房地产、农业、医疗、教育、文化、商务等其他行业的对接，形成多领域的旅游产业延伸融合体，真正使“旅游立市”战略得以实现。

三、建设现代产业体系的措施

1. 完善园区配套设施建设，推进产业集群发展

以国家级秦皇岛经济技术开发区和秦皇岛临港产业聚集区、河北昌黎干红葡萄酒产业集聚区、北戴河新区、青龙满族产业集聚区和首钢秦皇岛产业聚集区 5 个省级培育支持的产业聚集区为重点，科学规划、优化现有的 12 个产业聚集区布局，统筹谋划园区重点产业项目，引导相同产业链条的企业和项目向同一园区集聚，促进产业集群发展。

2. 加强创新平台建设，培育产业龙头企业和战略联盟

加大技术中心、研究中心、培训中心、技术开发平台、产品验证测试平台、公共服务平台、产权检索平台等公共资源建设力度，着力构建一批产业技术创新战略联盟和技术创新服务平台。充分发挥燕山大学等驻秦高校的技术研发优势，鼓励企业与科研院所、高校建立多种形式的战略性、长期稳定的合作机构，逐渐形成以企业为主体、产学研有机结合、政府宏观指导、社会组织参与、各

方面协同配合的产业技术创新体系，培育产业龙头企业和战略联盟。

3. 拓宽融资渠道，完善产业融资环境

积极引进国内外银行、民营及股份制商业银行、保险、证券、信托等金融机构来我市设立分支机构；充分发挥建投、城投、科投公司等融资平台作用，加强资本运作；完善政银企合作机制，引导金融部门加大对主导产业的信贷投入；创新融资方式，鼓励企业通过资本运作、引进战略投资者、吸纳民间社会资本等形式筹集发展资金，积极支持符合条件的企业上市融资。

4. 搭建交流平台，培养引进产业领军人物

通过“走出去、引进来”的方式有针对性地组织企业家到国内外进行参观、学习和交流，培养本市的产业领军人物同时，面向海内外引进主导产业领军人物。另外，建设产业信息共享平台，发布产业和企业发展的各种信息，通过信息的共享激发企业领军人物的创新思维。

5. 注重环境建设，保证产业可持续发展

现代产业体系建设要求把“可持续”作为一个约束条件，换句话说，“可持续发展”是构建现代产业体系的一个目标状态。政府应通过财政贴息、税前还贷、技术改造资金安排等方式，引导各个产业发展循环经济。另外，针对生态产业链中技术创新的极端重要性，金融业应该给予适当的支持，从而优化整个产业体系的创新环境，鼓励拓展集中处理途径和环保产业，积极推进传统产业的生态转型。

2010 年 10 月 10 日

关于大力发展秦皇岛养老产业的建议

——市政协提案

人口老龄化已成为我国面临的最重要的民生问题之一。中国的传统文化决定了单纯以进入养老院的养老方式无法满足现实的养老需求，社区居家养老成为目前中国老年人选择的主流模式。而异地养老也被越来越多的国家、企业和老年人所认可。旧的养老方式的打破，意味着新的发展机遇。秦皇岛应充分利用资源优势，大力发展养老产业，抢抓未来老年市场。

一、老年产业发展前景分析

1. 老年人口基数大，增长速度快

我国60岁以上老年人口已达1.53亿，是世界老年人口总量的1/5，是亚洲老年人口的1/2。到2045年左右，中国60岁以上人口将占到总人口的30%左右。该过程发达国家用了100年。

2. 历史欠账较多，家庭养老负担重

在计划经济体制下，社会没有完成养老积累，这个包袱留到了现在。生育率下降、人均寿命延长直接导致家庭供养资源减少，子女养老的人均负担成倍增长。尤其是“421”模式将成为中国今后几十年的主流家庭模式，加重了家庭养老负担。

3. 目前养老方式与实际需求不匹配

中国的传统文化决定了单纯以进入养老院的养老方式无法满足现实的养老需求，中国的主流养老模式应为社区居家养老。

二、秦皇岛发展老年产业的资源优势

1. 气候环境优势

秦皇岛冬无严寒、夏无酷暑的气候条件，以及蓝天、大海、青山、沙滩等

自然要素都是吸引老年人安度晚年的优势资源，尤其对北方大城市老年人具有吸引力。目前有很多东北、京津以及唐山等地老年人在我市购房居住就是很好的例证。

2. 区位优势

秦皇岛处于环渤海经济圈的中心，而且是华北平原通往东北平原的交通要道，海陆空交通顺达，老年人在此安居便于工作在北京、天津、沈阳、唐山等地的儿女探望，发展老年产业区位优势明显。

3. 品牌优势

北戴河不仅以“夏都”美誉全国，而且作为著名的休疗养基地具有一定的品牌优势，有利于养老产业品牌延伸。

三、秦皇岛发展老年产业的策略

1. 确立北方养老基地的产业发展目标

旧的养老方式的打破，意味着为企业创造了新的发展机遇。养老产业作为潜力无限的朝阳产业已经吸引众多企业进军养老产业，养老产业的发展已有方兴未艾、渐成燎原之势。海南、广东、浙江、湖南、湖北、江苏、重庆等南方省市养老产业的发展非常迅速，模式也趋向多样化。我市尽早确立北方养老基地的产业发展目标，有利于抢占市场先机。

2. 规划北戴河新区国际养老城

异地养老、跨国发展养老产业在欧洲渐成潮流。挪威的卑尔根、奥斯陆、贝鲁姆等市已经先后在西班牙南部开设了大型养老公寓，那里低廉的地产价格、充足的阳光，吸引着越来越多的企业和老年人。北欧其他国家的老年人到西班牙养老，看中的不仅是那里的自然环境，还有功能齐全的养老设施、良好的公共医疗卫生服务和保险服务等。与此同时，西班牙的实业家们也盯紧了那些希望来西班牙养老的北欧人的“钱口袋”。在北戴河新区规划国际养老城，可以吸引俄罗斯、日本、韩国、蒙古国以及国内北方寒冷地区老年人来秦皇岛养老。

3. 引导开发养老投资型房地产

在美国，尽管养老机构很多，真正进入机构养老院的只有20%，其余都是家庭养老。很多美国老年人拿着退休金到风景优美、适宜养老的国度、地区养老，如到佛罗里达、夏威夷、墨西哥海滨购房长住，安度晚年。“以房养老”已被许多美国人认为是一种最有效的养老方式，这种养老方式也适合中国人家庭养老的理念。所以，用政策引导开发商开发养老投资型房地产，吸引异地中老年人投资秦皇岛房地产，以实现打造北方养老基地的产业发展目标。

4. 加快发展养老服务业

制定老年产业发展的相关扶持政策（如优惠的税收政策、财政政策等），加快发展老年服务业，以便形成完整的老年产业链。养老服务业发展主要从以下几个方面着手：第一，生活照料（饮食起居的照顾，打扫卫生，代为购物等）；第二，物质支援（提供食物、安装设施、减免税收等）；第三，心理支持（治病、护理、传授养生之道等）；第四，整体关怀（改善生活环境、娱乐环境及社交环境等）。

2011 年 2 月 15 日

整合资源 融合产业 推动秦皇岛文化产业大发展

——市政协大会发言

党的十七届六中全会做出推动文化大发展大繁荣的战略部署。我市被文化和旅游部、财政部列为创建国家公共文化服务体系示范区。我市应抓住机遇，在“旅游立市”战略的统领下，加快整合文化资源、促进产业融合，把丰富的人文资源优势转化为产业优势，尽快形成“旅游 + 文化 + 生态”融合一体、联动发展的大格局。

一、我市文化产业发展的主要瓶颈

秦皇岛依托丰富的自然资源和“两京锁钥无双地”的地理位置，形成了独具特色的文化资源。其中海文化、长城文化、关城文化、孤竹文化、满族文化、旅游休闲文化、玻璃文化、钢桥梁文化等在全国都占有独特的地位。已建有山海关长城文化研究基地和孟姜女文化研究基地等国家级的文化研究基地；拥有 5 项国家级非物质文化遗产，19 项省级非物质文化遗产。这些丰富而有特色的文化资源是秦皇岛文化产业大发展的巨大优势和坚实基础。但是，文化资源的丰富并不等于文化产业的繁荣，目前我市文化产业与文化资源还不相称，大量文化资源仍然处于待开发状态，已开发的也多是初步的、浅层次的，丰富的文化资源尚未转化为文化产业优势。究其原因，主要存在以下三个瓶颈：

1. 高层次、大手笔开发性文化旅游资源整合缺位

目前，我市文化、旅游资源开发尚处于“点（景点）、园、景”状态，虽不乏“妙招”，但总体上尚未形成大布局、大联动、大开发的一盘好棋。整合不够，缺少经营性、开发性整合，名牌战略中缺少文化战略策划。比如，我们特有的长城文化资源没有在区域内整合建成全国性的旅游热线——长城旅游线路；特有的皇家品牌资源也没有整合建成全国性的经典旅游热线——皇家旅游线路；山海关长城节、昌黎葡萄酒节、青龙天女木兰节以及一些节庆文化活动缺少大

产业、高起点的产业化运作，缺少地方性文化资源与大区域性文化产业的整合运营，影响局限于本地。

2. 地缘优势尚未发挥，大市场潜力待挖掘

秦皇岛作为华北平原与东北平原的连接点，距北京、天津、沈阳等大都市不远，这是得天独厚的地缘优势。可充分利用京津沈的发展平台，借助京津沈对人流、物流和资金流的集聚能力，尤其是京津的文化产业创意人才，全方位发展秦皇岛文化产业。但目前我市文化产业基本上是体内循环的封闭发展模式，京津沈在文化和市场方面的丰裕资源、众多人才、广阔市场等地缘优势均远未发挥出来，文化产业规模小。

3. 思想观念开放不够，体制机制尚待完善

观念相对滞后。一是用抓文化事业的传统思想来抓文化产业，缺乏经营意识和市场开拓意识，习惯于财政拨款下的资源配置方式，习惯于"争取资金""分散投入""行政调控""统筹兼顾"的保守工作套路。"等、靠、要"的思想和"僵、懒、怕"的意识比较严重，习惯于按照层层部署，按部就班地推进，缺乏开创性和地方特色。二是政企不分、企事不分的问题没有从根本上解决，事业单位体制束缚了文化单位手脚，造成企业法人管理结构虚化，文化产业缺乏市场进取精神，文化产业普遍呈现单、小、弱、散状态，产业竞争力较差。三是缺乏促进产业融合的体制机制和政策措施。

二、几点建议

1. 整合旅游文化资源，推进文化产业与旅游产业的融合

一是整合"长城文化"资源，打造"大长城"文化旅游产业带。整合大区域境内的长城资源，挖掘长城的文化价值，嵌入全国性经典"大长城"旅游线路（"北京八达岭长城—承德金山岭长城—山海关老龙头长城"）；打造山海关、角山、九门口、城子峪、义院口等精品"野长城"为主线的"小长城"文化产业带。二是打响"中国明代最完整军事体系"品牌，做强山海关军事文化旅游产业区。以山海关古城为中心，整合山海关拥有的关城、长城以及入海石城等历史军事建筑物，通过参与性的活动，让长城、关城和历史人物、事件"活起来、动起来"，让旅游者置身于"军事体验之中"，亲身感受山海关作为"两京锁钥无双地"的军事重镇，叫响"山海关军事旅游"品牌，做强军事旅游文化产业区。三是围绕 162.7 千米海岸线大纵深构建"大海岸、大品牌"的蓝色休闲度假文化产业带。围绕秦皇岛 162.7 千米海岸线资源，用"北戴河"品牌带动山

海关、海港区以及北戴河新区休闲度假文化的发展，通过开发、创新滨海休闲度假产品，构建蓝色休闲度假文化产业带。

2. 挖掘历史名人作品资源，促进文化产业与创意产业深度融合

充分挖掘秦皇岛丰富的历史名人及其佳作、历史故事及传说，比如秦始皇、李世民、曹操、乾隆、毛泽东等名人的有关秦皇岛的脍炙人口的诗篇，明清时期的石河大战和抗日时期的榆关大战的故事以及孟姜女的传说等，利用高新技术对这些作品进行“再创造”，鼓励文化产业与创意产业的融合，以北戴河文化创意产业园区为基础，以秦皇岛开发区的数据产业基地和北戴河新区的动漫产业基地为依托，借助京津充沛的文化人力资源和丰富的文化资本，形成与京津文化创意产业联动的“北戴河文化创意岛”。

3. 发挥地缘优势，合作开发推进文、农、体、旅融合

依托近京津沈的地缘优势，以科技为手段，强化文化产业与农业的融合，深度开发科技种植、生态种植、农家乐等产品，打造“一小时田园文化体验圈”；充分利用地缘优势，强化文化产业与体育产业的融合，挖掘民间喜闻乐见的休闲健身项目，像秧歌、皮影、吹歌等，成为吸引大都市游客的亮点。同时，放大“奥运效应”，通过重点建设足球训练基地、自行车训练基地、轮滑训练基地、户外运动产业基地以及大型训练比赛基地等独具特色的体育产业群，着力打造“北方休闲健身基地”。

4. 创新体制机制，推动文化产业与相关产业联动发展

要把《秦皇岛市创建国家公共文化服务体系示范区规划（2011—2012 年）》的实施，与推动文化产业大发展和与相关产业联动发展有机结合起来。一要制定和完善相应政策，建立有利于文化和其他产业融合发展的领导体制机制，促进规划对接、资源整合。二要消除民间资本进入文化领域的体制障碍，引导民营经济向文化产业发展，发挥社会资本在活跃市场、提高产业整体竞争力等方面的优势，形成企业投资、政府扶持的文化产业多元化发展机制。三要充分运用文化品牌、知识产权等无形资产筹措资金，鼓励金融机构、担保和再担保机构支持文化产业发展。进一步推进资本市场建设，引导文化企业开展银企合作、融资担保，实现金融资金与文化资源有效对接。

2012 年 2 月 18 日

（此提案得到时任秦皇岛副市长邢留逮的批示，并获第七届秦皇岛市社科成果一等奖）

也谈"边缘化"与"十一五"期间秦皇岛市优先发展产业的选择

——市发改委座谈会发言

年初，北京社科院发布了《2006年中国区域发展蓝皮书》，该书认为即将启动的"京津冀"区域发展战略将掀起我国改革开放的第三波浪潮，从而彻底改变我国区域发展"南高北低"的不平衡状况。环渤海经济圈的崛起，京津冀都市圈的形成，北京2008年奥运会的举办，特别是天津滨海新区和唐山曹妃甸工业区的开发建设，势必将带来京津冀乃至整个环渤海区域发展格局的重大变化。在这个机遇与挑战并存的格局变化中，秦皇岛应当认清形势，合理选择优势产业与主导产业，优化产业结构，以实现社会经济的全面发展。

在《秦皇岛市"十一五"发展规划建议》的新任务中已提到"必须牢固树立不进则退、小进亦退的观念，强化机遇意识、忧患意识，切实增强加快发展的紧迫感和责任感，抢抓机遇，提速发展，奋起直追，否则，我们就要落后，就有可能被边缘化"。这说明秦皇岛政府不再一味强调自己的区位优势，已经具有了区域发展的忧患意识，但我认为要认清形势，首先要理解"边缘化"。

"边缘化"是一个由核心地区向边缘地区转化的过程，我认为从区域发展的角度来讲，秦皇岛市从来就没有成为过区域中的核心地区，一直处于区域中的边缘地区，所以也无从谈起"边缘化"问题。下面我们就从三个区域层面审视一下秦皇岛的区位。

首先，从行政区划层面看，我们把河北省看作一个区域，显然石家庄是这个区域的核心地区，从接受核心地区的辐射强度大小看，秦皇岛属于边缘地区。其次，从经济区域层面看，我们把经济联系紧密的京津唐看作一个区域，由于历史沿革，北京、天津形成了"双核"，唐山由于其丰富的资源也成为区域中的次中心，而秦皇岛还是处于这一区域的边缘地区，接受来自北京、天津和唐山的辐射强度较小。最后，从更大的区域层面——环渤海经济圈来看，秦皇岛依然处于边缘地区。环渤海经济圈由三个子区域组成，即京津唐子区域、辽东半岛子区域（沈阳、大连是核心地区）、山东半岛子区域（济南、青岛是核心地区）。从区位上讲，秦皇岛位于渤海圈的中心点，也就是半圆弧的中点，距离三个子区域的核心地区直线距离都不算远，但是接受三个子区域核心地区辐射的强度都较弱，实际上秦皇岛在环渤海经济圈这个大区域中还是处于边缘地区。

20 世纪 60 年代初，美国地理学家约翰•弗里德曼提出了有关核心 - 边缘体系的理论，对极化作用下区域经济组织结构的形成和发展过程进行了全面的描述。他在《区域发展政策——委内瑞拉的案例研究》一书中着重指出，一个完整的空间系统（也就是区域经济组织结构）是由核心地区和边缘地区共同组成的，两者之间的相互关系是“权威—依附关系”。而其所说的核心地区，则是指空间系统中人口和生产活动聚集度较高、物资和信息流量较大的部分。

核心 - 边缘体系是在市场经济体制下，由市场力量（主要规模经济带来的技术集聚和社会集聚）和某些偶然因素（区位因素和特定的自然条件，以及建立在区位因素和自然条件基础上的政府因素）的共同作用下发展起来的。区域中的核心地区都是技术集聚和社会集聚作用比较大的地区，具有相对较高的要素生产率，表现为经济要素的净流入。由于核心 - 边缘体系发展过程中所依赖的区位因素和特定的自然条件是不可以复制的，其基本格局一旦形成之后就很难再彻底改变。

按照核心 - 边缘体系理论，一个相对独立的经济区域中都有核心地区和边缘地区两部分，由于两个地区之间的全要素生产率的差别，存在着经济活动要素由边缘地区向着核心地区的净流动，从而导致边缘地区与核心地区之间区域经济差异的出现。秦皇岛市作为全国最早开放的 14 个沿海城市之一，它的发展速度较慢，经济总量较小的主要原因之一，就是因为秦皇岛一直处于经济区域的边缘地区。要想改变这种边缘劣势，除了依靠财政转移支付以外，更重要的是要抓住机遇，打破常规发展思路，从新的视角确定自己在经济区域中的地位，并通过优先发展产业的选择，依靠市场机制，使自己核心化。

秦皇岛实现核心化必须紧紧抓住三个机遇：第一，紧紧抓住河北省“一线两厢”发展这个机遇，优先发展产业的选择要与河北省“十一五”规划相吻合，尽可能多地争取到河北省的财政转移支付；第二，紧紧抓住北京、天津、唐山城市群形成的机遇，优先发展产业的选择尽量与城市群的产业发展配套，使秦皇岛成为京津唐城市群的直接腹地，加快经济发展速度；第三，紧紧抓住“十一五”期间国家重视环渤海经济圈发展这个机遇，在环渤海大区域中找准自己的位置，强化自己在子区域中的核心地位，即通过优先发展产业选择，使秦皇岛与青岛、大连在环渤海大区域中形成三足鼎立的态势，确定秦皇岛在京津集子区域中的次中心地位。

“十一五”期间，秦皇岛市除了壮大原有（粮油食品、玻璃建材、机械制造、金属压延）四个支柱产业外，应该树立产业错位发展的理念，大力培育生态产业和现代服务业。具体建议如下：

1. 树立大生态理念，大力培育综合生态产业

由于秦皇岛一直处于边缘地区，工业化、城市化程度不是很高，生态被破坏得不很严重，再加上自然环境（蓝天、碧海、金沙、绿树）的优美，环境优势明显，应大力发展综合生态产业，即生态农业、生态工业、生态旅游业相结合的综合生态产业，着力打造环渤海经济圈核心地区居民“回归田园的好去处”，真正使秦皇岛成为最适合人居的城市，成为核心地区聚集高科技人才的“候鸟地”，从而促进秦皇岛高科技产业的发展以及传统产业的升级。

2. 树立大旅游观念，着力打造完整的旅游产业

虽然秦皇岛一直以旅游胜地著称，但是旅游产业断链比较严重，阻碍旅游业的大发展。“十一五”期间，应该着力完善旅游产业链，创新旅游产品，做大做强秦皇岛旅游产业。旅游产品的创新一定要从吃、住、行、游、购、娱多个方面进行。创新旅游项目不仅仅是增加旅游景点，要更多地考虑增加旅游内容、增大旅游者的参与性；创新旅游纪念产品是形成完整旅游产业链的关键，通过开发旅游产品不仅能够带动旅游购物的发展，而且能够促进加工业的发展，提高城市就业水平；创新旅游住宿产品是形成稳定旅游人流的根本保障，通过旅游房地产制度创新，吸引更多的旅游者有计划地到秦皇岛重复旅游。

3. 树立大物流理念，倾力建立以港口为中心的物流产业

“十一五”期间，一定要紧紧抓住港口这个中心，在环渤海经济圈崛起阶段，大力发展临港经济，促进临港物流的发展，力争使秦皇岛港成为环渤海经济圈中的一个重要的物流节点，成为京津冀子区域中的重要出海口岸，

同时与青岛、大连等重要节点形成环渤海物流网，真正确立自己在环渤海区域中的次中心地位。

2006年10月8日

秦皇岛市的发展与产业选择

——市博士专家联谊会应用经济分会成立大会发言

一、问题提出的背景

市博士专家联谊会成立后我参与了一些活动，感觉到我们秦皇岛市发展在产业选择上存在一定的问题。比如，去年年底我们在对秦皇岛市三区四县的调研中发现，多数县区存在着明显的急功近利的思想和行为，争着上大项目，主导产业不突出，各县区的产业选择与全市的产业定位不相一致；6月15日我主持了由秦皇岛市博士专家联谊会、中国人民大学和秦皇岛市社科联联合举办的"城市文化立市战略与文化强市建设研讨会"，会上我市相关专家和人大的博士共15人作了主题发言，我感到"文化立市"的提法比较唐突，缺乏科学的论证。

因此，我们把"秦皇岛市的发展与产业选择"作为应用经济分会的第一次研讨主题，希望各位专家博士能够从不同的视角阐述自己的观点，会后我们将把各位的观点整理后以"快报"的形式上报给市里，供有关领导作为决策参考。

二、产业选择对国家（或地区）经济发展的意义

美国经济学家罗斯托认为，现代经济增长本质上是一个部门的过程，他强调部门分析是解释现代经济增长原因的关键。他说："增长的进行，是以不同的模式、不同的主导部门，无止境地重复起飞的经历。"也就是说，主导产业的发展对区域经济的增长会产生扩散作用，这一扩散作用，使主导产业的优势辐射到其产业链上相关的产业中去，进而带动整个区域经济的发展。这一扩散作用主要包括前瞻效应、回顾效应和旁侧效应。因此，科学地选择好区域主导产业，对区域经济发展具有十分重大的理论意义和现实意义，尤其在产业结构调整时期，一个国家（或地区）主导产业的选择决定了其竞争优势。一些学者认为，中国经济处于一个发展的临界点，走过去就可能赶上欧美，经济社会全面发展；走不过去，就像拉美，有可能出现诸多不利状况。更多的学者认为，人均 GDP1000 美元（千元点）是经济发展的转折。日本和韩国成功地进行了产业选择和升级，顺利地度过了千元点。

对秦皇岛这样一个经济基础较为薄弱的地区而言，抓住国家产业结构调整的机遇，选择好主导产业和重点产业，有利于区域经济实现跨越式发展。

三、秦皇岛市发展的产业选择

（一）主导产业的选择

主导产业的选择必须考虑以下四个方面的问题：一是区域经济发展的比较优势。不同区域的基础条件，包括产业现状、技术、资金、人力资本、市场规模与完善程度、供求水平等都有所不同，从而制约区域产业发展的具体方向。只有选择那些能够充分发挥区域比较优势的产业作为主导产业，才有可能使区域经济得到快速、持续、稳定的发展。二是产业链的长短和关联效应的大小。要将主导产业的产业优势辐射到产业关联链上的各个产业中去，带动相关产业群的发展，主导产业的选择就必须充分考虑产业链的长短和产业关联度的高低。三是产业科技含量和技术水平。产业科技含量和技术水平的高低决定着产业发展的前途，直接影响其对区域经济发展的贡献度。主导产业必须尽可能地选择那些产业科技含量大、技术进步速度快、技术要素较为密集的产业或产业部门，使其在技术上始终保持领先水平，以便在区际分工中获得更多的利益。四是产业贡献率和增长后劲。主导产业的选择还要认真考虑产业对区域经济发展的贡献率大小和增长的后劲，要特别注意对那些有发展潜力，尽管目前还比较弱小的产业的扶持。

根据主导产业选择的标准，结合秦皇岛的实际情况，我认为秦皇岛市的主导产业应该选择旅游产业和机械制造产业。

从比较优势而言，秦皇岛有着丰富的自然旅游资源和人文旅游资源，与青岛、大连、天津等北方港口城市相比，具有沙软、潮平的天然海滨度假资源，1898 年被辟为第一个对外国人开放的度假地。从产业链的长短和关联效应的大小来看，旅游产业涉及“吃、住、行、购、娱、游”方方面面，产业链很长，关联效应也很大，旅游业实际上与房地产业（旅游房地产）、农业（农家乐）、交通业、环保产业（污水处理、垃圾处理）、高科技产业（甲壳素、中空纤维）和教育产业都有非常紧密的联系，通过把旅游产业作为先导产业，形成旅游产业集群，打破秦皇岛旅游业发展的瓶颈。从产业科技含量来看，旅游业的发展与高科技产业有着紧密的关系，如高科技产品的开发。从产业贡献度和增长后劲来看，旅游产业有一定的产业基础，2001年对当年GDP的贡献度达到8.1%，超过了国际公认的支柱产业8%的支柱产业水平，而且旅游属于"追求生活质量阶段"的产业发展阶段的主要产品之一，有非常广阔的发展空间。

抓住其他地区产业转移的机会，把机械制造业培育成主导产业。当人均GDP在300～1500美元时，为重化工业的前期阶段，对国民经济起主导作用的是以钢铁、石化为代表的资源、资金密集型产业占主导地位。我国目前正处于重化工前期阶段，我们应该抓住这个机会，有选择地接收三个地区的产业转移：一是来自北京、天津的产业转移（如首钢）；二是来自东北工业基地的产业转移；三是来自日本和韩国的产业转移。我们接收产业转移一定要有所选择，并且要通过依托燕山大学、东北大学、科技师范学院和环保学院等高科技基地，把转移过来的产业与高科技对接，创造出新的产业优势。

（二）重点产业的选择

在选择重点产业上要把握的关键一点是：在重点产业选择上必须要依托特色自然资源和原有优势行业、产品，但又不能局限于此。结合秦皇岛实际，今后要关注以下几个产业：

1.食品饮料工业

尽管我国的食品工业总产值达到6000亿元，在工业部门中排名第三位，但与发达国家相比差距仍很大，发达国家食品工业总产值要高于农业总产值的1倍，而我国二者相比为24 ∶ 100，说明我国食品工业发展很不充分，人们消费的食品中未经工业加工和深加工的比重大。出口食品也以粗加工为主，附加值低。本市的食品饮料工业在全国有一定影响（干红酒），对全国食品工业发展起过较好的作用。同时，通过发展食品饮料工业可推动相关产业的发展。首先可带动为其提供原料的农业的发展，随着食品加工深度的增加，档次的提高，对食品制造机械、食用色素、添加剂、酶制剂、保鲜及贮存设备、各种食品包装材料等的需求将不断增加。因此可以带动轻工机械、化工、造纸、玻璃、金属制品、生物制品等产业的发展。另外，发展食品工业，不仅是壮大工业经济规模的需要，而且还可推进现代连锁商业和超级市场、购物中心的发展，有利于发展第三产业；还可吸收大量劳动力就业。

2. 物流业

物流业的发展与产业集群的发展壮大相得益彰。要充分发挥秦皇岛沟通京津与东北地区的交通枢纽地位作用，充分发挥港口码头、高速公路、通达的铁路网等作用，承接工业原材料、战略物资、工农业产品等大宗货物的仓储运输，形成水陆铁全方位大物流业。积极鼓励物流配送业务、第三方物流业（专业化、社会化的物流公司代理业务）等现代物流业的发展。

3. 环保产业

环保产业的发展领域十分广阔，涉及机械加工、自动控制、风机水泵、化工药剂、各种板管材料等。其特点是配套程度高。据专家估计，一般环保产品中通用件约占 50% 以上。因此环保产品的发展对通用件有很大需求，从而带动这些行业的发展，将使本市工业产生一些新的增长点。

环保产业，特别是环保技术的发展，由于其渗透到工业发展的各个领域，极大地提高工业产品，尤其是消费品的“绿色”含量，适应公众对环境和生活质量提高的要求，因此使产品更具市场竞争能力。当前，国际贸易已建立了“环境壁垒”，有害环境或损害人体健康的产品已难以参与国际市场竞争。所以，发展环保产业和环保技术，不仅自身具有明显的经济和社会效益，更是本市工业产品拓展国内外市场，提高竞争能力的需要，尤其是旨在合理利用、优化配置资源的清洁生产技术的全面实施，将大大降低杭州工业生产的物质消耗和产品成本。

2005 年 6 月 28 日

优化产业组织结构 促进秦皇岛产业结构合理化

——市委宣传部征文

产业结构与产业组织是产业经济中的两个方面，产业结构是指生产要素在各个部门或产业之间的配置，而产业组织则是产业内各个企业或企业内的生产要素的组合方式，所反映的是生产要素在产业内部的配置，可以说是一种微观的产业结构。产业结构的优化包括产业结构高级化与合理化，而产业结构的合理化实质上正是产业组织结构的合理化，没有产业组织作为微观上的载体，产业结构对生产要素宏观上的配置就无法完成，这是因为合理的企业间关系即合理的产业组织，既是落实国家产业结构政策的支撑条件，又是整合产业及市场，内生科学技术进步，推动产业结构升级的不可或缺的重要机制。产业结构优化的目标只有确立为形成主要产业部门有效竞争的格局，才能形成借助优势企业通过自身的产品结构调整来自动推动产业结构升级的机制，否则就会造成产业层面企业间低水平重复，导致大中小企业间产品结构趋同和不同地区间的产业结构趋同，进而影响到区域经济的发展。因此，区域要实现经济的持续增长和产业结构的优化升级，就必须优化产业组织结构。

一、秦皇岛产业结构调整面临的问题

1. 产业结构比重与经济发展水平之间存在"非对称性"

根据产业结构演进的一般规律，当一国或一地区经济发展进入工业化中期阶段后，工业部门比重的增加会对第三产业产生引申需求，使得第三产业部门比重不断上升，最终会使第三产业成为经济发展的主力，农村剩余劳动力以较快的速度向第二、三产业迅速转移。就秦皇岛情况来看，2000 年三次产业的产值比例是 13.7 ∶ 36.4 ∶ 49.9，就业比例是 49.4 ∶ 21.9 ∶ 28.7。2008 年秦皇岛三次产业的产值比例是 11.3 ∶ 40.5 ∶ 48.2，就业比例是 43.2 ∶ 25.1 ∶ 31.7。

八年来，秦皇岛第二产业产值比重增长了 4.1 个百分点，就业比重只增长了 3.2 个百分点，第三产业就业比重也仅仅增加了 3.0 个百分点，而第一产业就业比重有所下降，但比例仍偏高。

2. 地区产业结构布局不平衡，产业结构趋同化严重

从第一产业相似系数来看，无论是三区还是四县两两之间的相似系数都在 0.9 以上，产业趋同化度较高。对于第二产业，三区之间的相似系数不高，然而，四县之间第二产业的相似系数最高，县县之间都高达 0.99 接近 1。从第三产业相似系数来看，山海关与北戴河相似系数较高，主要是两区旅游业发展均较为迅速。而海港区的第三产业主要依靠其区位优势和港口所形成的交通运输、仓储及邮电通信业所支撑。四县之间，第三产业的相似系数也颇高。因此，从整体上讲，秦皇岛四县之间的产业趋同度要高于三区之间。三区四县同属一个经济区，趋同度大意味着容易出现“窝里斗”现象。特别是在市场有限的情况下，产业高度趋同会催生恶性竞争、互相拆台等非正当甚至非法手段，最终两败俱伤。

3. 农业中种植业比重仍过大，内部结构不合理

尽管经过改革开放 30 多年的发展，秦皇岛农业内部结构改变了以往以种植业为主的单一结构。但是，其结构变化并未向着多样化发展，而是呈现两极分化趋势，即农业、牧业所占比重较大，林业、渔业所占比重较小。从种植业内部来看，秦皇岛种植业以粮食作物为主，经济作物如油料、棉花等为辅。粮食作物播种面积过大，油料、棉花等经济作物播种面积过小。

4. 第二产业结构性矛盾突出，产业素质偏低

秦皇岛工业经济近年来保持了快速的发展势头，2008 年秦皇岛工业总规模以上工业实现增加值 235.04 亿元，增长 14.2%，列全省第 4 位。但秦皇岛工业结构整体素质偏低，结构升级仍然十分缓慢，主要问题是：（1）国企改革成效不大；（2）制造业结构升级缓慢；（3）支柱产业不突出，主导产业不明确；（4）工业的技术结构层次偏低。

5. 第三产业结构层次偏低，与经济发展不协调

按照国家统计局对我国第三产业四个层次的划分：第一层次为流通部门，包括交通运输、仓储、邮电通信、商贸和饮食业等部门；第二层次是为生产和人们生活提供服务的部门，如金融保险、房地产管理、居民服务、公用事业、

旅游、咨询信息服务、综合技术服务业等；第三层次是为提高居民素质和科学文化水平服务的部门，有科技、教育、广播电视、文化卫生、体育及社会福利业等；第四层次是为社会公共需要服务的部门，如国家机关、社会团体、警察、军队等部门。

秦皇岛第三产业的四层次发展是：第一层次流通部门占 GDP 的比重一直呈上升态势；第二层次占 GDP 的比重有一个先上升后下降的过程，这主要因为秦皇岛金融保险业发展严重滞后。第三、四层次的比重虽然在 2001 年和 2002 年有较大增长，但总体变化趋势不明显。

二、促进秦皇岛产业结构合理化的产业组织结构优化的建议

1. 第一产业

（1）加快农产品和销售的一体化进程；（2）打造品牌产品，实施走出去战略；（3）以科学技术推广为先导，提高社会化服务水平。

2. 第二产业

（1）积极扶持龙头企业的发展，适度提高市场集中度；（2）构建合理的企业协作体系，提高企业间竞争层次；（3）完善市场机制和规则，规范市场行为。

3. 第三产业

（1）制定相关法律法规，规范市场秩序；（2）促进服务企业集团化，培育主导企业；（3）培育中小服务企业，发展专业化经营。

2009 年 7 月 23 日

（此文获征文三等奖）

关于北戴河大力发展养老产业的建议

——北戴河区政协提案

人口老龄化已成为我国面临的最重要的民生问题之一。中国的传统文化决定了单纯以进入养老院的养老方式无法满足现实的养老需求，社区居家养老成为目前中国老年人选择的主流模式。而异地养老也被越来越多的国家、企业和老年人所认可。旧的养老方式的打破，意味着新的发展机遇。党的十八届三中全会明确提出政府通过合同、委托等方式向社会购买事务性管理服务，将会吸引更多企业进军养老产业，北戴河应充分利用资源优势，大力发展养老产业，抢抓未来老年市场。

一、养老产业发展前景分析

1. 老年人口基数大，增长速度快

截至 2011 年年底，我国 60 岁及以上老年人口已达 1.85 亿，约是世界老年人口总量的 1/5，是亚洲老年人口的 1/2。到 2045 年左右，中国 60 岁及以上人口将占到总人口的 30% 左右。该过程发达国家用了 100 年。

2. 历史欠账较多，家庭养老负担重

在计划经济体制下，社会没有完成养老积累，这个包袱留到了现在。生育率下降、人均寿命延长直接导致家庭供养资源减少，子女养老的人均负担成倍增长。尤其是“421”模式将成为中国今后几十年的主流家庭模式，加重了家庭养老负担。

3. 目前养老方式与实际需求不匹配

中国的传统文化决定了单纯以进入养老院的养老方式无法满足现实的养老需求，中国的主流养老模式应为社区居家养老。

二、北戴河发展养老产业的资源优势

1. 气候环境优势

具有蓝天、大海、青山、阳光等自然要素的滨海城市都是吸引老年人安度晚年的优势资源，北戴河冬无严寒、夏无酷暑的气候条件，尤其对北方大城市老年人具有吸引力，目前有很多东北、京津以及唐山等地老年人在北戴河购房居住就是很好的例证。

2. 区位优势

北戴河是华北平原通往东北平原的交通要道，交通顺达，老年人在此安居便于工作在北京、天津、沈阳、唐山等地的儿女探望，发展养老产业的区位优势明显。

3. 品牌优势

北戴河不仅以“夏都”美誉全国，而且作为著名的休疗养基地具有一定的品牌优势，有利于养老产业品牌延伸。

4. 人力资源优势

坐落在北戴河的秦皇岛职业技术学院现有近万名在校生，42 个可招生专业，而且作为国家骨干院校建设单位具有单独招生、新设专业备案等优惠政策，可以为北戴河养老产业发展提供大量高素质技术技能型人才，满足养老产业发展的人力资源需求。

三、北戴河发展养老产业的策略

1. 确立北方养老基地的产业发展目标

养老产业作为潜力无限的朝阳产业已经吸引众多企业进军养老产业，养老产业的发展已有方兴未艾、渐成燎原之势。海南、广东、浙江、湖南、湖北、江苏、重庆等南方省市养老产业的发展非常迅速，模式也趋向多样化。北戴河应利用自然资源优势和业已形成的休闲度假品牌优势，尽早确立北方养老基地的产业发展目标，有利于抢占市场先机。

2. 做好北戴河的养老产业发展规划

按照“健康、养老、服务”的理念，以养老为核心，通过设计田园体验生活区、运动休闲度假生态区和健康养老服务产业园，带动北戴河一、二、三产业融合发展，形成健康、养老、服务完整的产业链条。

3. 引导开发养老投资型房地产

在美国，尽管养老机构很多，真正进入机构养老院的只有20%，其余都是家庭养老。很多美国老年人拿着退休金到风景优美、适宜养老的国度、地区养老，如到佛罗里达、夏威夷、墨西哥海滨购房长住，安度晚年。“以房养老”已被许多美国人认为是一种最有效的养老方式，这种养老方式也适合中国人家庭养老的理念。所以，用政策引导开发商开发养老投资型房地产，吸引异地中老年人投资北戴河房地产，以实现打造北方养老基地的产业发展目标。

4. 加快发展养老服务业

制定养老产业发展的相关扶持政策（如优惠的税收政策、财政政策等），加快发展养老服务业，以便形成完整的养老产业链。养老服务业发展主要从以下几个方面着手：第一，生活照料（饮食起居的照顾，打扫卫生，代为购物等）；第二，物质支援（提供食物、安装设施、减免税收等）；第三，心理支持（治病、护理、传授养生之道等）；第四，整体关怀（改善生活环境、娱乐环境及社交环境等）。

5. 积极培育健康产业

围绕养老服务业，把养老产业延伸到第二产业，积极发展健康食品、体育器械、医疗器械以及保健品的研发、生产、销售，同时向适宜中老年人参与的种植、养殖以及体育、文艺、培训等第一和第三产业延伸产业链条，在服务老年社会的同时使北戴河一、二、三产业融合发展，突破北戴河多年来的经济发展瓶颈。

2014 年 2 月 14 日

从高端入手设计好北戴河健康产业发展路径

——北戴河区政协提案

环境污染、老龄化、亚健康等问题的加剧，迫使消费者寻求更健康的生活方式，形成了全球养生产业3.4万亿美元的经济体。北戴河作为著名旅游胜地，不仅拥有优质的自然旅游资源，而且长期以来形成了庞大的旅游招待服务设施。在经济新常态下，推进旅游供给侧结构性改革，促进北戴河旅游业转型升级要从高端入手，设计好北戴河健康产业发展路径。

一、推动疗养院转型升级，打造北戴河养生酒店品牌

目前，在全球养生产业3.4万亿美元收入中，养生旅游部分占4940亿美元的规模。而养生服务中有80%的服务与养生酒店相关，养生酒店未来市场发展潜力巨大。"养生酒店"可以是新建或改造酒店，面向全客群，以亚健康群体为服务主体，按照抗肿瘤、抗衰老、减压/睡眠改善、美容/塑身等不同主题，提供养生服务套餐，通过身、心、灵全方位调养，达到平衡身心、恢复活力、净化心灵、感悟升华，进而影响生活方式的目的。养生酒店不同于传统商旅酒店，应选址于环境幽静之处，设置专业养生套餐，配备专业的养生、医疗、营养专家，是专业健康养生的旅游目的地。这正切合北戴河旅游转型升级需求，也有利于与北戴河正在培育的健康产业形成集群优势，更有利于历史形成的北戴河疗养院华丽转身为北戴河养生酒店品牌。

二、建设健康城，构建购物中心医疗新业态

在国外，商业与医疗业态结合的购物中心医疗新业态已经比较成熟。美国超过30%的医疗诊所选择进入购物中心，平均每个购物中心有两个以上的医疗服务商，而且根据消费者便捷、爱美等诉求点，还会延伸至关联业态。迪拜投资8亿美元建设了健康城——世界上第一个医疗保健商业中心，设有医学院、护士学校、生命科学研究中心及40家诊所，并配备健康疗养院、运动医学馆等140多家商业医疗护理中心，面积达到了12000平方米。东京的最高建筑中城，内部除了设有饭店、住宅、办公、商业与文化空间、公园等多种设施，还有世界级医疗机构（约翰·霍普金斯医院）的入驻。新加坡的百利宫购物中心内最具特色的是Paragon Medical分类专科诊所，包括整容手术科、牙科、放射科、妇产科和生育中心，还有东方的传统中医，能够为顾客提供更专业化和高品质的医疗服务。我国也有一些城市积极探索两种业态的融合，比如杭州中南购物中心作为全国首家动漫主题的购物中心，不仅引入了丰富的儿童业态，吸引了孩子们的到来，更是引入了韩国整形医院，抢占“女性经济”市场，承租面积近800平方米。2015年成都的鹏瑞利东站广场更名为“鹏瑞利国际医疗健康中心”，引进全球知名的大型高端综合医院和众多国际顶尖的健康医疗配套服务，如中医理疗、医疗整形、月子中心、中医旗舰药店、保健品店、骨科6大医疗业态。与国外购物中心医疗业态发展相比，国内商业与医疗结合刚刚起步。北戴河应抢抓先机，结合培育健康产业，建设健康城，构建购物中心医疗新业态。

2017年2月22日

关于加快培育北戴河太阳能光热产业的建议

——北戴河区政协提案

作为著名的旅游度假地，北戴河除了提升原有优势产业外，还应该加快培育战略性新兴产业，选择那些低能耗、无污染、产业链条长的产业加以培育，如太阳能光热产业，力争使其在“十三五”期间形成产业优势。太阳能光热是指利用聚光器将低密度的太阳能汇聚到焦点处，使其生成高密度的热量，国际上先进的太阳光取热主要有三种方式：塔式、槽式、碟式（见注释）。其热能可直接利用、更可以用以发电转化成电能。这三种太阳光取热后国际通行的做法是用以发电，统称“太阳能光热发电”，太阳能光热发电系统因其从取热设备的制造、发电电站的建设及运行全过程对环境不产生任何污染，目前已成为各国建立新能源系统的方向之一。部分太阳能热发电技术已完成试验和示范阶段，正向低成本、高产业化迈进。

一、北戴河培育太阳能光热产业的意义

1. 有利于大气环境污染治理

大气环境污染治理是“十三五”期间一项关键性指标，其中降低煤炭消费比重，改变北方地区冬季取暖方式是改善空气质量的一条重要途径。将太阳能光热取热作为居民采暖的补充热源不产生大气污染，尤其是碟式太阳能取热的规模可大可小，在新型城镇化建设中是一种可以推广的清洁采暖方式。下面是一组从我省北部某地区采集的实测数据（见表 1）：

表 1　河北省北部某地区太阳能取热实测数据

测温时间	Φ8 米碟式聚热镜 1 号温度	Φ8 米碟式聚热镜 2 号温度	1m³ 水温温度
8：30			
8：40			
8：50	25.2℃	24.9℃	
9：00	32℃	31.3℃	27℃

（续表）

测温时间	Φ8 米碟式聚热镜 1 号温度	Φ8 米碟式聚热镜 2 号温度	1m³ 水温温度
9：30	44℃	43.8℃	35℃
10：00	60℃	59.8℃	49℃
10：30	68℃	67.7℃	61.4℃
11：00	83℃	82.7℃	75℃
11：30	88.6℃	88℃	79℃
12：00	93.6℃（含汽）	92.7℃（含汽）	84.8℃
13：00	96.2℃（含汽）	96.6℃（含汽）	88.7℃
13：30	96.6℃（含汽）	96.3℃（含汽）	89.5℃
14：00	96.8℃（含汽）	96.5℃（含汽）	89.9℃
14：30	97.1℃（含汽）	96.9℃（含汽）	90℃
15：00	96.5℃（含汽）	95.7℃（含汽）	89.9℃
15：30	89.5℃	88.9℃	88℃

（日期：2014 年 10 月 15 日　天气：多云转晴　气温：8 ～ 20℃）

备注：1. 天气多云为主，所有集热器、导热管、水箱无保温措施。

2. 两个碟式聚热器为 1 吨水箱提供热能，温度平均为 72.85℃。

2. 有利于推进热电联产

太阳能光热发电是将光能转变为热能，然后再通过传统的热力循环做功发电的技术。因此太阳能光热发电产生的是和传统的火电一样的交流电，与传统发电方式和现有电网的匹配性更好，可直接上网。光热发电可利用太阳能资源达到了 30%，转换效率为 15% ～ 30%。同时，由于储热技术的进步，低成本储热 4 ～ 5 小时已经可以实现，即太阳光不能取热后依然可以继续发电 4 ～ 5 小时，这样可以实现峰值用电期补充。

3. 有利于美丽乡村建设

北戴河日照条件好，可以利用太阳能光热取热代替传统的煤炭和秸秆焚烧取热、采暖，改善乡村环境；还可以将太阳能发电广泛应用到现代农业种植、养殖、灌溉以及农业机械动力提供等领域，发展现代农业和乡村旅游。

二、北戴河培育太阳能光热产业的三点建议

1. 明确把太阳能光热列入北戴河“十三五”规划“培育壮大战略新兴性产业”中去

2015 年 11 月 20 日国新办举行的发布会上，中国气候变化事务特别代表解

振华介绍了中国应对气候变化采取的措施，宣布全国碳市场争取2017年启动。这对光热太阳能市场培育及发展是一个利好的信号，北戴河一定要抓住机遇，提前规划，争取位居全国领先水平。

2. 尽快推进太阳能光热发电示范性项目

2015年9月23日，国家能源局下发了《国家能源局关于组织太阳能热能发电示范项目建设的通知》（国能新能〔2015〕355号）文件，这是从国家政策层面对太阳能光电产业发展的具体指导支持的阶段性文件。北戴河应利用自己的先天优势，在国家层面政策基础上，建立太阳能光热产业培育基金，推进太阳能光热发电示范性项目。

3. 尽快出台加快发展太阳能光热产业的相关政策

为引导太阳能光热产业的发展，尽快出台相关产业支持政策，如对太阳能光热采暖实行初装补贴，对太阳能光热发电实施入网电价补贴，等等，加快把太阳能光热产业培育成战略性新兴产业。

注释：

光热太阳能取热形式有槽式、塔式，碟式（盘式）三种系统：

（1）槽式太阳能光热系统全称为槽式抛物面反射镜太阳能光热系统，是将较多个槽型抛物面聚光集热器经过串并联的排列，加热工质，产生高温蒸汽，然后可以驱动汽轮机发电。（2）太阳能塔式取热是应用的塔式系统。塔式系统又称集中式系统，它是在很大面积的场地上装有许多台大型太阳能反射镜，通常称为定日镜，每台都各自配有跟踪机构准确地将太阳光反射集中到一个高塔顶部的接收器上。接收器上的聚光倍率可超过1000倍。在这里把吸收的太阳光能转化成热能，再将热能传给工质，最后经过蓄热环节，再输入热动力机，膨胀做功，带动发电机，最后以电能的形式输出。（3）太阳能碟式取热也称盘式。主要特征是采用盘状抛物面聚光集热器，其结构从外形上看类似于大型抛物面雷达天线。由于盘状抛物面镜是一种点聚焦集热器，其聚光比可以高达数百到数千倍，因而可产生非常高的温度。碟式系统可大可小并可以独立运行以至模块化施工工作。既可以作为边远地区的小型电源和热源，聚光镜直径约10～15m；也可用于较大的用户，把数台至数十台装置并联起来，组成小型太阳能热发电站和热站。

2016年1月16日

第三章

旅游发展建言

旅游资源是秦皇岛最重要的基础资源，但是，秦皇岛旅游发展总是难以破解季节性瓶颈，旅游产业链一直处于不完备状态，旅游资源优势没有很好地转化为产业优势，旅游产业表现为只能富民，难以成为地方经济增长的稳定引擎，也难以成为秦皇岛发展的首位产业。多年来作者从旅游产品开发、旅游产业链完善、旅游商品开发、发挥旅游资源优势、打造旅游品牌、旅游产业转型升级以及全域旅游顶层设计等多角度、多层面、多渠道为秦皇岛旅游发展建言献策，本章集选了 11 篇建言。

全域旅游建设要抓好顶层设计

——市委咨政建议

近年来，随着全民旅游和个人游、自驾游等旅游需求的剧增，旅游业正在从景点旅游向全域旅游转变。2016 年文化和旅游部先后公布了两批共 500 个市县成为国家全域旅游示范区创建单位，其中北戴河区是首批创建单位，秦皇岛市名列第二批创建单位之中。2017 年 3 月 5 日李克强总理在政府工作报告中明确提出，要“完善旅游设施和服务，大力发展乡村、休闲、全域旅游”。这次“全域旅游”首次写入政府工作报告，是对旅游业发展方向的重要引导。秦皇岛要抓住国家全域旅游示范区创建之机，做好全域旅游的顶层设计，跳出传统旅游谋划现代旅游，跳出小旅游谋划大旅游，推进旅游供给侧结构性改革，促进秦皇岛旅游业转型升级。

一、国家全域旅游示范区建设标准

2016 年 9 月 10 日，文化和旅游部在第二届全国全域旅游推进会上发布《国家全域旅游示范区创建工作导则》及《国家全域旅游示范区认定标准（征求意见稿)》，明确了国家全域旅游示范区共有要素的“五项基本要求”和“八个认定条件”。《标准》确立的基本要求包括体制机制、综合贡献、旅游规划、旅游厕所、安全文明等五个方面；认定条件包括政策支撑、旅游交通、公共服务、智慧旅游、旅游环境、旅游要素、宣传推广、共建共享等八个方面。基本要求为前置条件，只有满足基本要求的市县才能进行下一步的综合认定。

按照《标准》，旅游规划和旅游监管系统在全域旅游示范区创建中至关重要。不仅要有以旅游引领的多规合一的全域旅游总体规划，还要做到综合产业与综合协调、综合监管的统一，形成发展合力。

二、国家全域旅游示范区建设现状及经验借鉴

目前，在全域旅游发展理念的指导下，全国有许多地方进行旅游改革与创新，推动了当地旅游业的新一轮发展。其中，最具代表性的有以下五种典型的全域旅游发展模式：

1. 以湖南张家界和四川都江堰为代表的龙头景区带动型

依托龙头景区作为吸引核和动力源，按照发展全域旅游的要求，围绕龙头景区部署基础设施和公共服务设施，围绕龙头景区配置旅游产品和景区，调整各部门服务旅游、优化环境的职责，形成了“综合产业综合抓”的工作机制，推进“景城一体化发展”。

2. 以辽宁大连和福建厦门为代表的城市全域辐射型

以城市旅游目的地为主体，依托旅游城市知名旅游品牌、优越的旅游产品、便利的旅游交通、完善的配套服务，以都市旅游辐射和带动全域旅游，推动旅游规划、城乡规划、土地利用规划、环境保护规划等“多规合一”；促进城乡旅游互动和城乡一体化发展，形成城乡互补，优势互动的城乡旅游大市场。

3. 以浙江桐庐和河南栾川为代表的全域景区发展型

把整个区域看作一个大景区来规划、建设、管理和营销。按照全地域覆盖、全资源整合、全领域互动、全社会参与的原则，深入开展全域旅游建设，推进旅游城镇、旅游村落、风景庭院、风景园区、风景厂矿、风景道等建设，实现“处处是景、时时见景”的城乡旅游风貌。

4. 以重庆武隆和云南抚仙湖为代表的特色资源驱动型

以区域内普遍存在的高品质自然及人文旅游资源为基础，特色鲜明的民族、民俗文化为灵魂，以旅游综合开发为路径，推动自然资源与民族文化资源相结合，与大众健康、文化、科技、体育等相关产业共生共荣，谋划一批健康养生、避暑休闲、度假疗养、山地体育、汽车露营等旅游新业态，带动区域旅游业发展，形成特色旅游目的地。

5. 以南京江宁区和北京昌平区为代表的产业深度融合型

以“旅游 +”和“+ 旅游”为途径，大力推进旅游业与一、二、三产业的融合，以及旅游业与文化、商贸、科教、体育、宗教、养生、教育、科研等行业的深度融合，规划开发出一批文化休闲、生态观光、商务会展、休闲度假、乡村旅游等跨界产品，推动全域旅游要素深度整合，进一步提升区域旅游业整体实力

和竞争力。

三、秦皇岛国家全域旅游示范区建设的几点建议

全域旅游作为一种新的区域发展理念和模式，是把一个区域整体当作旅游景区，是空间全景化的系统旅游，是旅游发展理念、发展模式上的根本性变革。秦皇岛旅游资源丰富，生态独具特色，地理位置优越，是全国首批优秀旅游城市、国家旅游业综合改革试点城市及国家智慧旅游试点城市、2016 年全国厕所革命先进市。建议跳出传统旅游建设和管理的思维定式，借今年 9 月第二届河北省旅游发展大会在秦皇岛举办之机，全力做好全域旅游建设顶层设计工作。

1. 找准定位，设计具有秦皇岛特色的全域旅游发展思路

全域旅游不是只有一种模式。国家鼓励各地因地制宜，从实际出发探索各具特色的发展模式路径，探索针对性举措。建议按照“旅游引领、融合发展、共建共享、提升价值”的思路，在保护好生态环境的前提下，以旅游引领新型城镇化、城乡一体化的建设，在燕山和大海之间形成一个没有边界的，由美丽山海、特色小镇、优质服务“金三角”支撑的“游客异域中的家”。

2. 规划先行，制订多规合一的全域旅游总体规划

全域旅游的核心不在“全”而在“域”，从空间、产业、要素和管理等层面实现“域的旅游完备”，推动旅游空间域从景区为重心向旅游目的地为核心转型，旅游产业域由“小旅游”向“大旅游”转型，旅游要素域由旅游资源开发向旅游环境建设转型，旅游管理域由行业管理向社会管理转变。建议从旅游规划、城乡规划、土地利用规划、环保规划等“多规合一”入手，统筹做好全域旅游总体规划。

3. 搭建平台，构建游客“乐游”的网络体系

建议从“掌上”开始，搭建游客全域旅游的移动互联智慧平台，方便游客在旅游目的地吃、住、行、游、购、娱的自主选择，实现游客的便捷乐游；从项目入手，搭建全域旅游规划项目的融资平台，让更多的社会资本尤其是来自京津冀地区的社会资本，参与到旅游引领的特色小镇、美丽乡村的建设中来，推动秦皇岛产业融合发展。

4. 整合资源，实现旅游整合传播

建议整合传统媒体、新媒体和自媒体资源，从旅游传播入手，从景点推介转变为整体包装，从推广景色过渡到推广生活，从推广旅游向推广口碑过渡，

通过混合包装、整合推广、口碑相传，实现秦皇岛旅游形象社会化的全方位传播。

5. 强化管理，推进旅游社会管理运转模式

秦皇岛作为国家旅游业综合改革试点城市，强化了市旅发委对全市旅游规划、政策制定、项目准入、基础设施建设推进、市场监管等宏观调控职能，但旅游综合协调管理、旅游综合执法、旅游综合统计监测、旅游综合规划管理、旅游社会参与等体制机制上还没有完全突破以部门为核心的行业管理模式。建议成立由市领导担任组长、市旅发委主任担任副组长的旅游社会管理领导小组，顶层设计大旅游综合管理治理体制机制，推进旅游社会管理运转模式。

2017 年 3 月 12 日

（此建议得到时任秦皇岛市委书记孟祥伟的批示，并获得咨政建议优秀奖）

实施“旅游立市”战略　提升旅游产业竞争力

——“十二五”规划编制建议

旅游业在秦皇岛发展中始终占有重要地位，2009年市委、市政府提出“旅游立市”的发展战略，不仅把旅游业提高到“立市”的战略高度，也为我市旅游业的发展指明了方向——力争用5年时间，全力构建以旅游业为中心的特色现代产业体系。可见，发展旅游不仅仅是旅游产业的自身发展问题，而且关系到秦皇岛市的整体发展。建议在制订“十二五”旅游发展规划时，请考虑以下意见：

一、影响秦皇岛旅游业发展的主要瓶颈

秦皇岛集山、海、河、湖、泉、瀑、洞、沙、林、关、城、港、寺、庙、园、别墅、候鸟与珍稀动植物等自然资源和人文资源于一身，旅游资源禀赋得天独厚，而且境内横亘着374.5千米的古长城，绵延着126千米的海岸线，山海呼应，景观独特。2008年旅游总收入占全市GDP比重已达12.5%。但是作为一个引领全市发展的龙头产业，旅游业还存在很多问题，如季节性明显、市场主体较弱、基础设施不够完备等，这些表象的问题恰恰暴露出旅游产业的深层次问题：旅游产业体系不完备，旅游产业没有形成与外界融为一体的系统。旅游业发展存在以下几个瓶颈：

（一）旅游经营管理体制不灵活，未形成整合营销

秦皇岛旅游资源丰富且分散在不同的县区，旅游管理和经营涉及多个主体，资源分散，合力不强，各旅游景区在旅游发展规划、旅游开发、旅游宣传和旅游管理方面难以形成整合营销，致使同质化景点很多，核心景区缺乏联动，整体旅游品牌形象不明确、不统一，不仅影响到旅游业的进一步发展，也不适应“旅游立市”战略的实施。

（二）旅游资源整合不到位，缺乏精品旅游线路

秦皇岛旅游资源丰富，旅游景区、景点众多，其中5A景区1家（3处），4A景区11家，3A景区4家，2A景区5家；全国农业旅游示范点5家，省级农业旅游示范点2家；全国工业旅游示范点2家。但是，秦皇岛不仅自身没有形成精品旅游线路，也没有与区域内旅游城市形成全国性精品旅游线路，如云南昆明—大理—丽江—香格里拉的8日游、华东五市的5日游等这样的经典旅游线路，旅游资源没有发挥出应有的效益。

（三）旅游产品结构不合理，未形成完整的产业链

旅游是旅游者在异域经历"吃、住、行、游、购、娱"的一个过程。但是，由于旅游产业属于横向关联产业，直接面对消费市场，任何单独的旅游企业都可以为消费者提供旅游产品，企业之间缺乏有效的约束机制，不能提供完整的旅游产品。秦皇岛旅游业在发展过程中，形成了以山、海、长城等为主体的资源型滨海观光休闲的旅游产品结构，但是购物、美食、娱乐等参与性旅游产品开发滞后，旅游产品结构单一，未形成完整的产业链，致使长期以来秦皇岛旅游只能富民，不能强市。

（四）旅游从业人员素质低，缺乏旅游人才储备

由于秦皇岛旅游难以突破季节性明显的瓶颈，旅游从业人员的需求受季节性影响非常大。一般暑期旅游从业人员需求量会剧增，尤其是酒店和旅行社，由于缺乏旅游人才的储备，每年暑期都会有大批临时的导游、住宿餐饮服务员上岗，这种季节性需求往往造成旅游从业人员素质较低，培训时间不足，不仅影响整体服务水平，也不利于城市形象的塑造。

二、几点建议

（一）建立协调管理体制，形成全市一盘棋的合作共赢机制

1. 成立旅游产业协调指导委员会

由市主要领导牵头，旅游局及相关部门领导为成员，相关专家参与，研究制定旅游产业政策，协调关系，加强对旅游产业发展的具体指导，为旅游产业发展提供重要的协调管理体制保障。

2. 强化旅游局的综合管理职能和旅游行业协会的协调作用

一方面，强化旅游局的综合管理职能，如旅游资源开发管理、旅游安全、旅游信息、旅游交通、旅游质检、旅游市场及旅游投诉等职能；另一方面，强化旅游行业协会的协调作用，通过企业的参与，促进旅游企业间有效的信息沟通，加快实现企业融合、联动发展，真正发挥行业协会在产业融合、区域一体化发展中的作用。

3. 设计对外宣传的“统一形象”

我市一些专家提出的“长城滨海公园”的形象定位，具有城市品牌形象的特性：首先具有“唯一性”。长城和大海聚焦在同一个城市，恐怕全世界只有秦皇岛一个。其次凸显“休闲性”。公园是一个让人休闲放松的场所，不管是以自然资源为主题还是人文资源为主题，不管是国内还是国外，在公园中的人们都是一种放松状态，正好与我市打造“中国北方最大海滨休闲度假基地”的总体目标相吻合。再次具有“兼容性”。看似“长城”“滨海”“公园”词组的叠加，实际上涵盖了“休闲度假胜地、山海生态宝地、长城文化高地、健康长寿福地”“四地”的内容。建议围绕“长城滨海公园”进行“统一形象”的设计和推广，采取统一的具有鲜明特色的语言、图形、符号表达和传播旅游形象，并反复宣传和传播，使之逐渐深入人心。

（二）以线路整合资源，打造具有影响力的精品旅游线路

1. 做大做强龙头景区

景区自身建设是形成精品线路的基础，加强景区自身建设，实现横向联合和纵向拓展，才能更充分地把区域内的特色旅游资源转化为经济发展优势。进一步做好龙头景区建设，以龙头景区串联其他众多景区（点），形成若干条各具特色的旅游线路，进一步凸显区域内的旅游资源优势和旅游文化内涵，增强旅游线路的吸引力。

2. 培育一批特色鲜明的旅游线路

设计一批自身特色突出、主题鲜明的旅游线路，实施差异化、互补化发展战略，使每一条旅游线路都突出旅游资源的核心优势，突出旅游线路的独特风格。一方面，针对中远程市场的需求，整合省内外同系列旅游资源，策划 3 ～ 5 条品牌旅游线路作为推向旅游市场的经典产品，进行全方位打造，建成全国性的旅游热线，如长城旅游线路：北京八达岭—承德金山岭—山海关老龙头 5 日游；皇家旅游线路：北京故宫—承德避暑山庄—北戴河夏都 5 日游；生态旅游线路：北京—唐山—秦皇岛 3 日游；海上旅游线路：青岛—秦皇岛—大连 8 日游；等等。另一方面，根据秦皇岛自身特色，推出一批中短途旅游线路，以满足周末假日周边旅游市场的需求。

3. 加强旅游线路基础设施建设

加强交通、住宿、引导标识等辅助设施的建设，提高旅游者的满意度。随着自驾游、休闲游、散客游等旅游形式的发展，交通及城管等部门应将传统的、以处罚为主的管理手段转变为以提供便利服务为主的管理手段。合理设置并优化道路交通引导标识系统、购物场所、旅游厕所、住宿设施，完善自驾游活动场所，建立旅游信息咨询服务系统，方便游客，保障游客安全。

（三）打造旅游产业集群，构建以旅游业为中心的现代产业体系

选取具有发展潜力、带动性强的核心吸引物打造旅游产业集群，构建以旅游业为中心的现代产业体系。一是打造蓝色产业带。以126.7千米海岸线为核心吸引物，构建长城滨海旅游产业集群。除了已形成的长城滨海观光、度假、休闲、娱乐产品外，通过北戴河新区的开发打造高端度假产品，带动城市服务产业（如房地产、商务、金融、教育、文化、培训等）的发展，同时促进总部经济、文化创意、体育产业、高新技术以及加工制造业（旅游纪念品的开发制造）的发展。二是打造紫色产业带。以葡萄种植和葡萄酒产业为核心吸引物，构建田园葡萄酒旅游产业集群。通过葡萄酒产业带动葡萄栽培技术研发、葡萄酒包装及设备、葡萄籽加工及技术研发等相关产业的发展，同时促进城市相关配套服务业（如餐饮、住宿、购物、休闲娱乐及会展等服务）的提升。三是打造绿色产业带。以北部山区生态为核心吸引物，构建生态旅游产业集群。通过保护开发北部山区的原始生态资源，带动绿色健康产品和特色旅游商品的发展，同时促进特色农业、林业、牧业和文化产业的发展。

（四）强化旅游从业人员的职业培训，提升旅游服务水平

根据秦皇岛旅游发展的需求，应加大旅游人才的培养和贮备。一方面制定优惠政策，引进高级旅游经营管理人才；另一方面建议组建秦皇岛旅游职业教育集团，整合优化秦皇岛市中职、高职旅游学校和职业院校的相关专业资源，探索校企合作的机制，优化旅游人才的培养途径，通过多种方式对旅游从业人员进行培训，为城市发展贮备、输送旅游复合型人才。

最后，建议组成一个"多元"专家团队，既包括旅游方面的专家，也应该包括产业经济、旅游形象策划等方面的专家，参与"十二五旅游规划"的编制。以"旅游立市"为契机，通过编制"十二五"旅游发展规划，用五年时间构建以旅游业为中心的特色现代产业体系，提升秦皇岛旅游产业整体竞争力，发挥旅游产业引领全市社会经济全面发展的龙头作用，真正实现“旅游立市”的战略目标。

2010 年 7 月 19 日

（此文获得“我为‘河北省十二五规划’编制献一计”征文省级优秀奖）

关于推进秦皇岛市旅游产业由观光型向休闲型升级的建议

——市社科旅游发展论坛发言

随着经济的快速发展，人们收入的提高，节假日时间的增加以及对生活品质追求升级等方面的变化，传统的观光旅游已经不能满足人们的需求。休闲旅游将“旅游”与“休闲”紧密结合，以旅游为手段，以休闲为目的，通过形式多样的产品来满足人们更高层次的新需要，成为旅游产业升级的必然趋势。秦皇岛拥有一流的休闲旅游资源，无论是气候类型、自然风光还是历史文化、交通、市场都是发展休闲产业的最佳和最具潜力的城市。但是，秦皇岛的旅游资源优势并没有转化成产业优势，旅游产品主要还是以观光旅游为主的初级旅游产品，与旅游市场多样化发展的趋势相比，还远远不能满足游客多样化的需求。同时，秦皇岛的旅游产业没有形成产业联动发展，因此业不能摆脱季节性影响，不能支撑经济持续稳定的增长。归结起来，秦皇岛旅游产业由观光型向休闲型升级存在以下几个瓶颈：

（一）除滨海资源外，其他旅游资源开发不够，没有形成“四季休闲品牌”

一年四季当中，夏季是秦皇岛旅游最火爆的季节，吸引游客来此的主要目的是避暑，游玩的地点也主要集中在北戴河的海边。游客对秦皇岛的认知大多局限于滨海资源，对于其他如葡萄酒资源、农业资源、特色文化资源等优势资源了解甚少。这就导致秦皇岛夏季异常火爆而其他季节则显得极其冷清，使得旅游淡旺季难以化解，从而制约了旅游产业升级。

（二）休闲基础设施不完备，难以满足休闲产业发展需求

具体表现在：夏季旅游旺季时交通堵塞严重，公交车数量少，缺乏免费的自行车供应，旅游手册和景点介绍的服务匮乏，公共厕所提供不足，城市卫生状况不容乐观，秦皇岛高档星级酒店不足，中小型旅店及餐厅的卫生和管理也亟待改革。

（三）休闲、游憩空间不足，规划滞后

“游憩”（recreation）是指“业余消遣或娱乐的方式，有身心的放松、休憩”之意。“游憩空间”是人们从事休闲活动的场所之一，是休闲文化的重要组成内容，是人们感受文明、融于自然、理解文化、陶冶性情的一种综合性的文化生态环境。在美国有70%的人有散步和游憩的空间，加拿大的比例更是高达85%。秦皇岛公共游憩空间开发少，如公园绿地、中心广场等大众的休闲场所密度较低。尽管秦皇岛拥有的人均绿地面积较大，但是并没有把这些绿地开发成人们可用的休闲空间，缺乏相应的设施和配套服务。

推进秦皇岛旅游产业由观光型向休闲型升级的几点建议：

1.做大做强乡村休闲旅游

随着生活水平的提高及工作压力的增大，人们对乡村田园生活日益向往，大力发展乡村旅游不仅可以满足城市人的休闲需要也可以增加农民收入、扩大就业、统筹城乡发展。秦皇岛乡村旅游资源丰富，地理位置优越，有发展乡村休闲旅游的巨大潜力。进一步做大做强乡村休闲旅游可缓解秦皇岛旅游淡旺季瓶颈，实现四季休闲品牌，在秦皇岛“旅游立市”战略中发挥重要作用。具体措施如下：（1）加强政策扶持，多方位引入资金；（2）统一编制乡村休闲旅游发展规划；（3）培养旅游人才，提高服务质量；（4）创出“一乡一特色，一村一品牌”。

2.叫响山海关军事旅游品牌

军事旅游作为一种全新的旅游形式，因其题材广泛、形式多样，富于历史怀旧性、新奇性、刺激性和冒险性，在英、美、德等军事发达国家中备受旅游者青睐，成为当地旅游业多元化发展进程中的旅游亮点。山海关作为国家级的历史文化名城，自古就是兵家必争之地，素有“两京锁钥无双地，万里长城第一关”的美称。在全长26千米的长城沿线上，分布有129座城堡、关隘、敌台、城台、烽火台、墩台，并以古城为核心，形成前拱后卫、左辅右弼的防御格局，构成了一个完整的长城防御体系，是难得的军事旅游资源。但是，长期以来山海关只是作为一个文物古迹供游客参观，参与性的活动以及有价值的军事旅游商品寥寥无几，没有叫响山海关军事旅游品牌，从而没有发挥出其应有的不受季节影响的军事旅游资源的优势。具体措施如下：(1) 开发参与、体验式旅游活动；(2) 打造仿古一条街；(3) 创新旅游房地产——兵营、军营；(4) 仿制古代交通工具——战车、战马、马车；(5) 挖掘当地的民风民俗等。通过这些措施让山海关旅游资源"活起来"，使山海关成为全国甚至全世界军事旅游爱好者"一年四季的好去处"，弥补目前秦皇岛滨海旅游季节性强的缺陷。

3. 完善"三色（蓝、绿、紫）"休闲旅游产业链

秦皇岛蓝（海洋）、绿（山地）、紫（葡萄）三色旅游资源优势明显，但是只有海洋蓝色资源开发较深，山地绿色资源和葡萄紫色资源还没有得到充分的挖掘。这也是秦皇岛旅游难以破解季节性影响的主要原因之一。秦皇岛应从大旅游、大休闲、大产业的角度和站位，通过统一规划"三色"旅游产业带，统筹考虑休闲产业的发展和要素配置，通过产业集群效应，完善"三色"休闲旅游产业链。具体措施如下：(1) 以 162.7 千米海岸线为核心吸引物，构建长城滨海旅游产业集群，提升蓝色产业带。除了已形成的长城滨海观光、度假、休闲、娱乐产品外，通过北戴河新区的开发打造高端度假产品，带动城市服务产业（如房地产、商务、金融、教育、文化、培训等）的发展，同时促进总部经济、文化创意、体育产业、高新技术以及加工制造业（旅游纪念品的开发制造）的发展。(2) 以葡萄种植和葡萄酒产业为核心吸引物，构建田园葡萄酒旅游产业集群，力推紫色产业带。通过葡萄酒产业带动葡萄栽培技术研发、葡萄酒包装及设备、葡萄籽加工及技术研发等相关产业的发展，同时促进城市相关配套服务业（如餐饮、住宿、购物、休闲娱乐及会展等服务）的提升。(3) 以北部山区生态为核心吸引物，构建生态旅游产业集群，打造绿色产业带。通过保护开发北部山区的原始生态资源，带动绿色健康产品和特色旅游商品的发展，同时促进特色农业、林业、牧业和文化产业的发展。

4. 着力打造北戴河新区休闲产业集聚区

以北戴河新区建设为抓手，以"旅游 + 文化 + 生态"为建设目标，通过引入高端休闲度假产业项目及其衍生业态如高端旅游、商务会展、娱乐休闲、医疗养生、主题公园、文化创意、总部经济等产业的集聚，着力打造北戴河新区休闲产业集聚区，积极探索转变旅游发展方式的新路径，为秦皇岛旅游由观光型向休闲型升级奠定产业基础。通过北戴河新区休闲产业集聚区的建设，实现北戴河品牌延伸的同时，突破政治北戴河的制约，让北戴河品牌优势与新区休

闲产业链接，使滨海休闲度假资源优势真正转化为产业优势。通过把娱乐和养生的理念植入到北戴河新区的建设中，突出娱乐性和养生休闲功能。深度挖掘养生元素，突出高品质生活：山水养生，森林养眼，修炼养气，文化养神，运动养性，气候养颜，让北戴河新区成为一个“中华养城”；同时注重培育“玩”的休闲度假文化，体现“玩”的艺术，丰富“玩”的功能，创新“玩”的产品，创造“玩”的文化，让娱乐和养生成为休闲产业集聚区功能建设的指导灵魂。

5. 认真做好休闲城市建设的规划

城市是旅游产业发展的载体，城市是旅游目的地形象的精华所在，城市规划得好才能使一个城市做到可持续发展，才能使城市成为人们追求休闲理念、满足休闲需求、消费休闲产品和服务的空间场所。所以，秦皇岛旅游要由观光型向休闲型推进，必须要认真做好休闲城市建设的规划，贯彻“休闲旅游即城市旅游”理念。坚持休闲旅游开发与城市建设一体化，系统整合和经营城市休闲旅游资源，重视秦皇岛优秀文化的全程化渗透和城市休闲旅游空间的建设。大力改善城市环境，增强城市的开放性，形成浓郁的休闲旅游氛围，提升城市的休闲旅游形象。不断强化城市休闲旅游功能，加强城市主题休闲街区和休闲社区建设，开发城市观光休闲、商务休闲、娱乐休闲、文化休闲、美食休闲、购物休闲、健身休闲、美容休闲、教育休闲等系列产品，构建完善的城市休闲体系，为旅游产业由观光型向休闲型升级奠定坚实的基础。真正把秦皇岛建设成“宜居宜业宜游、富庶文明和谐”滨海名城。

2012 年 2 月 5 日

推动唐秦一体化 从"唐秦旅游一卡通"做起

——市政协提案

秦皇岛的旅游业由于有先天的优势，得到了快速发展，每年唐山有大批旅游者来秦皇岛旅游，对秦皇岛旅游业的发展起到了促进作用，秦皇岛的蓝天碧海和优美的环境让唐山人羡慕，很多唐山人在秦皇岛买房置家，也对秦皇岛经济有所贡献。然而，唐山人究竟在秦皇岛花费了多少？究竟有多少唐山人来过秦皇岛旅游？怎样把大量的邻居吸引到秦皇岛来？又怎样通过旅游，把唐山人真正地当作家人，实现事实上的唐秦一家？

从旅游业下手，放低身价，是实现真正意义上的"唐秦一家"的切入点。

我们应该向开封学习，发行"旅游一卡通"，对唐山市民实行景区绝对优惠。开封为了实现"郑汴一体化"，对开封和郑州市民实行一卡通优惠政策，每位开封、郑州市民只要花60元购买旅游一卡通，就可以在一年内游览开封16个旅游景点，部分民营景区可持一卡通享受7折优惠，极大地刺激了郑州市民游览开封的积极性，给开封带来了大量的客流，交通、餐饮、购物等有了大幅度增长。

实现唐秦旅游一卡通，对秦皇岛和唐山都有益处：(1）唐山市有750万人，市区人口300多万，是一个巨大的客源市场，绝大部分市民被我市的高门票阻挡在门外，或者只进过少数旅游景区，市场潜力巨大，激活这个市场，无疑会给秦皇岛的淡季旅游注入一针强心剂。(2）让更多的唐山人全面了解秦皇岛，将秦皇岛美好记忆带回唐山，增加秦皇岛的美誉度。(3)将唐山大量的资金吸引到秦皇岛，尤其是对秦皇岛的旅游业的投资，这也是另一类旅游招商，没有强大的人流，就没有秦皇岛旅游淡季的缩短，再招商也很难吸引大投资。(4）缩小淡旺季的差距，至少可以减少春秋平季的时间，激发出人们来旅游的欲望，深度挖掘市场潜力，产生规模效应。(5)在旅游客流中加强宣传，推出度假产品，使游客产生度假意愿，培养潜在客源市场，逐渐实现我市旅游功能的成功转型。（6）让唐山市民享受低价门票，培养唐山市民的旅游兴趣。

然而，发行旅游一卡通存在几个瓶颈：（1）传统观念和局部利益的制约。那种认为降价就意味着吃亏，意味着收入的降低，让别人占便宜的观念，存在于一些领导和管理者思维中。因为没有看到整体旅游经济规模的提升和产生的规模效应，会成为发行该卡的主要阻力。当年洛阳市政府本着“不愿意参与就换人”的力度才得以通过。当一卡通发行取得了巨大的经济效益后，有些民营景区也主动要求加入，避免被政府边缘化，也才有了开封的“郑汴旅游一卡通”的诞生。（2）组织比较困难。因为该卡发行涉及唐秦两市，涉及很多景区，涉及多方利益，因此，协调组织是个比较困难的事情。

建议推行唐秦旅游一卡通，应该由政府出面组织，企业参与运作，制订可行性方案，分步稳妥实施，做到一举成功。具体做法：

（1）由政府主管部门主办，联合市内国有景区和有参与意愿的民营景区，以及相关旅行社成立联票管理办公室，将秦皇岛境内国有景区和有参与意愿的民营景区联合起来，制作发行“唐秦旅游一卡通”，定价100元（这个价格可以测算后再定），再根据包含在内的景区品位，制定出各景点价格，并预留出管理发行费用，定期结算。

（2）在唐山设立“唐秦旅游一卡通”销售点，凡是持有唐山居民身份证的市民均可以按定价申购该卡，卡内输入持卡人的信息，在秦皇岛相关景区配备读卡器，游览时持卡和身份证即可进入景区游览。

（3）该卡在暑期旺季如7、8两个月禁止使用。避免人数太多景区拥挤，游览效果不好。

（4）“唐秦旅游一卡通”给唐山市民发行的同时，必须也给秦皇岛市民发行，让广大市民参与其中。秦皇岛的景区对秦皇岛市民优惠的举措，多年来只有“非典”时期和近期北戴河区做到了，在其他景区很难做到。应打破这个观念，必须要强有力地推动。

总之，解放思想，改变思维观念，树立大旅游理念，施惠于市民，实现唐秦一体化，还是先从“唐秦旅游一卡通”做起。

2009年2月8日

加大旅游产品开发 促进旅游产业联动发展

——市旅发委座谈会发言

秦皇岛作为旅游城市，其旅游资源优势明显，集山、林、河、湖、泉、瀑、洞、沙、海、关、城、港、寺、庙、园、别墅、候鸟与珍稀动植物等为一体，集中分布在两条相对平行的带状区域：滨海带（滨海景点）和中北部山地—丘陵带（古长城和文化遗址）。境内横亘着374.5千米古长城，绵延着126.7千米海岸线，山海呼应，景观独特。秦皇岛市丰富的旅游资源，是开展多项目、多层次的旅游活动，是满足不同旅游者旅游休闲的最佳场所。而且大部分精品资源均衡分布在以北戴河和海港区为中心的50千米范围内，交通便利，有利于组织旅游线路，统筹安排交通和食宿。每年举办的具有浓郁地方文化特色的山海关长城节、孟姜女庙会、望海大会、昌黎干红葡萄酒节等旅游节庆活动，备受国内外游客青睐。

但是秦皇岛的旅游资源优势并没有转化成产业优势，旅游产品主要还是以观光旅游为主的初级旅游产品，与旅游市场多样化发展的趋势相比，还远远不能满足游客多样化的需求。同时，没有形成产业联动发展。因此，旅游产业不能摆脱季节性影响，旅游资源优势不能转化成产业优势，不能保证经济持续稳定的增长。

一、秦皇岛旅游产业发展存在的问题

（一）尚未形成整体统一的旅游大格局

全市具有丰富的旅游资源，但资源利用粗放，未能充分发挥好区域旅游特色，没有形成整体的旅游特色和优势，缺乏具有特色的精品项目。对于如何充分利用好这些资源和优势，特别是沿海港口风景线，以海岸浴场建设为主线的滨海旅游，以生态农林业为主线的生态旅游和以长城为主线的文化旅游等，还缺乏深入的研究。

（二）旅游产品结构不够合理

秦皇岛旅游业在发展过程中，形成了以山、海、长城等为主体的资源型滨海观光休闲的旅游产品结构，而购物、美食、娱乐等参与性旅游产品开发滞后，旅游产品结构比较单一。旅游产品大多还停留在初级资源开发阶段，旅游产品附加值较低，缺乏对资源产品的深加工。已开发的观光型旅游产品，档次较低，缺少参与性、娱乐性和体验性，开发水平层次较低。

（三）城市品牌形象有待提升

城市品牌是一个复合的品牌系统。一个城市的特色不一样，定位不一样，依附在这个城市的品牌也就不一样。尤其是旅游城市，可以通过城市品牌来提升旅游品牌。就城市魅力与整体形象而言，秦皇岛市缺乏完整的形象识别系统，未能充分彰显秦皇岛“生态型、园林式，现代化滨海旅游城市”的内涵所在，与其他北方沿海城市大连、青岛、烟台相比，无法突出它的独特魅力，也就不能更好地发挥它本身旅游资源的优势。

（四）旅游淡旺季问题难以化解

旅游淡旺季分明是秦皇岛市旅游业快速发展的瓶颈。在时间相对较长的淡季和平季，游客量减少、车辆使用率低、酒店入住率低，大量旅游配套设施处于闲置状态，产业的关联带动性减弱，基本上处于维持状态，这是对资源和旅游配套设施的巨大浪费。除了气候等客观原因，从主观上讲，是因为城市辐射功能相对较弱（客源主要是东北、西北和华北），旅游开发建设的档次和深度还不够，尤其是对旅游产业链缺乏深入的研究和有效的举措，所以难以化解旅游淡旺季节困境。

（五）宣传促销效果不明显

我市对外宣传意识一直很薄弱，缺乏高素质的宣传促销队伍和促销网络，存在着零打碎敲的问题，导致许多外地人只知道北戴河、山海关，而不知道秦皇岛。不同类型、不同地区的旅游宣传促销手段雷同，缺乏独特性，销售渠道不够通畅，没能享有应有的知名度。目前我市加大了对韩国、俄罗斯等客源国市场的宣传促销，境内韩国、俄罗斯游客增多，但是秦皇岛市的宣传造势活动仍然任重而道远。

（六）从业人员素质亟待进一步提高

近年来市场对旅游的需求越来越大，加之秦皇岛具有较明显的夏旺冬淡的特点，每年暑期都会有大批的临时导游、住宿餐饮服务员上岗，以缓解市场对旅游从业人员大量需求的压力。这就需要通过多种方式对旅游从业人员进行培训，不断提高旅游从业人员的素质，塑造旅游城市服务业的新形象。

二、解决秦皇岛旅游问题的对策

所谓旅游，其核心功能是游览，寻找快乐的感受；实际上，旅游是旅游者在异域经历“吃、住、行、游、购、娱”的一个过程。如果旅游者要体验到快乐，旅游过程中的每一个环节都要感受到愉悦。任何一个环节的不愉悦都会造成旅游者对旅游产品的不满，从而难以激发旅游者重复购买旅游产品的欲望，难以形成重复消费，更多的是“到此一游”，旅游地难以拥有稳定忠诚的旅游顾客群。如果旅游地能够围绕游客的过程需求，形成了以“吃、住、行、游、购、娱”六大要素为主的旅游产业链，就能使旅游者满足游览功能的同时体会到异域旅游过程的快乐，产生重复旅游的欲望，拉动本地区经济的持续稳定增长。

我市应以“游”为龙头，带动其他旅游要素的发展，逐步完善秦皇岛旅游产业链，从单纯风景旅游向旅游产业联动发展。

（一）不断完善和丰富不同特色的旅游产品，调整秦皇岛旅游产品结构

1. 开发以“健康、文化、参与”为主题的体育旅游产品

秦皇岛市作为2008年北京奥运会足球分会场，掀起了全市人民体育、健身的热潮。我们应当通过不断筹备一些重大赛事，逐渐摸索出一条适合秦皇岛体育旅游发展的新路子，创建出一些具有当地特色的、可以系统开发的、适合长期运作的体育旅游品牌。例如：借助奥运足球分赛场的知名度以及中国足球学校所在地的优势于每年8月开展“足球月”活动，带动体育旅游的发展；借助5月的轮滑节，12月的踢毽子比赛等全民健身体育活动带动本地游的发展；在山海关一带开发以军事题材为主，明清文化为背景，体验军事参与的旅游项目；以山海关老龙头为起点，到青龙县凉水河乡刘家口的长城蜿蜒374.5千米，开展徒步、登山、探索长城文化之旅；利用北戴河鸽子窝、联峰山、滦河口一带鸟类集聚的特点，举办春秋观鸟旅游；等等。

2. 提升以“享受、休闲、度假”为主题的休闲旅游产品档次

海滨休闲度假是秦皇岛的传统旅游项目，126.7千米的海岸线是开展海浴、沙滩体育、沙滩文化、海上运动等旅游项目的理想之地。北戴河海滨经过100多年的开发建设，已成为举世闻名的旅游度假胜地，并与南戴河、黄金海岸旅

游区连成了名副其实的“海滨黄金旅游线”。山海关乐岛海洋公园、南戴河国际娱乐中心增加了海滨游的活动娱乐性，在休闲观光的基础上开发参与性强的娱乐活动，深化提升“享受、休闲、度假”为主题的秦皇岛蓝色海域文化。

3. 深化以“田园、自然、绿色”为主题的乡村旅游产品

深化以乡村生活、乡村民俗和田园风光等为依托的农业观光、“农家乐”“渔家乐”等特色项目。如：利用“春种”“秋收”发展农事游，吸引青少年走进大自然汲取丰富的知识；利用“腊八”春节、元宵等传统“冬节”，引领节庆新时尚；利用昌黎葡萄园、南大寺桃园、山海关大樱桃园的生态优势，做好生态旅游。

4. 拓展以“培训、会议、展览”为主题的会展及商务旅游

秦皇岛优越的气候条件、丰富的旅游资源和北戴河疗养地的名气吸引了越来越多的游客和中外会议。借助优越的地理位置和资源优势，秦皇岛以长生不老文化和长城文化为中心，培育中华保健药及医疗器械方面的会展；利用游泳场馆、休疗养院等设施，在旅游淡季针对中老年人开展康复疗养；北戴河疗养院可与本市各高校联合办学，利用秋冬季举办各种培训班、训练班和教学研讨会。配合会展业及其相关产业的发展，商务酒店、旅游房地产的发展潜力巨大，结合会展经济的增长，达到整体经济的快速增长。

5. 培育以“玻璃制造、葡萄酒加工、港口”为主题的工业旅游。

利用我市的特色工业产业，积极培育开发工业旅游产品。如利用秦皇岛耀华玻璃工业的摇篮这一传统品牌，开展玻璃工业制造流程观光旅游，开发工艺玻璃生产体验旅游（如玻璃花瓶的吹制）；以华夏葡萄酒有限公司的酒窖为龙头，设计十里葡萄长廊、农家酒堡、朗格斯酒庄、华夏酒窖等节点的葡萄酒加工生产旅游专线，打造昌黎美酒旅游的品牌；依托港口设计旅游观光项目，凸显秦皇岛港的特色。

（二）依托旅游项目带动其他旅游要素产品的发展，形成完整的旅游产业链条

1. 深入挖掘“海味、满族风味、乡土味”混合特色的吃文化，大力开发便于旅游者带走的旅游产品

“吃”是六要素的第一个环节。可见“吃”对于旅游来说是非常重要的一个环节。“吃”不一定要豪华，但是一定要有地方特色。对于秦皇岛而言，“吃”的特色一定要体现秦皇岛的旅游资源特色，首先旅游者一定要品尝海味，提炼

出一系列秦皇岛人吃海味的文化，如红烧肉炖八爪鱼、黄酱炖鱼等，把秦皇岛人吃海鲜的方法教给游客；其次要把青龙满族的特色食品介绍给广大旅游者，如羊血豆腐、烤羊腿、树叶菜等；最后要凸显秦皇岛本地农家饭的乡土风味，如懒豆腐、桲椤叶馅饼、花生小豆腐等民间食品，进一步加深秦皇岛是北京、天津等大城市市民“回归田园的好去处”的印象。

不仅要让旅游者吃好，还要让旅游者把他们吃过的食品带回家送给亲朋好友，这就涉及旅游的另一个重要因素——购物。一般而言，购物都要占旅游者花费的很大比例，但是秦皇岛由于旅游产业链不完备，来秦皇岛的游客往往没有什么可以带走的本地产品，这也是秦皇岛旅游产业发展的一大瓶颈。确实，鲜活的海鲜不便于携带，游客只能在本地品尝，但是我们可以开发方便带走的海产品，如小瓶包装的虾酱、蟹酱，独立包装、便于携带的海蛤、扇贝等海鲜产品。同时，还可以让游客参与乡土特色食品的制作活动，比如花生小豆腐、桲椤叶馅饼的制作，让旅客学会以后能回家自己去尝试制作。

在旅游地购物是旅游的乐趣之一，秦皇岛应大力开发地方特色旅游产品，而且一定要注重精致小巧，便于携带。对此，提出以下几点建议：(1) 秦皇岛地区长城文化丰富，且每年都有山海关长城文化节，可以设计开发有关长城文化的手工艺品。(2) 蓝色海域带给我们丰富的贝类产品，以北戴河石塘路市场为首的众多商家都有销售琳琅满目的壳类工艺品，但仍缺乏地方特色，应把我们的知名景点与工艺品结合起来，比如蓝色海域、体育赛事、耀华玻璃工业、昌黎葡萄沟等。(3) 农村地区的土特产应从初级农产品向深加工产品转换，提高产品的附加值，可以设计各种农家小吃制作方法的光盘，出售制作农家小吃的特殊工具，让游客在品尝的同时带走制作方法。(4) 可以引进工艺玻璃，把我们的特色以工艺玻璃的形式体现，形成可带得走的玻璃制品。(5) 大力开发葡萄的附加产品，如葡萄籽、葡萄皮的深加工产品。(6) 开发 50mL、100mL 的“礼品酒的包装设计”。

2. 积极创新旅游房地产，破解旅游淡旺季节性明显难题

秦皇岛旅游淡旺季节性明显的难题一直难以破解，旅游住宿设施冬天闲置夏天供应不足，尤其是北戴河区大量的别墅及休疗养院，难以形成一年均衡经营业态，造成资源浪费。通过创新旅游房地产，如推出分时度假产品，让游客购买不同时段的旅游房地产产品（淡旺季价格不同），以便游客能够均衡分散在一年不同时间来秦皇岛旅游，这样不仅可以形成稳定的旅游人流，而且可以吸引更多的游客有计划地到秦皇岛重复旅游。这样，可以破解旅游淡旺季明显的难题。同时，可以开发农家大炕、火炕等独具农家风情的旅游房地产，完善乡村旅游产业链条。

3. 努力开发娱乐项目，进一步完善旅游交通，实现旅游方便、快乐的目的

秦皇岛作为著名的旅游城市，除了能够提供给游客各种休闲娱乐场所，如KTV、酒吧、咖啡馆等，以解除游客旅途的劳累，还应大力开发体验性、参与性强的娱乐项目。例如在山海关古城，可以开发提供给游客享受明清文化的项目，比如茶馆、茶楼、老字号，让游客说一段大鼓书，唱一段京剧，客串一把店小二，扮演明清守城士兵和将领，使他们体验其中，乐在其中；也可以到农家播种采摘，体验春播秋收，到渔家登船捕鱼，等等。把娱乐和体验相结合，实现旅游快乐的目的。同时，进一步完善旅游交通，使游客在任何季节都能进得来，出得去，方面快捷。

旅游业属于最终需求型产业，在很大程度上需要其他产业的产品作为中间投入的生产要素，属于后续产业，与先行产业的产业关联性较强。旅游业的发展，会拉动其先行产业相关部门的发展。同时，旅游业又具有消费互补性，所以，旅游业的变化会波及与旅游业有互补关系的产业，如交通、通信、娱乐康体、饮食、旅馆、商业等行业，进而导致交通工具、通信工具、娱乐康体设备、旅游用品和食品制造业、旅馆建筑装修业及其相关产业的变化，从而对整个国民经济产生间接作用。金融保险、文教卫生、科研、制造业、农业也都会受到旅游业的影响（见图 1）。据广东省的投入产出分析，旅游业增加 1 万元增加值，能推动国内生产总值相应增加 4.44 万元；旅游业每消费 1 万元，可带动国内生产总值

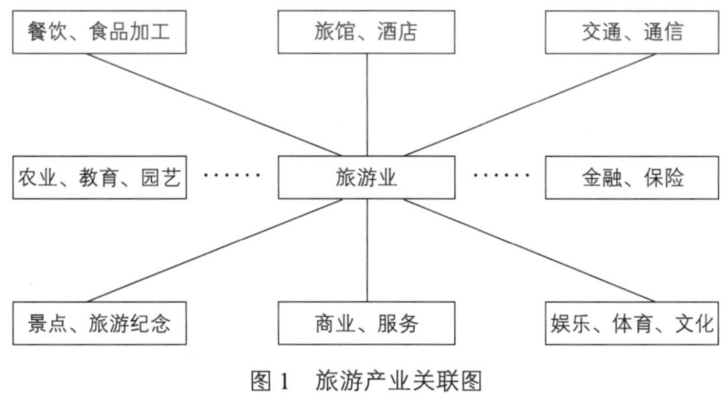

图 1　旅游产业关联图

增长 2.2 万元，能带动 2 人就业。

但是，旅游业的发展与相关部门和行业的发展是一个互动的过程。旅游发展在带动和刺激相关部门和行业发展的同时，还依赖着相关部门和行业。相关部门和行业基础的强弱，将制约旅游发展的水平和程度。单纯强调发展旅游业，旅游城市容易走入发展的误区，而旅游业与其他产业结合起来的产业联动发展，有利于形成产业间的良性互动，从而形成旅游城市经济持续稳定增长的动力，使旅游城市突破发展的瓶颈。比如深圳市，其旅游业的发展水平在国内是较高的（国际旅游收入位居全国旅游城市的第三、四名），旅游业的关联带动功能也较强，但深圳市政府却将深圳城市经济发展定位在“一个基地两个中心”上，即高新技术产业化基地和金融中心、物流中心。因此，在深圳市，主体上并不是旅游带动相关部门和行业的发展，而是相关部门和行业的发展推动旅游业的发展，旅游业与相关产业形成了良性循环，保证了深圳经济持续稳定的增长。除此之外，旅游业与金融业联动发展的上海、纽约，旅游业与商业联动发展的香港，旅游业与园艺联动发展的昆明，旅游业与娱乐联动发展的迪斯尼乐园，旅游业与农业联动发展的加利福尼亚（葡萄园），旅游业与体育健身联动发展的阿尔卑斯山等都是产业联动发展成功的实例。可见，产业联动发展可以使城市保持生命活力，是旅游城市发展的趋势。

秦皇岛市应从单纯旅游向产业联动发展，完善旅游产业链，把资源优势转化成产业优势，推动秦皇岛市经济社会的全面发展。

2008 年 11 月 9 日

变挑战为机遇 完善旅游产业链条
壮大秦皇岛旅游产业

——市委统战部座谈会发言

当前国际金融危机继续扩散和蔓延，世界经济增长明显减速，我国传统竞争优势产业逐步衰弱。2009年可能是21世纪以来我国经济发展最为困难的一年。面对这样一个外部环境，我市如何变压力为动力、变挑战为机遇，壮大传统优势产业，保持经济平稳较快发展，这不仅需要我们有决心和信心，更需要我们对产业发展进行思考。

一、秦皇岛旅游产业发展的困惑

秦皇岛一直以旅游胜地著称，旅游资源非常丰富，旅游产业是传统的优势产业，但是旅游业的发展对全市经济发展的带动作用乏力，我们常常将其归因为"受季节性影响较大"。实际上，秦皇岛旅游业不能摆脱季节性影响的主要根源在于没有把旅游"资源优势"转化成旅游"产业优势"。当今的国际竞争已经进入了产业链的竞争，而不在仅仅是产品竞争，而且产业链竞争是未来多年的竞争格局。如果我们只是依靠资源优势就处于产业链的最底端，不仅要受产业链高端的剥削，浪费资源、破坏环境，而且外部大环境一旦发生变化就必然受到影响。我国制造业受到美国金融风暴的严重影响就是最好的一个例子，因为我们处于制造业整个产业链的最底端——产品制造，而美国处于制造业的最高端——产品设计和零售，所以一个在美国卖9.8美元的中国制造的芭比娃娃，其中国的生产厂家只能获得1美元。所以，秦皇岛的旅游资源优势如果不能转化成产业优势，就不能提高秦皇岛的整体竞争力，也就不能保证经济持续稳定地增长。

二、秦皇岛旅游产业存在的问题

秦皇岛旅游产业没有形成完整的产业链以及产业联动发展不足是产业优势

难以形成的主要原因，尤其表现在旅游商品断链方面：

1. 旅游商品不丰富，缺少特色旅游纪念品

有调查表明，75% 的游客希望在景点买到有景点特色的旅游纪念品。而秦皇岛的旅游商品销售存在明显的“两多两少”情况：旅游商品市场中一般性的、全国哪里都能买到的商品多；景点景区销售的粗制滥造、无秦皇岛特色、无景点特色的旅游商品多。在商业中心，旅游商品的专营店和专营柜台少；在景点景区中销售的与景点特色有关联的旅游商品少。

2. 旅游商品规划空白，缺少创新意识

有调查显示，74% 的游客希望能买 10 ～ 50 元 / 件的旅游纪念品，16% 的游客因为怀疑是假冒伪劣商品而放弃购买意图。游客非常需要价廉、轻便而有质量保证的旅游商品。但是我市缺少旅游商品规划，特色产品在包装上不能满足旅游者的需要。比如，我市特产昌黎红葡萄酒和卢龙的粉丝就由于包装不轻便、不精致影响了旅游者的购买意愿；我市的海鲜产品也缺少方便携带的小包装。

三、对策建议

第一，在市旅游局设立秦皇岛旅游商品发展研究机构，加强对旅游商品开发设计、生产、销售等的调查研究，为企业提供相关旅游商品的信息。

第二，制订旅游商品 5 年发展规划，从宏观、战略、方向上对旅游商品做出规划，对 5 年期间重点要解决的问题及发展目标做出规定，争取尽快使秦皇岛的旅游购物花费占到旅游总花费的 30% 以上。

第三，政府发挥主导作用，推动旅游商品设计、生产和销售的良性循环，具体做法如下：

（1）继续办好“秦皇岛旅游商品设计大赛”。秦皇岛市旅游局已举行了两届旅游商品设计大赛，并取得了丰硕的成果和明显成效。应继续办下去，让其成为秦皇岛旅游界的传统赛事。

（2）建立和规范旅游商品市场，顺畅旅游商品销售渠道。第一，在流动人口多的地区和商业中心，建立专营旅游商品的商店或商场，或者在这些地区的综合性商场内设立旅游商品专柜。第二，重点扶持旅游商品产、供、销一体化的公司，在商业中心和景点景区设立相应的联营店或连锁店，店内要做到统一品牌、统一价格、统一服务规范，所谓“货不二价、童叟无欺”。第三，在秦皇岛有停车空间的地方建立 1 ～ 2 个集中全市优质旅游商品的大市场，开发团队

旅游购物。第四，继续发挥北戴河石塘路旅游商品步行街的优势，充实这个市场的旅游商品种类，并提升商品品质，把石塘路办成全国有名的“珍珠市场”。

2008 年 12 月 8 日

大力发展旅游商品 完善秦皇岛市旅游产业链

——市政协提案

虽然秦皇岛一直以旅游胜地著称，把旅游产业作为支柱产业来发展，但是在“行、游、住、食、购、娱”六大要素中，旅游购物多年来一直成为秦皇岛旅游产业发展的“短板”，使旅游产业支柱乏力，不仅阻碍了旅游业的大发展，也不利于产业结构的优化。秦皇岛应该大力发展旅游商品，不断完善秦皇岛旅游产业链。

一、旅游商品匮乏对旅游业的影响

旅游商品，是对当地经济文化的一种提炼、反映和表现。旅游时购买一些具有地方特色的旅游商品是旅游者的一种需求，可以丰富旅游内容；同时，向旅游者提供体现本地特色的旅游商品也是旅游地商品出口的一种表现形式，将增加地方收入。目前，世界旅游购物花费的平均比重是30%，旅游业发达的国家可以达到45%左右，我国的旅游购物花费占旅游总花费的比例停留在20%的水平，长期徘徊不前。而秦皇岛的旅游购物花费比重只有16.9%，比全国水平还低。其主要原因之一就是旅游商品的匮乏，这不仅会给旅游者带来遗憾，也将减少地方收入，不利于旅游产业的发展。

二、秦皇岛旅游商品存在的问题

1. 品种单一，缺乏特色，内涵不足，纪念性、实用性不够

有调查表明，75%的游客希望在景点买到有景点特色的旅游纪念品。而秦皇岛的旅游商品销售存在明显的“两多两少”情况：旅游商品市场中一般性的、全国哪里都能买到的商品多；景点景区销售的粗制滥造的，无秦皇岛特色、无景点特色的旅游商品多。在商业中心，旅游商品的专营店和专营柜台少；在景点景区中销售的与景点特色有关联的旅游商品少。

2. 不够价廉物美，不够轻便与结实，货真价实无保障

有调查显示，74% 的游客希望能买 10 ～ 50 元 / 件的旅游纪念品，16% 的游客因为怀疑是假冒伪劣商品而放弃购买意图。旅游者非常需要价廉、轻便而有质量保证的旅游商品。但是我市特色产品在包装上不能满足旅游者的需要。比如，我市特产的昌黎红葡萄酒和卢龙的粉丝就由于包装不轻便、不精致影响了旅游者的购买和携带；我市的海鲜产品也缺少方便携带的小包装。

三、对策建议

第一，成立秦皇岛旅游商品发展研究机构，加强对旅游商品开发设计、生产、销售等的调查研究，为企业提供相关旅游商品的信息。建议主管市领导挂帅，机构设在市旅游局。

第二，制订旅游商品 5 年发展规划，从宏观、战略、方向上对旅游商品工作做出规划，对 5 年期间重点要解决的问题及发展目标做出规定，争取尽快使秦皇岛旅游购物花费占到旅游总花费的 30% 以上。

第三，政府主导，市场运作，推动旅游商品设计、生产和销售的良性循环。在旅游商品问题上，具体运行还是要靠市场，由企业行为去具体运作。政府需要做的工作就是：

（1）继续办好“秦皇岛旅游商品设计大赛”。

秦皇岛市旅游局已举行了两届旅游商品设计大赛，并取得了丰硕的成果和明显成效。应继续办下去，让其成为秦皇岛旅游界的传统赛事。

（2）建立和规范旅游商品市场，顺畅旅游商品销售渠道。

首先，在流动人口多的地区和商业中心，建立专营旅游商品的商店或商场，或者在这些地区的综合性商场内设立旅游商品专柜。

其次，重点扶持旅游商品产、供、销一体化的公司，在商业中心和景点景区设立相应的联营店或连锁店，店内要做到统一品牌、统一价格、统一服务规范，所谓“货不二价、童叟无欺”。

再次，在秦皇岛有停车空间的地方建立 1 ～ 2 个集中全市优质旅游商品的大市场，开发团队旅游购物。

最后，继续发挥北戴河石塘路旅游商品步行街的优势，充实这个市场的旅游商品种类，并提升商品品质，把石塘路办成全国有名的“珍珠市场”。

2008 年 3 月 24 日

整合资源 融合产业 打造京津冀田园旅游胜地

——昌黎旅游发展论坛发言

如果说，2004年5月21日下午在人民大会堂新闻发布厅举行的"环渤海经济圈合作与发展高层论坛"意味着环渤海经济圈由概念阶段进入实质性阶段，那么2014年2月26日习近平总书记主持召开座谈会，将京津冀协同发展上升到国家战略的层面来考虑，则预示着京津冀三地新一轮高水平、深层次、全方位的合作正式拉开帷幕。昌黎作为渤海湾中的一块"璞玉"，上天赋予了"她"很多资源优势，但是要把"她"雕琢成光彩耀人、价值连城的"美玉"还需要整合资源、融合产业，在京津冀协同发展中形成一定的比较优势。

一、昌黎的旅游发展瓶颈分析

昌黎依山傍海，由平原、低山丘陵、沙带、沿海、滩涂构成了多相性资源结构，可以说自然旅游资源丰富。除了自然资源外，昌黎还有葡萄酒资源、农业资源、特色文化资源等优势资源。但是，这些资源分散，合力不强，各旅游景点在旅游发展规划、旅游开发、旅游宣传和旅游管理方面难以形成整合营销，缺乏联动，整体旅游品牌形象不明确、不统一，仍然处于初步的、浅层次的阶段，丰富的旅游资源尚未转化为产业优势。究其原因，主要存在以下三个瓶颈：

1. 旅游资源整合缺位

目前，旅游资源开发尚处于"点（景点）、园、景"状态，虽不乏"妙招"，但总体上尚未形成大布局、大联动、大开发的一盘好棋。资源整合不够，缺少经营性、开发性整合，名牌战略中缺少文化战略策划。

2. 精品旅游线路设计缺乏

旅游资源丰富，旅游景区、景点多，但是，昌黎不仅没有与区域内旅游城市形成全国性精品旅游线路，自身也没有形成精品旅游线路。

3. 旅游产业链条不完整

旅游是指旅游者在异域经历“吃、住、行、游、购、娱”的一个过程。昌黎旅游业在发展过程中，形成了以黄金海岸、翡翠岛、葡萄采摘等为主体的资源型滨海休闲的旅游产品结构，但是购物、美食、娱乐等参与性旅游产品开发滞后，旅游产品结构单一，未形成完整的产业链。

二、整合资源、融合产业，打造京津冀田园旅游胜地

1. 整合旅游资源，打造田园旅游品牌

一是以葡萄采摘为龙头，设计打造昌黎系列采摘活动。如樱桃、桃子、苹果、梨子、葡萄等采摘活动，让活动内容丰富多彩，吸引京津冀游客在不同时间段来昌黎进行采摘活动。二是以农业资源为依托，设计打造昌黎系列田园体验活动。利用昌黎丰富的农业资源，深度开发科技种植、生态种植、农家乐等产品，设计一系列田园体验活动，吸引京津冀中小学生前来参加体验，如做一天农民或是做一天渔民等。通过让游客置身于“活动之中”，亲身感受不一样的田园生活，打造京津冀“两小时田园生活体验圈”。三是整合“三色”旅游资源，发挥旅游产业集群效应。以黄金海岸、翡翠岛等海滨资源为核心，构建海滨旅游产业集群，打造“蓝色产业带”；以葡萄种植和葡萄酒产业为重点，构建田园葡萄酒旅游产业集群，推出“紫色产业带”；以北部碣石山为抓手，构建生态旅游产业集群，包装“绿色产业带”。

2. 挖掘文化资源，促进旅游产业与创意产业深度融合

一是充分挖掘昌黎丰富的历史名人及其佳作，比如曹操、韩愈、李大钊等关于秦皇岛的脍炙人口的诗篇，以及历史故事、传说等，利用高新技术对这些作品进行“再创造”，用项目吸引京津冀文化创意企业来昌黎，打造昌黎文化创意岛。二是以昌黎老百姓的生活场景为原形，运用“昌黎三歌”（秧歌、皮影、吹歌）这些艺术载体，创造出更多幽默诙谐的现实作品，使游客在游玩、体验田园生活之余欣赏本土艺术，放松身心。

3. 打造京津冀田园旅游胜地，服务必须先行

一是，规划建设一定数量的自驾游营地；二是，建立旅游信息咨询服务系统；三是合理设置并优化道路交通引导标志系统、购物场所、旅游厕所、住宿设施；四是提升旅游服务者的素质。

2014 年 5 月 19 日

关于"叫响"山海关军事旅游品牌的建议

——市政协提案

军事旅游作为一种全新的旅游形式，因其题材广泛、形式多样，富于历史怀旧性、新奇性、刺激性和冒险性，在英、美、德等军事发达国家中备受旅游者青睐，成为当地旅游业多元化发展进程中的旅游亮点。山海关作为国家级的历史文化名城，自古就是兵家必争之地，素有"两京锁钥无双地，万里长城第一关"的美称。在全长26千米的长城线上，分布有129座城堡、关隘、敌台、城台、烽火台、墩台，并以古城为核心，形成前拱后卫、左辅右弼的防御格局，构成了一个完整的长城防御体系，这在全国甚至全世界都是难得的军事旅游资源。

长期以来，山海关只是作为一个文物古迹供游客参观，独具特色的军事题材旅游资源还处于低水平的开发利用层次，没有充分挖掘出山海关古往今来、得天独厚的"军事文化"资源，游客参与性的活动以及有价值的军事旅游商品寥寥无几，山海关特有的不受季节影响的军事旅游资源的优势没有发挥出来。所以，叫响山海关军事旅游品牌对秦皇岛旅游产业升级具有重要的意义。

首先，军事题材旅游资源不受季节性影响，通过叫响山海关军事旅游品牌，可缓解我市旅游业受季节性影响的瓶颈；其次，山海关古城军事文化旅游资源得天独厚，通过叫响山海关军事旅游品牌吸引游客，有利于促进旅游产业多元化发展；最后，通过叫响山海关军事旅游品牌，可以细分化旅游市场，吸引青少年旅游者，实现传播军事知识、增强国防意识的目的。

具体措施如下：

1. 开发参与、体验式旅游活动

充分挖掘山海关地区的军事文化资源，模拟古代的军事和战事设计参与、体验式的旅游活动。如可以开发军事模拟游戏项目、战事体验式项目（如兵临城下，千里传驿等）、野外拓展项目（如长城巡防）、参与式项目（如军事操练）。

2. 打造仿古一条街

以钟鼓楼为中心，东西大街充分体现军事文化、古道历史等，突出明代建筑风格；南北大街则突出清代建筑风格，体现民俗、民风、市井文化等民俗风格。另外，配合军事题材项目，开发军事题材旅游产品，让参与型游客从“战场”上归来，可以带走自己用过的“战袍”“兵器”“铠甲”“头盔”及“战利品”。

3. 创新旅游房地产——兵营、军营

充分挖掘山海关古城的军事题材，利用现有的资源（如老龙头的龙武营、新建古城以及老旧四合院等）配套开发建设“兵营”“军营”。可以根据历史开发清代和明代两种风格的营地，给游客不一样的住宿体验。

4. 仿制古代交通工具——战车、战马、马车

以钟鼓楼为轴心的东西、南北“十”字形相交的四条大街全部为青石板铺路，以关道、御道、贡道、驿道为背景，平坦开阔而古朴，方格网状街巷依然是明清布局。为了让游客体验明清风情，城内限制汽车、自行车等一切现代交通工具的进入，取而代之的是明清风格的战车、战马、马车、人力车，当然游客也可以漫步大街，享受古代人惬意的生活。

5. 挖掘当地的民风民俗

长城的文化、古城的历史都是不可多得的题材，到茶楼、茶馆说上一段自编的大鼓书，唱上一段京剧；到兵部分司署扮演县衙或衙役断案；到特色工艺品商店、民间艺术馆，亲手挑选制作一款古玩、古物；到老客栈、老字号客串一把店主人、店小二；可以抬抬轿子，也可以坐坐轿子；可以品尝兵营的大锅饭，也可以亲自做做大锅饭。改变以往走马观花的旅游方式，无论吃、住、行、游、购、娱的任何一种行为，都让游客能够充分的参与其中。

6. 加大山海关军事旅游的推广力度

制订“走出去，请进来”的形象推广计划，通过制作 VIS 执行手册，运用推广 VI 成果，完成《山海关军事旅游画册》和《山海关军事旅游指南》，制作山海关军事旅游 VCD，山海关军事旅游形象片、广告片、专题片和多媒体电脑演示、活动展架等多版式、多语种的宣传品，进行持续不断全方位的推广宣传，提高山海关军事旅游品牌的知名度和美誉度。

通过上述多种措施让山海关军事旅游资源“活起来”，使山海关成为全国甚至全世界军事旅游爱好者“一年四季的好去处”，弥补目前秦皇岛滨海旅游季节性强的缺陷。

2012 年 2 月 2 日

关于推出“北戴河文化地图”的建议

——北戴河区政协提案

自2006年起，北戴河充分挖掘和展示“夏都”的文化底蕴，创“运动之春、浪漫之夏、时尚之秋、休闲之冬”四季品牌，打造“博物馆之城”“文化创意基地”，以及“北戴河音乐海岸线”，等等，并逐步推进文化创意产业与旅游产业融合，开始走上从旅游名区到创意名区的发展之路。

然而，由于信息不对称，许多游客对于这些精心打造的文化旅游品牌，常常缺乏获知其信息的可靠渠道，因此，应及时推出“北戴河文化地图”，将这些散落的文化品牌串成可识别的“美丽珍珠”，通过多种途径展现在游客面前。

一、北戴河的文化资源优势

1. 依托自然条件形成的文化资源

北戴河独特的自然条件，孕育了丰富的地域文化资源。例如：已经建成了奥运博物馆、北戴河博物馆、轮滑博物馆、鸟类博物馆、民俗博物馆等七座博物馆；时尚运动基地、名人创作基地、名校实践基地、国际观鸟基地、全国影展等五大基地；五凤楼艺术家工作室、汉衢艺术馆等知名著作人创作基地。还有海上音乐厅、《海上生明月》大型实景演出等演艺文化活动，等等。

2. 依托百年历史形成的文化资源

北戴河是中国四大别墅区之一，被誉为“万国建筑博物馆”，现存老别墅130余栋。聚集自然、历史、人文的老别墅，地处北戴河优美的自然环境中，历经百年风雨，早已与自然融为一体。而且，北戴河在历史上曾云集众多风云人物，文人墨客诗赋遗篇颇丰，自然与人文的融合，传承并繁荣了独特的地域文化。尤其是老别墅的建筑特色及与之关联的众多名人轶事，曾广为外界熟知与关注，是见证历史的文化资源。这里对钟情于文化的企业家、学者等，具有很强的吸引力。

3. 充满异域浪漫的街景文化

北戴河可以邀请国际知名的艺术家、景观设计大师对街景进行艺术化设计，让每一栋建筑、每一条街道、每一座花园乃至整个城市都成为一件艺术品、一件文化产品，充满乐趣，美不胜收。让游客置身于异域文化的街景中。

二、推出"北戴河文化地图"的建议

1. 开发网上"北戴河文化地图"

利用网络优势，将北戴河文化资源优势以适当的方式展现出来，引导游客选择、利用和互动，从而提高游客的旅游质量，发挥文化在旅游中的作用。同时，也向全世界全面展示北戴河的文化品位和文化形象。

2. 开发掌上"北戴河文化地图"

将北戴河文化资源优势，运用文化创意手段编制成动画短片、手机电视等，供游客随时下载观看，实时了解文化旅游动态，提高游客旅游质量，增加游客文化旅游体验。

3. 开发床头"北戴河文化地图"

将北戴河文化资源优势印制成精美、活泼的小册子，供游客在床头阅读。

4. 开发纸质"北戴河文化地图"

这是比较常见的地图形式，供游客在游览前及游览过程中使用。

三、实施途径建议

"北戴河文化地图"是一种全新的地图形式，它是科技与文化交融的产物，也是现代文化产业的高端和前沿。建议北戴河区政府与秦皇岛职业技术学院合作，共同立项建设、开发和维护这一创新项目，保障"北戴河文化地图"实时更新，信息通畅，并共享品牌带来的收益。

2012 年 2 月 15 日

（此提案得到时任秦皇岛市委常委、北戴河区委书记曹子玉的批示，列为 1 号督办提案）

打造“旅游职业经理人培养基地”做暖北戴河的冬季

——北戴河区政协提案

随着全域旅游和国际旅游城市建设的深入推进，高素质有实操经验的管理人才、专业人才出现大量缺口，比如运营总经理、营销专家、项目管理专家、项目规划专家、旅游策划师、智慧旅游专家、旅游财务师等。尤其近年来大量房地产、工矿钢铁行业转型旅游业，使得专业运营人才显得更加缺乏。

目前秦皇岛市燕山大学、河北科技师范学院、河北农大海洋学院、河北对外贸易职业学院、河北环境工程学院、河北建材职业学院、秦皇岛职业技术学院等高校都有旅游系或者旅游专业，在校生达到1万人以上，每年都为我市乃至河北省培养输送大量的专业人才。但是本科院校旅游专业理论化教学相对较多，学生大多选择考研深造，专科院校旅游专业人才培养更多定位在酒店管理和导游这类服务岗位，学生毕业后不能很快成为高素质职业经理人。因此，加大旅游职业素质培训、加强旅游职业经理人培养，已经成了全域旅游和国际旅游城市建设的当务之急。

建议北戴河区抓住时机，成立专门领导小组，组织专家、企业家共同进行顶层设计，利用冬季北戴河闲置的旅游设施设备，邀请全国的旅游专家、企业家，举办各种短期培训班和速成班，采用“师父带徒弟”式的传帮带模式，既要请来专家学者教授进行理论授课，更要组织走出去现场观摩，实施细分领域精准定位教学，保证“三个月出徒”“出徒就可上手”“出徒就拿高薪”的质量标准，快速抢位占位，成就品牌，将北戴河的旅游淡季转换成旅游职业高端人才培训的旺季，打造“旅游职业经理人的培养基地”品牌，“做暖”北戴河的冬季，让秦皇岛成为全国旅游业精英人才培训业的领头羊。

2019年1月19日

第四章

民生问题建言

民生问题一直是代表、委员关注的问题。作为一个学者型的人大代表和政协委员，不仅利用自己的专业知识在城市发展、产业发展以及旅游发展等方面建言献策，也特别关注民生方面的问题，尤其在弱势群体、危机预防等边缘性、前瞻性问题上，作者积极听取来自方方面面的反映，主动联合相关专业人士撰写建议，并通过各种渠道积极建言发声，以期引起政府决策部门的关注，提前制定防范措施，防微杜渐。本章集选了6篇民生问题建言。

建设妇女儿童活动中心 让全市妇女儿童共享发展成果

——市政协提案

党的十七大提出，加快推进以改善民生为重点的社会建设。必须在经济发展的基础上，更加注重社会建设，着力保障和改善民生。只有把经济成果转化为公共产品和公共服务，才能为人民群众所享有。目前我市城市功能还不够完善，尤其对于占人口一半以上的妇女儿童，没有一个功能完备的综合性活动场所。建议尽快建设妇女儿童活动中心，填补我市妇女儿童活动场所的空白。

一、建设妇女儿童活动中心的意义

马克思主义妇女观和男女平等基本国策的核心是促进妇女发展，而促进妇女发展是实现男女两性和谐发展、实现经济社会协调发展的重要基础。只有妇女的全面发展，才有可能实现人的全面发展；只有性别的协调发展，才有可能实现全社会的协调、可持续发展。实践性别平等的承诺，不仅有利于经济增长，而且有利于落实科学发展观，构建社会主义和谐社会，促进社会的公平公正。因此，要为促进妇女发展、儿童成长提供强有力的全方位的有利条件，要将基本国策的落实制度化、具体化，努力营造有利于妇女发展的物质和社会文化环境，凝聚社会力量共同参与和支持妇女发展。

进入21世纪以来，随着经济发展和社会进步，我市广大妇女和儿童的需求出现了新的特点，从过多注重物质生活需要发展到更加注重生态环境、政治权利、社会事业、精神文化等全方位的需要，这就要求我们必须适应这种新变化、顺应这种新期待。《中国妇女儿童发展纲要（2001—2010年）》明确提出要保障妇女有分享经济资源的权利，妇女与男子平等获得经济权利、共享经济资源和社会发展成果是妇女发展的基础条件。要优化妇女发展的社会环境和生态环境，提高妇女生活质量，促进妇女事业的持续发展。要为妇女劳动就业提供信息、服务和培训。要创造有利于妇女全面发展的社会环境，提高妇女享有社会福利的水平，为妇女创造适宜的生活和工作环境等。在我市建设妇女儿童活动中心是深入贯彻党的十七大精神、关注广大妇女的基本需要的具体体现；是促进男女平等、实现社会公平正义的可靠保证；是更好地落实中国妇女儿童发展纲要现实的要求。这一举措必将为我市广大妇女创造有利的发展环境，对妇女就业培训、保障妇女合法权益、搭建生活及相互交流的平台、构建和谐家庭等方面起到积极的推动作用。

二、全国建设妇女活动中心的基本情况

目前我国已建有国家级妇女活动中心、妇女博物馆，各省也建有省级妇女活动中心。河北省妇女儿童活动中心是由河北省政府投资，河北省妇联创办的。一些有条件的城市也已建有市级妇女活动中心。目前，我省已建有妇女活动中心的地市有唐山、保定、石家庄、廊坊，衡水也提出加强妇女活动中心建设，"十一五"期间要在市及60%的县（市、区）建妇女活动中心；张家口则利用国际行动援助中国办公室资助在项目村设立了妇女活动中心。

三、妇女儿童活动中心的功能建议

（1）活动中心应坚持以人为本，以服务社会、服务广大妇女为宗旨，不仅是妇女教育、培训、交流、实践的工作阵地，也是丰富广大妇女、儿童的业余文化生活的乐园，更是为秦皇岛这座魅力之都创造了宜居、宜业、宜游的环境，必将成为妇女思想教育，科技、文艺、技能培训，休闲、健身、娱乐、社会教育研究、宣传、示范、引导为一体的多功能、综合性很强的社会教育服务阵地，成为培养儿童的摇篮。

（2）活动中心应该具有以下基本功能：妇女发展成果展示功能；妇女教育培训功能；妇女维权庇护功能；心理咨询室、妇女健身中心、形体训练中心等活动功能；学术报名厅、阅览室、多媒体教室、小剧场、餐厅等其他相应的配套功能；儿童活动功能。

我们相信，我市建设妇女活动中心必将成为妇女儿童成长发展的重要阵地，对于完善城市功能、改善城市形象、提高市民生活质量、繁荣群众文化生活、推动妇女儿童事业的和谐发展等具有十分重要的意义。

2008年3月24日

关于建立秦皇岛市城市避难空间体系的建议

——市政协提案

一、重要性及必要性

“5·12”汶川大地震已经快一周年了，可大地震造成的那一幕幕惨景却历历在目。在21世纪的今天，自然灾害（如地震、海啸、非典、甲型H1N1流感等）和人为灾害（如公共卫生事件、恐怖事件、战争等）不断地威胁着人类的生命和财产安全。人类需要一个应付突发公共事件的临时安置场所——应急避难场所。尤其是在城市里，人口密集，高楼大厦林立，寸土寸金，就更需要保证公共安全的场所。一旦灾害发生，市民可以去那里避难。

可以说，城市应急避难场所，是政府和社会在突发重大灾害以及战争可能对人民生命财产安全带来严重威胁时临时安置人员的场所。建设应急避难所，可以加强城市安全体系，做到有备无患，一旦出现紧急情况，能让老百姓有地方可躲。这是贯彻落实科学发展观，坚持“以人为本、以民为先”的重要体现，是一个社会文明进步的象征，也是城市管理向人性化、科学化发展的必然趋势。

二、国内及我市现状

在《“十一五”期间国家突发公共事件应急体系建设规划》的指导下，截至2007年年底，全国有68个大中城市已建成和正在建设大批地震应急避难所。

我市虽有一定数量的广场、公共绿地等基础条件，但都缺少应急避险必需的配套设施，布局不均衡，规划性、体系性差，无任何指示性标识。

三、建议

第一，建立多层次避难所体系。（1）市级避难所，即长期避难场所。可利用大公园及公共开阔空间等比较稳定的场地，建设临时受灾群众过渡安置房。（2）区级避难场所，即较大规模的应急避难所。可利用城市绿地、广场、公园、学校操场、停车场、体育场等场所收容附近地区居民，使其免受灾害伤害，保障避难居民生活所需。（3）街道、社区避难场所，即较小规模的应急避难场所。主要利用社区绿地、广场、街心花园及城市开放空间，在灾害发生的短期内供受灾居民临时避难用。

第二，把避难场所的建设纳入全市总体规划，然后在全市的公园、广场、绿地和学校操场推广建设。

第三，加强应急宣传和演练，应定期开展不同级别的应急演练。

第四，规划建设应急避难所应注意的几个问题：（1）规划建设应急避难场所要立足长远，不能紧一阵松一阵。有灾难时，我们会想到应急避难场所的重要，但灾难一过，其重要性在城市管理者心目中是否会减弱？（2）规划建设应急避难场所要遏制利益冲动。在城市市区规划建设应急避难场所，从眼前看或许会牺牲一定的经济利益，甚至还会影响到该市的GDP总额。而且还不排除一些开发商对规划用地垂涎三尺，想方设法暗中消解政府这一举措。（3）规划建设应急避难场所还需要有法规跟进。对规划利用的绿地、学校开阔地、大型体育场、停车场等应急避难场所，做出明确规定；对违反规定的行为或责任人明确具体的惩处措施，以确保应急避难场所的稳定性和严肃性。

2009年5月4日

关于积极预防和妥善处置群体性事件的建议

——民建市委建议

近几年来，群体性事件在全国时有发生，影响愈来愈大。2008年，我国先后发生了多次群体性事件，6月28日贵州发生瓮安事件，160多间办公室、42辆警车等交通工具被烧毁，150余人受伤；7月19日，云南发生孟连事件，2名群众死亡，41名民警和19名群众受伤，9辆车辆损毁；11月，甘肃发生陇南事件，砸烧房屋110间、车辆22辆。这些事件的发生应该引起各级政府的高度重视，认真总结经验，吸取教训，防止类似事件再次发生。这些群体性事件的发生主要是当地政府没有认真贯彻落实科学发展观和执政为民的理念，在一些问题的处理上有失公平；一些地方权力与资本结合已经严重侵害了老百姓的切身利益；一部分干部对群众的呼声麻木不仁，对群众的疾苦不闻不问，积累、激化了社会矛盾。2009年，随着经济危机的进一步加剧，使得原有的一些矛盾可能随时爆发，酿成祸端。对此，我们必须保持高度警惕，预防事件发生，努力构建一个和谐的秦皇岛，为我市经济社会的发展创造良好的社会环境。

一、保持反映问题的渠道通畅，这是解决矛盾的有效方法

老百姓不知道如何反映问题，造成问题不能及时解决，下情不能及时上达。建立一个通畅的反映民生的通道对预防群体性事件的发生有着非常积极的作用。

二、建立一个预防性的问责制度，这是解决矛盾的有效途径

一部分干部对群众反映的问题麻木不仁，对群众的疾苦不闻不问，有时会发生严重侵害老百姓切身利益的情况。为此，建立一个预防性的问责制度非常必要。这个制度有两层含义，一是它的预防性，二是它的问责性。预防性就是要把问题消灭在萌芽状态，及时化解矛盾。要求各级政府机构对农民反映的问题要有文字记载，并在七日内给出解决问题的办法，不能解决的要及时上报，整个事件都必须有文字记载，这主要是防止一些地方政府对农民反映的问题不能及时有效地解决，以致酿成矛盾。问责性一个是指对农民反映的问题没有文字记载，不能及时解决处理的情况要问责；另一个就是由于没有及时化解矛盾，酿成集体性事件的情况要问责。

三、创建“五个一”村一级的政权组织模式，树立党在基层的威信

老百姓的很多事情都发生在农村，村一级政府是直接面对老百姓的基层组织，是解决百姓问题和化解百姓矛盾的最直接、最有效的一级组织。因此，党要高度重视在农村的工作，要不断加强党在农村的组织和制度建设，农村稳则全国稳。建议在村一级政府设立五个职位，分别是村书记、村主任、科技员、法律宣传员、妇女主任。其中村主任和妇女主任由本村村民通过选举产生；村书记由乡一级政府选派，负责全村事务；科技员负责向农民普及科学文化知识，提高农民的科技文化水平；法律协调员负责宣传党和国家的政策，协调解决村民之间的法律纠纷和矛盾，向农民讲解法律知识，提高农民素质，让农民知法守法。其中科技员和法律协调员每周都要向本村村民普及相关知识，科技员和法律宣传员最好是由每年分配到国家工作岗位的年轻人任职，最好是选调生或是通过公务员考试录取的公务员，让他们下基层接受锻炼，这既符合国家政策，又能够锻炼他们工作能力，培养他们亲民、爱民的思想。这种村一级的政权组织制度充分考虑了各方面因素，它既能保持与当地村民的密切联系，又能加强党在农村的工作；既能够提高农民的科技和法律知识，又能有效地加强农村的精神文明建设；既能够解决大学生的就业问题，又能够使他们学有所用，为建设新农村贡献力量，在实践中锻炼自己。“五个一”村级政权组织模式必将为我市的农村工作打开新的局面，如果做的好可以在全国推广，为构建和谐新农村打下良好基础，为有效预防群体性事件的发生提供重要保障。

2009 年 1 月 31 日

重视 $PM_{2.5}$ 问题　提高秦皇岛市大气环境质量

——民建市委建议

今年年初在石家庄参加河北省人代会期间，“遭遇”严重雾霾天气，让与会代表们意识到改善和提高大气环境质量的重要性和紧迫性。我市有着良好的自然条件，属于暖温带半湿润大陆性季风气候，受海洋的影响，全年气温比较温和。年平均气温为 24.5 摄氏度，年平均降水量为 663.1 毫升，年平均相对湿度在 59% ～ 63% 之间。北戴河、昌黎沿海一带常年保持一级大气质量，空气中负氧离子的含量达到每立方厘米 7000 个以上。城市区森林覆盖率达到 45.9%，人均公共绿地 15 平方米，空气质量二级以上的天数达到 350 天以上。可以说，秦皇岛山川秀丽，气候宜人，是非常适宜人类居住的地方，是能使人健康长寿、颐养天年的风水宝地。这些优势使我市成为人人向往的优秀旅游城市。

但是近几年，我们也清醒地看到我市空气污染逐年加重，也出现了雾霾天气，雾霾天气中的细颗粒物，又称细粒、细颗粒，即我们常说的 $PM_{2.5}$，它是指环境空气中空气动力学当量直径小于等于 2.5 微米的颗粒物。虽然细颗粒物只是地球大气成分中含量很少的组分，但它对空气质量和能见度等有重要的影响。细颗粒物粒径小，富含大量的有毒、有害物质且在大气中的停留时间长、输送距离远，因而对人体健康和大气环境质量的影响更大。中国工程院院士、著名呼吸内科专家钟南山说，灰霾不光是对呼吸系统有危害，对心血管、脑血管、神经系统都有影响。

因此，提升大气环境质量不仅是提高我市旅游环境的基本条件，更是提高我市市民优质生活质量的重要保障。针对解决 $PM_{2.5}$ 的问题，提出以下建议：

（1）环保部门针对我市的污染情况进行源解析工作，说清 $PM_{2.5}$ 的主要来源和主要贡献行业，这样才能有针对性地进行 $PM_{2.5}$ 的污染和总量减排工作。

（2）开展自然本底的细颗粒物监测工作，摸清我市本底值，这样对下一步总量减排及考核工作提供科学依据。

（3）针对当前雾霾、灰霾等污染形式，要加大监测工作的投入，只有先进的监测手段、监测工具才能更好地为环境质量状况提供科学依据，提高我市的监测水平和监测实力。

（4）加强农村环境监测工作，有针对性地增加农村空气自动监测点位，尤其是尽快具备 $PM_{2.5}$ 细颗粒物的监测能力，重点监测冬季取暖期农村及城市周边城中村的污染问题。

（5）提倡减少烟花爆竹的排放，减少污染物的排放。建立环保部门、公安、消防、安检、发改委等部门联动机制，制订减少烟花爆竹切实可行的方案，从源头上减少烟花爆竹的生产，在销售渠道上出台一些限制政策。作为政府部门来说，要率先垂范、杜绝燃放焰火等大型烟花爆竹。从源头上减少污染物的排放，会起到更好的效果。

（6）近几年来持续增长的机动车保有量加重了大气污染，复合型污染的特性日益突出，建议加大公交环保出行的宣传，引导市民减少大排量车辆的购买使用，鼓励小排量车的购买及使用。

2013 年 12 月 28 日

关于建设北戴河崔各庄场站及调整 34 路公交车运行线路的建议

——人大代表建议

一、建议内容

建议建设市公交公司北戴河崔各庄场站，解决市公交公司因现有场站狭小，不能满足公共交通运行需要的问题，同时可规避公交运行的安全隐患。该场站改造完成后，调整 34 路公交车运行线路，采用 A 线、B 线运行，A 线即 34 路公交车原路线，终点站为原海滨汽车站；B 线自隆兴示范园站起改行新河路、海宁路、联峰北路至北戴河崔各庄场站，改行路段设市委党校站（市第一医院体检中心）、武警四支队、北戴河区政府、秦皇岛职业技术学院等站点，以方便沿线单位职工及周边群众直接乘坐 34 路公交车出行。

二、建议理由

一是现有公交场站不能满足公交公司发展需求。目前，公交公司投放到北戴河区的新能源插电式混合动力车（气电混合）及纯电动公交车为 178 台，现有联峰路（运营二公司）场站最大停放容量为 20 台。

二是现有公交站场存严重的安全隐患。联峰路（运营二公司）场站北戴河区运营公交线路就有 12 条（其中常年线路 9 条、暑期线路 3 条），始发线路 6 条。该场站地处海滨旅游区腹地，车流量大、人员密集，狭小的场站难以承载过多的公交线路和车流量，既不能做到方便、快捷的公交出行，也不可避免地带来了严重的安全隐患，且该场站已经没有进一步改造、扩建、提升的空间。

三是市委党校站（市第一医院体检中心）、武警四支队、北戴河区政府、秦皇岛职业技术学院等单位周边没有直达市区的公交车，各单位职工及周边群众往返市区极为不便，强烈要求对 34 路公交车运行线路进行调整并延长至崔各庄场站。近年暑期，市公交总公司已临时将34路公交车线路延长至崔各庄站，但暑期结束后仍将终点站恢复为海滨汽车站，现各站点配套设施完备，无须硬件方面资金投入。

上述建议如能采纳，一方面可以便于市公交公司调整北戴河区公交车运行路线，进一步提升市公交服务能力和水平；另一方面可解决市委党校站（市第一医院体检中心）、武警四支队、北戴河区政府、秦皇岛职业技术学院等单位和周边居民直接乘坐34路公交车出行问题。

2017年4月15日

（此建议已经落实，惠及秦皇岛职业技术学院万名师生）

关于进一步改善秦皇岛市“打零工者”生存环境的建议

——市政协提案

习总书记说：人民城市人民建，人民城市为人民。在城市建设中，一定要贯彻以人民为中心的发展思想，合理安排生产、生活、生态空间，努力扩大公共空间，让老百姓有休闲、健身、娱乐的地方，让城市成为老百姓宜业宜居的乐园。

“安得广厦千万间，大庇天下寒士尽欢颜。”诗人杜甫脍炙人口的诗句也是我们城市建设和管理的初心之一。今天，在我们城市建设中，已经初步实现了“广厦千万间”的愿望，但是，我们更需要进一步实现“大庇天下寒士尽欢颜”的历史使命，在打赢脱贫攻坚战的同时，关注城市“打零工者”的生存空间。

一、我市“打零工者”的生存现状

在农忙季节之外，到附近城里打零工的农村人数较多。一部分人在城乡接合带租廉价房，一部分人当天往返于工作地和农村的家。打零工者多靠焊工、水暖等技术挣钱，还有的靠出卖劳动力挣钱。需要当天往返的这些打工者，离城里稍微远点的，早晨从家里坐长途汽车来，晚上坐长途汽车回去；近点的，依靠电动车等交通工具往返于郊区与市区之间，在风风雨雨中奔波实在不易。

作为城市特殊群体，这些“打零工者”中午不回家，他们的午饭、午休、临时落脚点，就成了他们面临的一个大问题，这也是城市治理中的一个大问题。问题主要集中在以下几个方面：

1. 集中区域问题

目前，我市基本上形成了几个较为固定的大的打零工者集中区域。比如大桥边、建材市场附近是市民用工的主要寻求地。每天大量打零工者聚集在这些地方，环境相对脏乱差，交通安全隐患多，是城市管理的重点区域。

2. 午餐问题

城市在创建文明城市、卫生城市的城市治理中，"消灭"了街头路边的流动餐摊的同时，也让打零工者的午餐成了问题。对于一些打零工者来说，10元钱的店内快餐都是奢侈。许多打零工者只好从家里带午饭，但没有热饭的地方、没有热水可用，也是他们面临的主要困难。

3. 午休问题

打零工者主要分散在城市边缘地带。这些地方，没有固定的安身之处，无论吃饭、休息都是在露天下。雨雪天气里，就更加困难。

4. 交通工具停放问题

打零工者聚集区，电动车、摩托车、自行车、三轮车等各种交通工具随意停放，会妨碍了交通，产生一系列社会问题。

5. 环境卫生问题

打零工者聚集区，卫生问题严重。尤其是大部分打工者都吸烟，烟头随处乱扔。有的吃剩的食物、塑料袋等也随意乱扔，难以做到有效管理。

二、改善城市"打零工者"生存空间的几点建议

如何关注"打零工者"这个弱势群体，既是城市文化的一个缩影，更反映一个城市的治理水平。对此，有以下几点建议：

1. 加大基础设施规划与建设

加大对打零工者集中区域的社会福利设施的规划与建设，规划建设可供打零工者临时休息的简易房屋，提供微波炉、热水器等基础设施，让这些打零工者感到城市文明。让他们有个温暖的安身之地可去，而不是四处席地而坐。

2. 加强城市边缘地带的设施建设

在城市打零工者聚集的马路附近寻找合适的地方，为他们提供临时落脚点。建议对这些地区加强基础设施建设。

3. 强化城市志愿者队伍建设

对于打零工者主要聚集区，适当搭建简易临时安置点。招募城市志愿者，对这些安置点进行管理，为打零工者提供义务服务。或者以服务外包的方式，让门店和饭店为打零工者提供免费热水和就餐空间。

4. 把"关爱打零工者"活动普及化

把"不忘初心牢记使命"学习切实落到实处，在实践中弘扬"友善"的社

会主义核心价值观理念。把“关爱打零工者”的工作落实到社区、企业、事业等单位，成为这些单位部门“爱心”建设的一部分。

5. 城管部门做好统筹工作

城管部门将“不忘初心牢记使命”学习贯彻到具体实践中。做好打零工者的摸底工作，就其分布区域等情况有个掌握，进而加强相关区域的设施建设管理，做到“有的放矢”。

6. 做好街头“爱心小店”建设

目前，我市已经有许多街头小店为环卫工人提供早餐等“爱心”之举。进一步做好这些小店的工作，由相关部门统一调查、资格审查后，命名一批“爱心小店”，为打零工者做好相关服务。例如，可以为他们免费加热午饭、提供暂时休息之处。

2020 年 1 月 7 日

第五章

课题成果建言

承担政府、民主党派的立项调研课程，带领课题团队深入研究某个专题，形成较为系统性的调研成果，以调研报告形式呈报市委领导或者作为政协会议党派发言材料，为决策者提供专业研究成果，也是学者建言献策的一种方式。本章集选了作者承担课题的5篇成果建言，其中包括2项市委公开招标课题、1项省政协调研课题、1项民建省委调研课题和1项市委调研课题，课题研究报告均已作为领导决策建言上报。

京津冀协同发展的瓶颈制约和突破口研究

——民建京津冀协同发展沧州论坛发言

一、问题的提出

京津冀协同发展并不是一个新话题，20 世纪 80 年代国家首次提出“环渤海经济圈规划”，党的十四大把环渤海经济区确立为国家开放开发的重点区域之后，京津冀协同发展一直是理论界和三地政府关注的问题。但是经过多年的发展，京津冀三地的差距却越来越大，京津两市人均收入大大地高于河北，而环绕京津的河北有国家级的贫困县多达 39 个，城镇化水平比全国平均水平低近 6 个百分点，形成了“两胖一瘦”的区域经济发展态势，而京津两地的大城市病也困扰着生活工作在两地的市民。今年年初，习近平总书记提出京津冀三地要打破自家“一亩三分地”的思维定式，将京津冀协同发展上升到国家战略层面，使京津冀协同发展这个老话题又成了新热点。如何破解长期以来形成的“两胖一瘦”的京津冀地区经济发展难题，解决京津大城市病，带动京津冀地区城市结构梯度趋于合理和完善？京津冀地区经济差异是区位因素和特定条件下形成的，很难在短时间内改变。要解决这一难题，必须要找出制约京津冀协同发展的主要瓶颈，寻找改变现状的突破口，并制定出相应的措施和政策。

二、京津冀协同发展的制约瓶颈分析

20 世纪 60 年代初，美国地理学家约翰·弗里德曼提出了核心 - 边缘体系理论，对极化作用下区域经济组织结构的形成和发展过程进行了全面的描述。他指出，一个完整的空间系统（也就是区域经济组织结构）是由核心地区和边缘地区共同组成的，两者之间的相互关系是“权威—依附关系”。也就是说，一个相对独立的经济区域中都有核心地区（包括中心城市和直接腹地两部分）和边缘地区（外围腹地）两部分，这两部分是由两种力量较量形成的，一种力量是

经济活动要素向核心地区的集聚力，另一种力量是核心地区经济活动要素向边缘地区的扩散力。核心地区是指空间系统中人口和生产活动聚集度较高、物资和信息流量较大的部分。或者说，是技术集聚和社会集聚作用比较大的地区，具有相对较高的要素生产率，表现为经济要素的净流入，即经济活动要素由边缘地区向核心地区的净流动。

核心 - 边缘体系是在市场经济体制下，由市场力量（主要规模经济带来的技术集聚和社会集聚）和某些偶然因素（区位因素和特定的自然条件，以及建立在区位因素和自然条件基础上的政府因素）的共同作用下发展起来的。由于核心 - 边缘体系发展过程中所依赖的区位因素和特定的自然条件是不可以复制的，其基本格局一旦形成之后就很难再彻底改变，从而导致边缘地区与核心地区之间的区域经济差异难以改变。

核心 - 边缘体系理论可以解释京津冀地区难以协同发展的真正原因。

1. 行政区划的制约是京津冀协同发展难以逾越的主要瓶颈

行政区划使包围京津的河北省在京津冀地区发展中处于非常尴尬的位置。按照行政区划，石家庄应该成为河北的核心地区，但是由于京津两大城市把河北的 11 个设区市分为南北两部分，除了邯郸、邢台，河北有 9 个市环绕京津，并且距离京津在 300 千米以内。北京作为首都，对其周边 300 千米的腹地具有较强的聚集力，再加上距北京仅 100 多千米的天津又是一个直辖市，其对周边的腹地也有较强的聚集力，而坐落在河北南部的省会石家庄对河北的大多数城市的聚集力都小于京津。由于行政区划的藩篱，京津对河北所属腹地的扩散力小于聚集力，河北各地的经济要素更多地流入到京津，形成了京津周边的"坍塌"。

2. 产业发展的制约是阻碍京津冀协同发展的关键瓶颈

由于行政区划的制约，京津冀三地产业发展处在不同的阶段，而且"产业同构"现象比较严重。北京在京津冀地区的区位因素以及其特殊的政治因素，使其经济活动要素聚集阶段即将结束，已达到后工业化时代，开始了向外扩散辐射阶段；由于与北京的空间距离太近，天津还处于要素聚集阶段，处于工业化后期；而河北由于其尴尬的区域位置，加上传统产业比重大，还处于工业化中期。由于京津冀三地产业发展处于不同阶段，加上行政区划的限制，京津冀地区产业同构性、同质化问题突出，发展定位雷同、产业链条重叠等问题成了制约着京津冀协同发展的关键瓶颈。

3. 交通的制约是影响京津冀协同发展的基础性瓶颈

交通一体化是京津冀协同发展的骨骼系统。虽然京津冀地区交通一体化已打下一定基础，但发展得不够平衡。与长三角、珠三角相比，京津冀地区还没有形成可以支撑区域交通一体化的“一小时都市圈”的立体交通网络。由于行政区划因素，京津冀地区路网呈以北京为中心的放射形结构特点。这种结构一方面导致与北京无关的客货流量都要经过北京交通枢纽或在此中转，造成枢纽能力紧张，对北京市区内部城市交通产生很大压力；另一方面，运距增加，造成运输成本增加，在一定程度上限制了北京周边城市之间的相互协作和发展。虽然京津冀地区拥有首都机场、天津滨海国际机场及石家庄机场等大型机场，但是由于在经营体制、航线设置、经济发展水平、交通联系便捷程度等方面存在差异，致使天津机场、石家庄机场运量一直不足，而首都机场能力持续饱和。京津冀地区海上通道竞争大于合作，也难以形成合力。

三、京津冀协同发展的突破口及几点建议

要想尽早打破“一亩三分地”的制约，实现京津冀协同发展，必须找到主要突破口。本人认为，应该遵循木桶原理，把解决河北的欠发展问题作为最主要的出发点和突破口，才能逐渐解决北京的大城市病带来的大气污染问题、水资源短缺问题、人口拥挤问题等一系列问题，促进京津冀协同发展。

1. 创新思路，用好政府这支“看得见的手”做好顶层设计，打破行政区划的藩篱

清朝时期，河北这个地方包括北京、天津在内叫直隶，由于没有首都和直辖市的行政制约，直隶是全国经济、政治、文化发达的地方。今天，既然京津冀协同发展上升到国家战略层面，就要进行国家层面的顶层设计，摈弃地方局部利益的思维定式，创新思路，打破当前已经不能适应京津冀协同发展要求的行政区划藩篱。

思路一：取消北京、天津直辖市设置，设立北京大都市区，区府设在北京。

思路二：把环北京的河北所属的贫困市、县划给北京，让北京带着去发展，解决北京腹地小的问题，同时取消天津直辖市设置，把天津作为河北的省会，有利于促进河北产业结构升级。

思路三：把河北所属的廊坊、张家口、承德划入北京，为北京科技教育医疗能力的释放和水源保护寻求落脚之地，也带动贫困市、县发展；同时，将河

北所属的唐山、秦皇岛和天津合并，构建统一的沿海产业带，也有利于河北省形成以石家庄为核心地区的发展态势。

思路四：设立"北戴河特区"，把"北戴河夏都"变成首都，中央及其密切相关机构搬迁到北戴河，"北戴河特区"（这里指的是大北戴河的范畴）为政治中心，北京为科技文化中心，天津为港口金融中心，石家庄为现代制造业中心，在京津冀地区内形成北京、天津、石家庄、北戴河特区呈"大十字"状的四个中心城市，带动京津冀全域的协同发展；同时，由于"北戴河特区"位于华北平原与东北平原的交界处，也有利于带动环渤海经济圈中的辽东半岛的发展。

2. 遵循规律，发挥好市场这支"看不见的手"配置资源的作用，用市场力量引导京津冀地区内的产业转移和产业衔接

一个经济区域中的核心 - 边缘体系是在市场经济体制下，由市场力量和某些偶然因素共同作用下发展起来的，短期内很难改变。目前，京津冀地区的产业转移和产业衔接更多是地方政府推动的，难以成为改变京津冀地区核心 - 边缘体系的决定性因素。产业转移和产业衔接应该遵循规律，更多地通过市场配置资源调整京津冀地区产业格局。未来京津冀地区产业转移和产业衔接是否通过市场力量来引导，在很大程度上取决于三地政府职能的转换程度：（1）政府由市场参与者向市场调控者转化的程度；（2）政府从微观经济领域退出程度；（3）政府宏观调控方式由直接化向间接化转变的程度。

3. 统筹规划，构建京津冀一体化的立体交通网络，带动京津冀地区社会发展一体化终极目标的实现

交通是推进京津冀一体化发展的纽带。国家发展改革委员会应统筹规划京津冀地区陆海空通道，构建京津冀一体化的立体交通网络，缩短区域内的空间距离，提高经济运行效率和居民生活便利程度，带动京津冀地区社会发展一体化终极目标的实现。首先，依托京津两大交通枢纽，加快建设京唐、京张、京承高铁，积极谋划保张、保沧高铁，实现区域交通运输网从"单中心放射式"向"多中心网络式"转变，促进京津冀 1 小时都市圈的形成；其次，以首都机场、天津机场、石家庄机场、唐山机场为核心，建立京津冀航空客货运输系统，加速建立四市间快速客运通道，缩短空间距离；最后，以天津空港和海港为龙头，联合秦皇岛港、黄骅港、曹妃甸港打造京津冀港口带，使京津冀交通网真正成为联结海内外、海陆空一体化的立体交通网络，形成内联华北、东北以及

西北腹地的综合交通运输网络，有效地缓解北京的交通压力。

京津冀协同发展是一个长期的过程，只有打破了行政藩篱、畅通了交通通道，优化了产业格局，才能建立起结构合理的区域城市体系，破解长期以来形成的“两胖一瘦”京津冀地区发展的难题。

2014 年 9 月 28 日

（此建言是民建河北省委调研课题成果，获省级二等奖）

关于加快北戴河新区发展的建议

——河北省政协调研报告

加快沿海经济隆起带建设，促进沿海地区快速发展，是我省转变经济发展方式、构建区域经济新格局的客观需要。2011年10月，国务院批复了《河北沿海地区发展规划》，标志着我省沿海地区被列入国家级区域经济发展战略。北戴河新区作为河北沿海地区发展规划中的重要组成部分，在全省经济社会发展大局中，具有独特的战略地位。为了促进北戴河新区的快速发展，今年8月，民建河北省委组织会内专家学者，赴北戴河新区进行了专题调研。

一、北戴河新区的基本情况

秦皇岛北戴河新区地处东北与华北两大经济区的结合部，是环渤海经济区和京津冀都市圈的休闲腹地，素有“京津后花园”之美誉。新区辖区面积425.8平方千米，海岸线长82千米，旅游资源丰富；长城历史文化、避暑度假文化、秦皇求仙文化、碣石观海文化在此交相辉映；国际机场、高速铁路、高速公路、综合大港等交通设施齐全，是全国不可多得的“钻石级”开发宝地。

北戴河新区自2011年4月实体组建以来，始终把独有的资源和区位优势作为核心竞争力，积极融入未来五年打造“经济强省、和谐河北”的发展目标，抢抓河北沿海发展上升为国家战略的历史机遇，紧紧围绕“三产抓拓展”经济发展战略，快速明晰了发展定位与工作主线，重点旅游项目建设与招商引资工作取得快速突破，实现了开疆破土。在发展定位上，北戴河新区按照全区域5A级景区标准，以创建“绿色低碳”为主题的国家级新区为动力，全方位差异化建设新兴产业聚集区、现代化新城区，打造国际高端休闲旅游目的地和现代服务业示范区。在发展战略上，北戴河新区以高端旅游、现代服务、总部会展、文化创意、科技研发、现代农业六大产业为主攻方向，追求与北戴河区实现动静分开、功能互补，以高端休闲旅游和现代服务业扩大承载力，完善、提升北戴河百年夏都品牌；追求对秦皇岛“旅游立市”的引擎作用，大力发展高端旅游，做好休闲度假、农业观光、文化会展等淡季旅游文章；追求与曹妃甸新区、渤海新区错位发展，勇当建设“经济强省、和谐河北”过程中调结构、转方式的排头兵。

（一）以国家示范为标准，明晰“三三三”开疆路径

结合秦皇岛市所拥有的“国家旅游综合改革示范区”“国家现代服务业综合改革示范区”“国家公共文化服务体系建设示范区 ”“国家创新型试点城市”和新区独有的“国家绿色建筑示范区”等示范品牌创建工作，北戴河新区进一步明晰了“三三三”开疆路径。坚守“三条底线”，即坚守规划底线、坚守生态底线、坚守产业定位底线。做好“三篇文章”，即基础设施配套文章、城乡一体化文章、内河治理文章。强化“三个保障”，即强化党的建设保障、优化发展环境保障、人才“第一支撑”保障。

（二）以改革创新为动力，全面实现开疆破土

一是推进属地管理。组建了相应办事机构，市一级的行政审批权限已经全部下放，体现了精干、高效、创新的组建初衷。深入实施项目建设攻坚、城市建设攻坚、基层基础攻坚、创新社会管理攻坚活动和“扩权强处”工程，进一步加速建设、夯实基础、强化服务、完善职能，实现全方位属地管理。二是项目建设构筑发展支撑。华侨城集团、荣盛集团等 20 余家战略投资者纷至沓来，一批重大项目快速落地；国际旅游度假中心、圣蓝皇家海洋公园等 6 个重点项目集中开工建设；昌黄连接线和抚南连接线竣工通车；“三纵三横”道路、核心“大三角”区景观提升等重点项目即将竣工。三是高标准进行《北戴河新区总体规划》（以下简称《总规》）修编。委托中国城市规划设计研究院对总体规划进行了修编，《总规》已获省规委会批准。委托中国旅游研究院，对新区产业规划进行编制。目前，城市《总规》和产业规划正在零距离紧密对接。新区还将全新编制土地利用规划、基础设施配套规划和控制性详细规划，最终实现“五规合一”。

（三）以城市《总规》为引领，拉开新区未来发展框架

在全新编制的《总规》指导下，按照“一带两区、四片多点”空间布局，重点打造五大平台。一是打造国际高端旅游休闲目的地。全新建设纵贯南北的滨海旅游度假带与南戴河高端旅游、大蒲河行政商务、赤洋口养生休闲和七里海生态观光四个城市功能片区，拉开现代化新城区框架，使北戴河新区成为享誉世界的国际高端旅游休闲目的地。二是打造全国现代服务业示范区。以中心行政商务区等三个总部经济产业园为平台，培育总部经济新亮点；举办各种高端论坛，竖起北方滨海会展新地标；以荣盛生态颐养度假中心等大型颐养基地建设为平台，建设中国健康疗养体验区；开发实景演出与影视动漫，拓展文化创意产业新空间；加强后台金融服务中心建设，建设金融创新试验区；以节能环保材料、海洋生物医药、高新信息服务建设为重点，建设华北高新技术产业聚集区。三是创建中国最高标准绿色节能建筑示范区。以中德技术合作平台为支撑，争取中德两国五方合作项目落户新区。选定5平方千米为示范区域，建设中国唯一一个最高标准绿色节能建筑示范区。四是打造全国生态文明先行区。突出旅游绿道、森林绿道、城区绿道三个重点，建设“五横三纵”生态景观廊道。五是建设全省城乡一体化先行区。积极参与河北省—天津市开展的城乡一体化省市战略合作，以建设3个卫星小镇为重点，拉开城乡一体化新框架。

二、北戴河新区发展中需要解决的问题

一是辖区管理还未完全到位。按照省机编〔2011〕4号文件，北戴河新区负责行使所辖425.8平方千米的管理、监督、协调、服务职能，但新区辖区被划分为新区托管、两县暂管和规划控制三个区域。现行管理体制使北戴河新区和昌黎、抚宁两县存在多头管理、职能交叉、职责不清、运转不畅等问题，加上北戴河新区没有执法主体资格，导致新区的总体规划、基础设施难以统一实施，资源要素难以统筹配置，无法实现属地管理，难以发挥统筹、整合、协调、提升沿海地区发展的作用。

二是财政基础薄弱。目前新区财政在“保工资、保运转、保民生”方面尚有很大资金缺口，无力承担重点项目和基础设施建设方面的支出。特别是在前期开发中主要以基础设施建设为主，即使有少量投用的项目，也因享受增值税抵扣政策和所得税税收优惠，基本没有进入正常纳税期，难以形成财源支撑。

三是基础设施严重滞后。新区原有基础配套设施非常落后，除南戴河一小区、黄金海岸北区（共10平方千米）的基础设施配套达到小城镇的水平外，其他区域配套几乎为零，与其国际高端休闲旅游目的地与现代服务业示范区的发展定位很不匹配，差距巨大。水电路气信等基础设施残缺不全、陈旧老化，水、

电供应能力严重不足。境内水资源匮乏，海水入侵范围较大，对饮用水安全造成威胁。

四是生态环境脆弱。河流污染问题严重，其中人造河、饮马河等河流均属于劣五类水，不能满足基本的环境用水功能需要。污染源全部集中在抚宁、昌黎两县，且大多为工业污染。华北地区最大的潟湖——七里海遭到养殖业过度利用，水域面积已由8.8平方千米缩减到3.2平方千米。现有林地树木品种单一，缺少四季常青的品种，且树木退化、老化现象严重，缺乏景观功能，与打造国际旅游休闲度假目的地的需求存在较大差距。

五是人员编制少。省编委批准北戴河新区行政机构是“一办七局”，行政编制仅为45人，造成一些部门人才紧缺。因编制少，严重制约了北戴河新区的人才引进，导致部分工作不能正常开展。

三、加快北戴河新区发展的建议

一是支持以低碳生态为主题的国家级新区创建工作。建议我省要重点支持北戴河新区国家级新区创建工作，将北戴河新区作为全省“调结构、转方式”的战略新引擎强力打造，与曹妃甸新区、渤海新区形成河北沿海“一擎两极”战略格局；把促进河北沿海地区发展专项资金向新区项目倾斜，支持新区发展旅游与现代服务业试点建设；每年为新区单列一定数量的土地指标，保障创建绿色节能建筑示范区用地需求；设立北戴河新区绿色建筑发展基金，支持建筑节能技术研究和建筑成本补贴。

二是彻底理顺管理体制。建议省委、省政府协调省市县有关部门，尽快将425平方千米全部移交北戴河新区，实现全区域统一管理；建议将昌黎县整体并入新区，实行区县一体化管理，一体化发展，将新区列为独立行政区域，完全行使地方一级党委、政府职能。要赋予新区设区市行政审批权限，除国家规定必须由省级审批的事项外，能够下放的省级行政审批、管理权限全部下放到北戴河新区。

三是加大财政支持力度。建议省级财政每年安排一定数额专项资金，支持新区建立基本财政保障机制；按照北戴河新区发展需要，给予北戴河新区一定数额的专项借款支持，并给予贷款贴息。

四是支持基础配套设施建设。近两年内，北戴河新区将投入120亿元，用于急需基础设施配套建设，包括连接河北沿海“三大新区”的滨海快速路、北戴河机场连接线、直接服务北戴河暑期的新沿海公路改造提升工程、新区自来水厂、污水处理厂、热电联网配套、旅游综合码头等10余项重点工程。建议省财政安排专项资金，用于基础设施配套工程建设。

五是设立生态环境治理专项资金。每年安排专项资金，用于内河整治、森林提升等生态治理工程，确保北戴河及相邻地区近岸海域环境得到明显改善。

六是增加项目建设用地指标。为使北戴河新区被列入省重点建设项目，在省级用地指标中予以倾斜。建议对昌黎黄金海岸国家级自然保护区总体规划进行调整，将保护区北部实验区调出，为河北沿海发展战略拓宽空间。

七是积极实施金融工作创新。建议出台《金融支持北戴河新区建设发展的意见》，批准设立金融产业聚集区，建设金融后台服务基地，支持新区开设证券营业部，批准成立新区发展银行，全面支持重大项目建设和实体经济发展。

八是全面建立人才特区。批准新区实行全员聘任制，打破身份、职级界限，实行合同管理，竞争上岗；支持实行按劳分配和按绩效分配机制，推行年薪制、协议工资和项目工资等分配方式，引进规划策划、金融证券、工程建设等高层人才和紧缺人才，将北戴河新区列入京津高层次人才创业园区试点，建设“人才特区”。

2012年8月22日

（此调研报告是河北省政协调研课题成果）

秦皇岛新兴产业发展路径研究

——市委咨政报告

新兴产业代表新一轮科技革命和产业变革的方向，是现代化产业体系的重要组成部分。按照市委十二届二次全会提出的“坚定不移推动秦皇岛高质量发展”要求，秦皇岛应高度重视和积极推动新兴产业发展，顺应新一轮科技革命和世界产业变革趋势，瞄准前沿，着眼长远，既立足现有产业基础，把存量调优做强，又以开放思路、创新思维壮大优质增量，尽快将新兴产业培育成为引领全市经济高质量发展的主导力量。

一、新兴产业界定与发展趋势

（一）新兴产业界定

《国务院关于加快培育和发展战略性新兴产业的决定》将节能环保、新一代信息技术、生物、高端装备制造、新能源、新材料和新能源汽车七个产业作为战略性新兴产业。从总体产业发展来看，新兴产业是随着新的科研成果和新兴技术的发明应用而出现的新的部门和行业。

（二）新兴产业发展趋势

全球新兴产业发展呈现两种新态势。一是信息技术、新能源、生物技术和新材料领域将引领全球新兴产业发展新态势。二是技术之间的渗透和融合程度也将越来越高，新兴产业日益呈现出跨界融合的新特点。

二、秦皇岛新兴产业发展基础与制约因素

（一）发展基础

2017 年年末，全市有战略性新兴产业企业 62 家，实现工业总产值 216.58 亿元，约占全部规模以上工业总产值的 13.2%；规模以上工业高新技术产业增加值 134.74 亿元，约占全部规模以上工业增加值的 35.8%。以汽车零部件、船

舶及海洋工程设备、高速铁路设备、专用设备为代表的高端装备制造业的一些产品在全国居前列。以安防电子、医疗电子及电子元件为主导的电子信息产业在某些领域已形成较强竞争力。依托燕山大学、富士康纳米科技应用研发中心等高校和企业，积极发展了新材料产业。以北大未名、华恒生物、领先生物、山海关药业等为代表的生物资源开发利用、海洋健康与生物医药产业链开始集聚。健康服务业、现代物流业、高技术服务业等新兴服务业起步发展。特色种植和养殖业、旅游观光农业等现代新兴农业崭露头角。

（二）制约因素

以企业为主体的制造业创新体系不完善，自主创新能力薄弱；地方财力有限，缺乏市场化运作模式的新兴产业引导类资金运作平台；在新兴产业的发展上还缺乏比较宽松的政策环境、创新发展机制和招商引资机制；缺乏新兴产业发展所需的各种专业性人才、高级复合型人才和企业家队伍。

三、秦皇岛新兴产业优选与发展模式

（一）产业优选

参照新兴产业分类及有关政策文件，采取定量分析、定性判断等方法，在众多行业目录中，优选出适合秦皇岛发展的新兴产业目录。主要包括高端装备制造、新材料、高端服务业、节能环保、信息技术产业、新能源、生物生命健康、其他服务业。（见表 1）

表 1　秦皇岛新兴产业优选目录

分 类	主要行业
高端装备制造业	船舶制造业、汽车制造业、社会公共安全设备及器材制造业、电子工业专用设备制造业、电子器件制造业、电子元件制造业、海洋工程装备制造业、电力装备制造业、重型工程装备制造业、冶金专用设备制造业、铁路高端装备制造业
新材料产业	电子功能材料制造、玻璃纤维及制品制造、高纯金属材料冶炼制造、高品质金属材料加工制造、新型合金材料制造、工程塑料材料制造、高性能复合材料制造、前沿（纳米、生物、智能、超导）新材料制造
高端服务业	金融创新服务业、高端商务、高端旅游、会展服务、文化创意服务业、科技服务、高端培训、总部经济
节能环保产业	高效节能专用设备制造、高效节能电气机械器材制造、新型建筑材料制造、环境保护监测仪器及电子设备制造、环境污染处理药剂材料制造、环境保护及污染治理服务业、工业固体废物和废气及废液回收和资源化利用、城乡生活垃圾综合利用、农林牧渔业废弃物资源化利用、海水淡化处理

（续表）

分 类	主要行业
信息技术产业	人工智能、物联网、大数据、云计算、新一代网络与通信技术、网络与信息安全、电子商务系统研发与应用服务、区块链技术研发与应用、虚拟现实与增强现实、数字创意技术
新能源产业	风力发电机组及零部件制造、太阳能产品和生产装备制造、潮汐发电和海流发电装备制造、秸秆和藻类高效降解与转化装备制造、潮汐能发电、沼气发电
生物生命健康产业	生物食品制造、生物燃油制造、生物农业用品制造、生物化工制品制造、中药材种植、中药饮片加工、中成药生产、生物药品制造、卫生材料及医药用品制造、新型高端医疗器械制造、基因工程、蛋白质工程、脑科学与人机接口、疾病预防控制服务、体育健身服务、海洋保健产品、健康家具、健康管理服务、健康咨询服务、健康保险服务、康复疗养服务、健康物联网、健康大数据、健康设备和用品租赁服务
其他服务业	研发设计与其他技术服务业、生产性互联网服务业、电子商务服务、节能技术和产品推广服务、节能咨询服务、环境与污染治理服务、生产性租赁服务、文化贸易代理与拍卖服务、信用担保服务、生产性支持服务、城市轨道交通服务、互联网销售服务、居民互联网服务、餐饮配送服务、知识产权服务、大型活动组织服务、养老服务

（二）发展模式

新兴产业的培育、成长、壮大的模式从不同角度有不同的形式，依据秦皇岛产业的不同性质和发展基础，新兴产业的发展可以采用“集群型”“融合型”“综合型”和“突破型”等发展模式。

1. 集群型发展模式

集群型发展模式是利用彼此之间的产业优势和特色，凸显产业集群效应，发展和延伸配套的相关产业，构建产业链条，促进向产业集聚化、生产智能化方向发展。打造纵向分工，横向集聚的专业化特色产业园区，培育产业竞争优势，培育高质量的产业集群。可以借助龙头企业吸引区域外有交互关联性的企业进驻，促进资源要素向重点培育的企业集聚，增强产业集聚能力和发展后劲。此种模式适用于我市已具有良好发展基础的高端装备制造、电子信息及现代物流等新兴产业。

2. 融合型发展模式

融合型发展模式是通过探索产业结构内部关系，实现相关联产业和相似产业的联合，转化成同产业链条下的一体化模式。发展融合型发展模式就是要大力推进产业、科技、管理、组织、商业模式的全面创新，构建产业链条上深度融合的产业创新体系，培育新型的产业集群带，形成整体融合的思想共识，相互促进，形成合力，共同发展。从新兴产业的发展趋势来说，产业融合是产业集聚的必然结果，也是集聚发展的必然要求。此种模式适用于我市融合性较强的生物生命健康、文化旅游及特色现代农业等新兴产业。

3. 突破型发展模式

突破型发展模式可以通过加大科研力度，依靠政府、行业协会、相关企业、大学、科研机构、银行以及其他社会组织等多方共同合作的力量，组建由产业基地、骨干企业、高等院校和科研机构组成的产业创新联盟，形成创新的合力，共同促进新兴产业的培育发展。与此同时，还要依托一些实力强、影响广的重点龙头企业，发挥这些企业的引领和辐射作用，积极争取国家、省、市级政策支持，创造更大的空间，激发创新活力，将一些较分散的力量集中起来，加速产业化进程，全面提升新兴产业发展水平。此种模式适用于我市目前尚未形成优势但具有前瞻性的新能源和新材料等新兴产业。

4. 综合型发展模式

综合型发展模式是通过开发具体领域，深度整合和开放共享资源，构建形成资源富集、创新活跃、高效协同的产业创新生态，不断增强自身创新发展能力的模式。其关键在于对于各产业要统筹兼顾，协调产业间的矛盾，进行合理安排，做到因地制宜、扬长避短、突出重点、兼顾一般、远近结合、综合发展。此种模式适用于我市产业关联度比较高的海洋产业。

四、秦皇岛新兴产业主攻领域与招商目录

（一）主攻领域

按照“秦皇岛有基础、整合资源有条件、未来发展有市场、符合产业技术演进趋势”的原则，在新兴产业细分行业和领域，依据优选产业目录，按照四大发展模式，重点打造高端装备制造、信息技术、现代物流、生物生命健康、文化旅游、特色现代农业、新能源与节能环保、新材料及新兴海洋产业九大主攻领域。（见图 1）

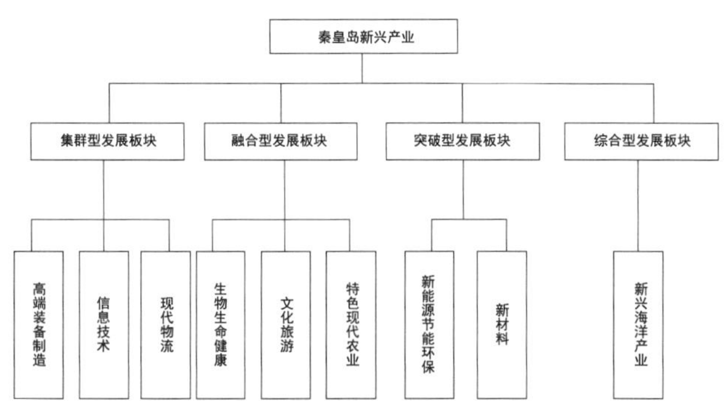

图 1　秦皇岛新兴产业主攻领域布局图

1. 集群型发展板块

对于发展基础良好、有望很快形成规模体量和比较优势、成为支撑秦皇岛未来经济发展的产业，采用集群型发展模式，重点打造产业集群优势。主要包括高端装备制造产业、信息技术产业和现代物流产业。

（1）高端装备制造产业。依托秦皇岛现有装备制造业的基础，积极申报“中国制造 2025”试点示范城市，争取相关政策资源、重大工程和试点示范项目优先在秦皇岛布局。重点发展汽车及关键零部件、先进轨道交通设备、高技术船舶和海洋工程装备、清洁高效发电装备、智能制造装备等高端装备制造业。（见图 2）

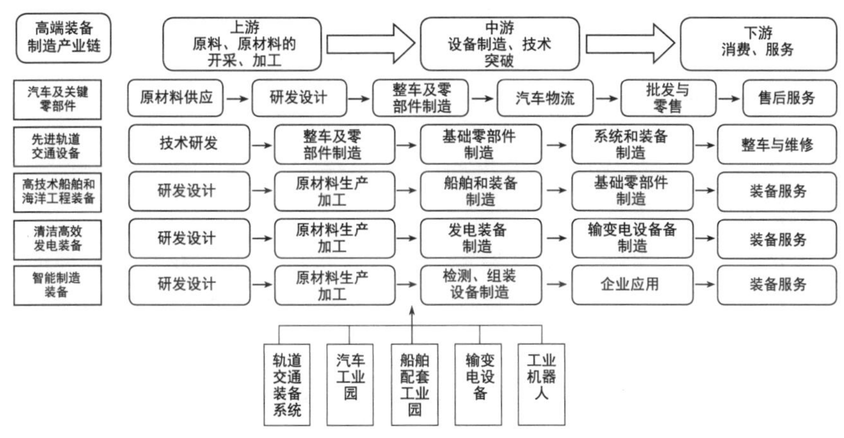

图 2　高端装备制造产业链及发展重点图

（2）信息技术产业。以落实网络强国、大数据、“互联网 +”等国家战略为抓手，密切跟踪国内外信息技术发展趋势，结合秦皇岛的现有产业基础，重点发展电子信息产品制造业、高端软件开发、新型信息技术服务业。（见图 3）

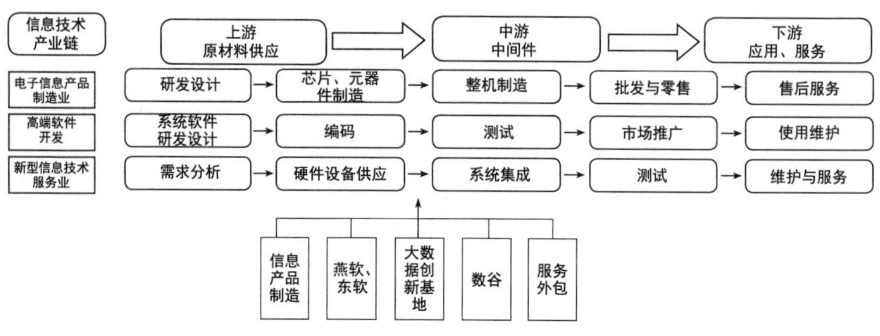

图 3　信息技术产业链及发展重点图

（3）现代物流产业。积极申请建设自由贸易港，构建海陆空立体现代物流网络，延伸新型物流业态，做大做强"双港"（海港和空港）物流，重点发展电商物流、国际物流、航运物流及多式联运、铁路物流与多式联运、农产品及冷链物流等优势产业物流。（见图 4）

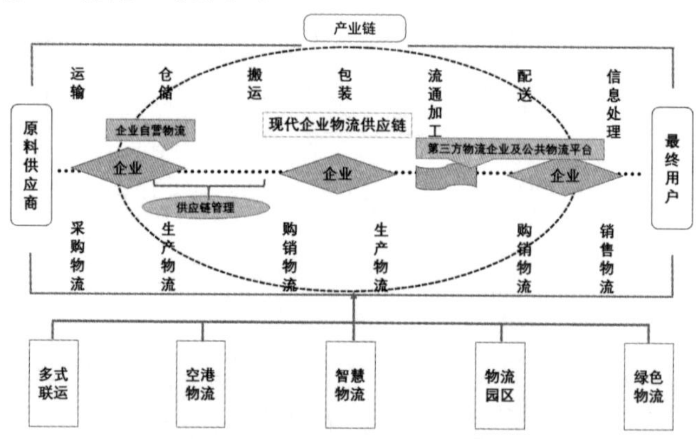

图 4　现代物流产业链及发展重点图

2. 融合型发展板块

对于已有一定基础、未来发展潜力巨大、可以与旅游业融合发展的产业，采用融合型发展模式，重点打造产业交叉共享的关键链条。主要包括生物生命健康产业、文化旅游产业和特色现代农业。

（1）生物生命健康产业。依托北戴河生命健康产业创新示范区，利用旅游产业沉淀下来的竞争优势，以生命健康服务业带动生命健康制造业、生命健康农业发展，做大做强集"药、医、养、健、游"为一体的大健康产业链，重点发展生物医药制造业、高端医疗器械设备研制、康养休疗、体育健身、电子健康服务等生命健康产业。（见图 5）

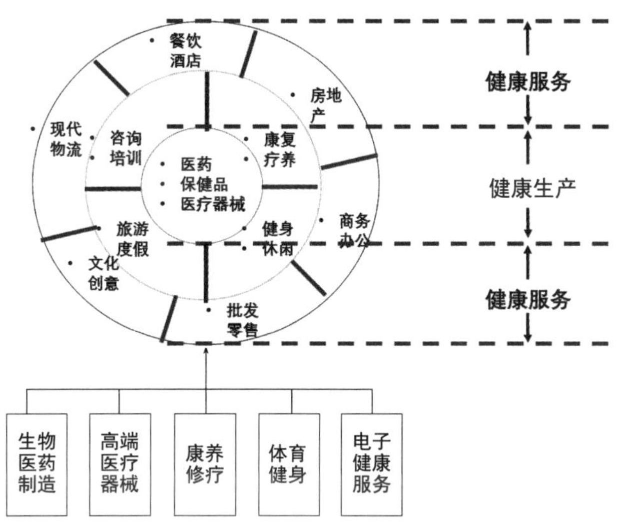

图 5　健康产业链及发展重点图

（2）文化旅游产业。深挖全市各类文化旅游资源，创新“旅游 + 文化”模式，全面提升秦皇岛的旅游产业品质。重点培育发展历史人文游、会展节庆游、特色文化小镇、艺术群落与营地等文化旅游产业与项目。（见图 6）

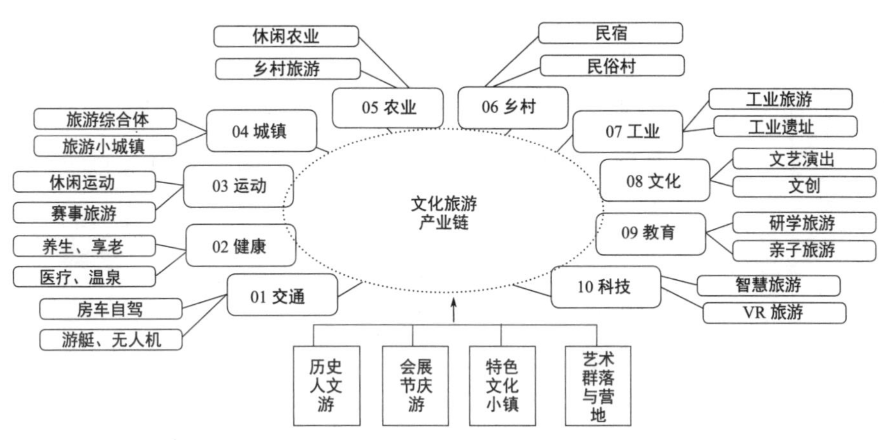

图 6　文化旅游产业链及发展重点图

（3）特色现代农业。以乡村振兴战略为指引，融合全域旅游，按照产业兴旺、生态宜居、乡风文明、治理有效、生活富裕总要求，推动一二三产业融合发展。重点发展数字农业、田园综合体、共享农庄以及健康农产品等。（见图 7）

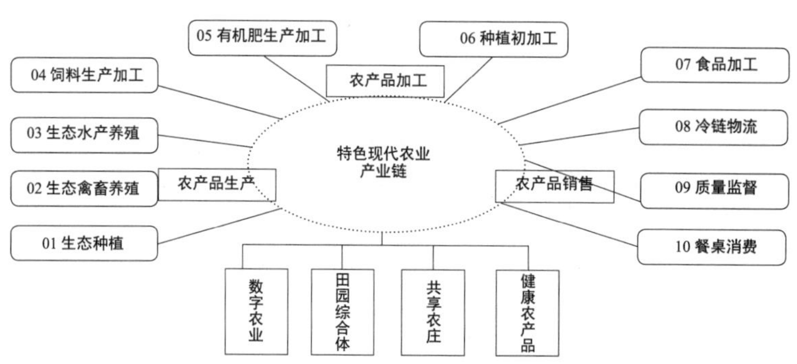

图 7　现代农业产业链及发展重点图

3. 突破型发展板块

对于尚未形成优势的新兴产业，要密切跟踪前沿技术，超前布局重点领域应用基础研究和产业化开发，重点营造有利于集聚创新要素的环境，采用突破型发展模式，抢占未来发展主动权。主要包括新能源和节能环保产业、新材料产业。

（1）新能源与节能环保产业。重点发展以风力发电机组及零配件制造、太阳能产品和生产装备制造为主的新能源产业，以高效节能专用设备制造业、资源循环利用产业、环境保护专用设备制造业、城乡生活垃圾综合利用、节能环保综合管理服务为主的节能环保产业。（见图 8）

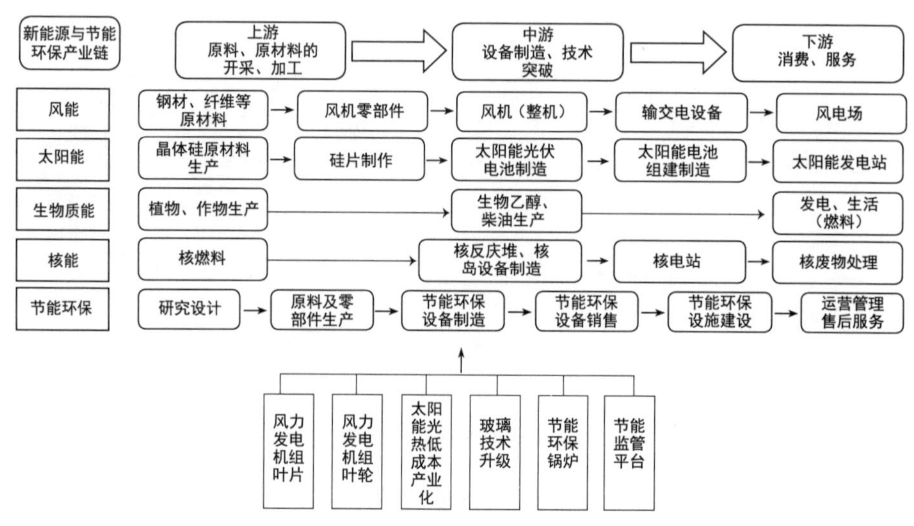

图 8　新能源与节能环保产业链及发展重点图

（2）新材料产业。重点发展新型功能材料、先进结构材料、高性能复合材料、前沿新材料等新材料产业，力争在部分优势领域突破一批共性关键技术，

开发一批新产品，形成一批重要技术标准。（见图 9）

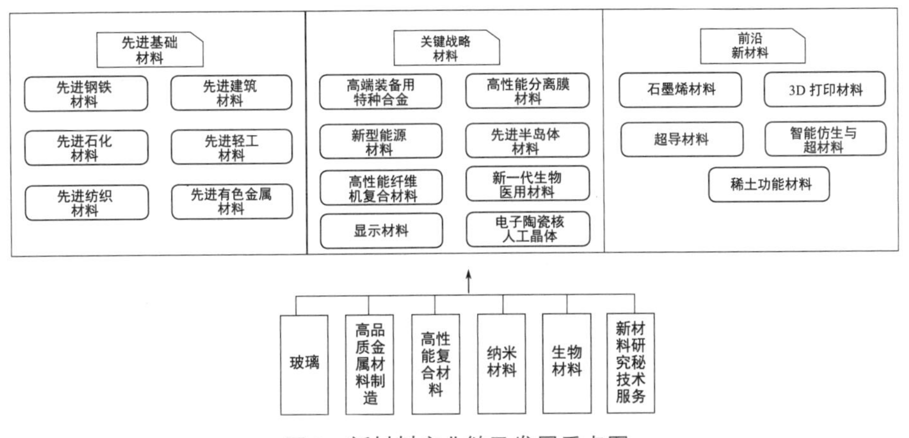

图 9　新材料产业链及发展重点图

4. 综合型发展板块

坚持海陆统筹的发展原则，采用综合型发展模式，大力发展陆海产业关联度高的海洋产业，并围绕海洋产业发展前向关联或后向关联的陆域产业。

新兴海洋产业。依托海洋资源优势，重点发展海洋生物产业、海洋高端装备制造业和新兴海洋服务业。构建富有活力和较强竞争力的现代新兴海洋产业体系。（见图 10）

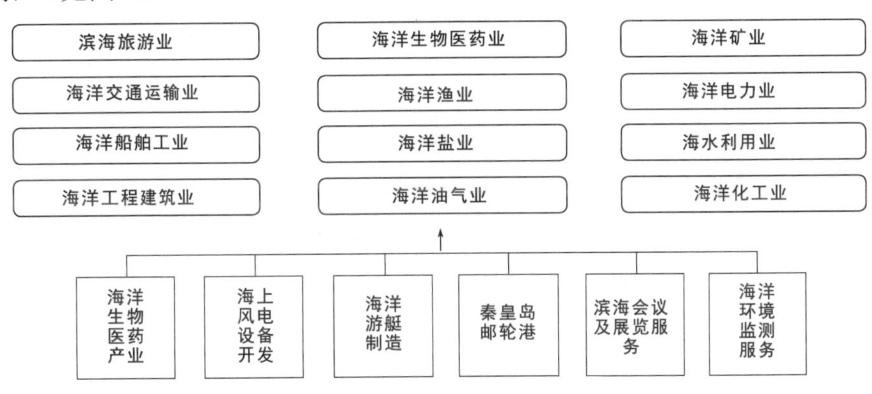

图 10　新兴海洋产业链及发展重点图

（二）招商目录

综上所述，秦皇岛新兴产业发展应围绕九大主攻领域，遵循“集群型、融合型、突破型和综合型”四种发展模式，进行具体招商活动。（见表 2）

表 2 秦皇岛新兴产业主攻领域招商参考目录

招商领域		重点项目
（一）高端装备制造业		
汽车及关键零部件	大力发展汽车铝制轮毂、精密压铸件、转向器、高档汽车玻璃和汽车电子等汽车零部件，延伸发展变速箱、发动机、安全气囊、电控系统等关键零部件；加快在汽车车身、底盘及发动机等部件的轻质化材料制造领域取得突破并尽快实现产业化；积极发展汽车整车生产，在现有轻型客车、特色专用车产业基础上，加快培育推动新能源汽车生产基地建设	1. 以戴卡轮毂为龙头，谋划建设秦皇岛汽车产业园。加快推进凯斯曼年产 1.8 万吨轻量化汽车零部件项目、中信戴卡年产 2700 模具制造中心项目、中信戴卡年产 6 万吨铝车身板项目、中信戴卡年产 300 万件轻量化车轮智能化生产线项目 2. 建设北京威卡威汽车零部件制造基地 3. 支持金程汽车做大做强轻型客车和 SUV 车 4. 加快秦皇岛科斯特新能源汽车制造有限公司年产 4 万辆纯电动乘用车建设项目 5. 加快引进北京新能源汽车项目，共建新能源汽车生产基地
先进轨道交通设备	重点研发新一代绿色智能、高速重载轨道交通装备系统，发展与轨道交通装备配套的轮轴、制动控制装置、高速开关、信号继电器等关键零部件	1. 建设中铁山桥产业园二期、中铁山桥重载铁路道岔产业升级项目、中铁山桥重载铁路道岔产业化关键化技术研究项目 2. 千方科技智能交通设备产业基地 3. 山船重工立体环岛交通技术改造项目 4. 鹏远光电高铁 CRH380 智能 LED 照明系统产业化项目 5. 天业通联重工盾构再制造、天业通联重工科技高铁装备架梁等
高技术船舶和海洋工程装备	发展高附加值的大型工程船、PLG 船、高档化学品船、海洋风车安装船、中高档游艇、豪华邮轮等特色船舶制造水平，拓展特种船、远洋渔船、游艇、高端船配以及钢结构、临港装备等非船产品维修业务；稳步发展海洋工程装备，推进海水综合利用、海洋风能、海洋工程技术等研发和产业化进程	1. 以山船重工为龙头，建设秦皇岛船舶配套产业园。重点打造中菱船舶年产 9000 套船舶配套设备生产项目 2. 秦皇岛泽运游艇制造有限公司年产 150 艘游艇及配套 3. 圣蓝游艇制造产业园项目 4. 天秦装备年产 600 套海水淡化装备产业化项目
清洁高效发电装备	大力发展超高压输变电设备、新能源电力装备等产品，探索发展智能电网相关装备制造产业	1. 天威保变 ±1100kV 特高压变压器基地建设项目 2. 哈电集团高温气冷堆蒸汽发生器回热器与试验本体工艺开发及产品制造项目 3. 美国通用哈动力燃气轮机生产基地
智能制造装备	加快高档数控系统及成套技术的工程化和产业化研究，开发一批精密、高速、高效、柔性数控专机及集成系统。推动 3D 打印产业发展。积极推进机器人应用示范	1. 支持秦皇岛齐燕数控机床有限公司申报建设国家级数控机床实验室，重点研制数控机床及关键零部件 2. 支持燕宇机器人、利阳自控等现有机器人制造企业发展壮大 3. 加快中信戴卡服务机器人产业化项目建设
（二）信息技术产业		
新一代电子信息产品制造业	集成电路；智能家居电子、智慧医疗电子、汽车电子、船舶电子等应用电子；智能通信设备制造业	1. 向阳光电 LED 芯片及节能环保照明产品研发与产业化项目（一期工程） 2. 宏启胜年产 960 万平方英尺软性线路板项目 3. 尼特智能科技、环星汽车电子、金昌电子、山船重工等企业项目
高端软件开发	嵌入式软件、工业软件、行业软件、基础软件	燕软集团、河北东软、东易科技、火柴盒等企业项目

（续表）

<table>
<tr><th colspan="2">招商领域</th><th>重点项目</th></tr>
<tr><td>新型信息技术服务业</td><td>外包服务产业：以服务外包和系统集成服务为重点的软件服务；金融后台服务、呼叫中心、客户交易支持、数据加工处理等
电子商务：智慧旅游、医疗健康、教育文化、交通服务、民生服务等领域电子商务
数据处理与存储服务：物联网、云计算、数据存储、数据处理、数据分析、数据应用等数据服务平台</td><td>1. 银亿国际服务外包项目
2. 中兴网信智慧城市北方基地项目
3. 谋划建设秦皇岛互联网信息产业园，重点项目有“北斗数谷·数字城市”秦皇岛示范项目二期工程
4. 秦皇岛开发区数据产业研发中心项目
5. 中兴恒和北斗卫星运营服务有限公司北斗大数据交易中心项目
6. 中科遥感航天产业园项目
7. 吉贝克信息技术（北京）有限公司金融大数据产业园
8. 浪潮集团云计算大数据中心项目
9. 国信优易国家信息中心大数据创新创业（秦皇岛）基地项目</td></tr>
<tr><td colspan="3">（三）现代物流产业</td></tr>
<tr><td>航运物流及多式联运业</td><td>依托秦皇岛港，整合港口、铁路、公路等各类物流要素资源，深入融入“一带一路”、京津冀协同发展、环渤海地区合作发展、东北亚和中蒙俄国际合作战略，重点发展农产品及冷链物流，大宗商品物流中远期电子交易，建立第三方交易交割和融资平台，对接冀蒙俄国际货运班列，探索建立自由贸易港，打造区域性国际物流枢纽</td><td rowspan="5">推广智慧物流和绿色物流标准，改造提升现有传统物流企业，打造新的物流企业，主要物流企业和项目有：
1. 哈动力物流
2. 运通物流
3. 冀盛物流
4. 广缘物流
5. 秦皇岛港口物流中心
6. 北戴河机场空港物流园区
7. 龙家营临港物流园
8. 公路港物流园
9. 青龙物流园
10. 山海关临港物流中心
11. 秦西物流中心
12. 大巫岚工业物流中心</td></tr>
<tr><td>空港物流</td><td>围绕北戴河机场，建立空港物流园区，尽快开通与俄、蒙、韩等国家定期航空航班，融入国际、国内旅游组织体系，争取6天入境免签等旅游优惠政策，重点推进生活消费品免税区建设，打造国际消费品商贸物流中心</td></tr>
<tr><td>智慧物流</td><td>利用云计算、大数据技术、物联网、移动互联网等技术，全面推广智慧物流，重点在国际物流、智慧仓储、集装箱运输、危化品物流、农产品冷链物流等推广使用条形码、智慧标签、无线射频识别等技术，提高物流企业的管理效率、作业效率和整体服务水平</td></tr>
<tr><td>绿色物流</td><td>重点推广绿色物流建筑、多式联运、新能源车、标准化物流设施、可循环利用周转箱、可回收包装箱、智慧物流平台以及特种产业物流（如煤炭、油品）绿化处理措施等绿色发展手段</td></tr>
<tr><td>物流园区与物流中心</td><td>重点打造3个物流园，4个物流中心，以及抚宁、卢龙、青龙、昌黎4个县区级物流配送中心，构建三级多点物流产业配送体系</td></tr>
<tr><td colspan="3">（四）生物生命健康产业</td></tr>
</table>

（续表）

招商领域		重点项目
生物医药制造	重点发展用于重大疾病防治的生物技术药物、新型疫苗和诊断试剂、化学药物、现代中药等创新药物大品种，打造全球规模最大的细胞制备中心	1. 以山海关制药、领先科技、紫竹药业、皇威药业等企业为重点，发展绿色植物药用胶囊、海藻多糖空心胶囊等项目，开发先进的海洋药物等产品 2. 华恒生物年产 5.35 万吨小品种氨基酸项目 3. 海润药业抗生素生产项目 4. 北大未名集团打造全球规模最大的细胞制备中心
高端医疗器械	加快先进医疗设备、数字医疗仪器制造、医用材料、医学工程产品的研发和产业化，重点发展新型体外诊断试剂、生物芯片、分子影像设备、医疗机器人、3D生物打印产品、数字化医疗装备、智能化康复装置、可穿戴医疗设备、生命传感器、功能医学设备等高端医疗器械研发与制造，打造高端医疗器械研发生产集群	1. 依托康泰医学、惠斯安普等企业，重点发展可穿戴医疗设备、医用机器人、无创式呼吸机、新型制氧机、五官脉动清洗机、远程个人健康管理系统等高端医疗器械研发制造 2. 依托康姿百德公司，开发具有防治心脑血管疾病功能的系列磁性寝具
康养休疗	从高端入手，把养生酒店作为北戴河休疗养院转型升级的突破口，按照抗肿瘤、抗衰老、减压/睡眠改善、美容/塑身等不同主题，提供养生服务套餐，与北戴河新区的生命健康产业形成集群优势，把秦皇岛打造成国际康养旅游的新高地	1. 依托北戴河河北气功疗养院，完善设施，提升服务，打造综合性医疗气功专业基地 2. 完善中国煤矿工人北戴河疗养院设施建设，提升呼吸系统疾病预防治疗、康复疗养 3. 在北戴河新区建设国家慢性病协作小镇，开展慢性病国际协作，提供治疗和管理
体育健身	依托 9 个国家级和省级训练基地，引进海上运动训练基地、帆船帆板赛场、国际山地自行车赛等高端赛事品牌，打造国家级体育健身基地	1. 国家体育总局秦皇岛体育基地 2. 中国足球学校 3. 秦皇岛奥体中心等体育机构
电子健康服务	依托功能医疗设备，推行健康档案等基础数据库，建设秦皇岛"健康云"，实现个人健康信息整合、共享，推动覆盖全生命周期的预防、治疗、康复和健康管理一体化电子健康服务	秦皇岛市医疗健康网络建设
（五）文化旅游产业		
历史人文游	挖掘长城文化、古代军事文化、孤竹国文化、秦皇求仙文化等历史人文旅游资源，发展特色文化旅游项目	1. 山海关古城 2. 山海关军事旅游文化区 3. 卢龙永平府
会展节庆游	借助国家"第二会客厅"品牌优势，系统设计一系列会展节庆品牌，打造中国北方特色会展庆典举办基地	1. 国际长城节 2. 二月二龙抬头节 3. 望海祈福文化旅游节 4. 国际葡萄酒节 5. 孤竹文化节 6. "七夕"中华爱情节 7. 海滨消夏文化节 8. 天女木兰节 9. 大樱桃节 10. 轮滑文化节 11. 长寿养生节等

（续表）

<table>
<tr><th colspan="2">招商领域</th><th>重点项目</th></tr>
<tr><td>特色文化小镇</td><td>依托特色旅游资源，重点打造各类特色小镇，让特色旅游资源转化成特色旅游产品，形成特色旅游品牌</td><td>1. 山海关樱桃小镇
2. 青龙天女小镇
3. 海港区闆城小镇
4. 昌黎葡萄小镇</td></tr>
<tr><td>艺术群落与营地</td><td>依托风景优美的自然资源吸引艺术家来创作，重点打造一批艺术村落依托北戴河现有资源优势，重点打造一批青少年寒暑假活动的好去处，叫响“北戴河营地教育”品牌</td><td>1. 北戴河艺术村
2. 北戴河艺术馆
3. 山海关画家村
4. 青龙祖山画家村
5. 歌华营地体验中心
6. 半格格创客营地</td></tr>
<tr><td colspan="3">（六）特色现代农业</td></tr>
<tr><td>数字农业</td><td>利用大数据、云计算、物联网、移动互联、遥感等现代信息技术在农业中应用，在大田种植、设施园艺、畜禽养殖、水产养殖等领域开展精准作业、精准控制建设试点，全面提高农业现代化水平</td><td rowspan="4">1. 北戴河新区冀弘渔岛
2. 海港区石门寨镇蟠桃峪村
3. 海港区老君顶景区
4. 山海关望峪山庄
5. 抚宁骊城隆盛观光园
6. 卢龙县益通农业
7. 卢龙县棋盘山
8. 昌黎县悦羽家庭农场
9. 青龙南山生态观光园</td></tr>
<tr><td>田园综合体</td><td>支持有条件的乡村建设以农民合作社为主要载体，让农民充分参与和受益，一二三产业互融互动，建设集循环农业、创意农业、农事体验于一体的田园综合体</td></tr>
<tr><td>共享农庄</td><td>以移动互联网、物联网等信息技术为支撑，以现代农业和民宿共享为主要业态，将共享植入农业领域，实现农村生产生活生态“三生同步”、一二三产业“三产融合”、农业文化旅游“三位一体”的一种新型产业模式</td></tr>
<tr><td>健康农产品</td><td>抓住北戴河生命健康产业创新示范区这一重大机遇，研发面向全国乃至全球销售的营养均衡、药食同源功能性主食品；围绕打造一流国际旅游城市，设计游客能带走的特色旅游产品；瞄准京津高端市场，打造京津冀超市、机关及特殊场所的供应品、特供品、特需品</td></tr>
<tr><td colspan="3">（七）新能源与节能环保产业</td></tr>
<tr><td>新能源</td><td>重点研究开发 2 兆瓦以上风力发电机组所需各种叶片、叶轮的制造技术和产品。集中力量攻克太阳能光热低成本产业化技术难关，带动传统玻璃产业转型升级</td><td>1. 泰盛光伏科技公司 1.5GW 铜铟镓硒薄膜太阳能电池项目
2. 秦皇岛光旭能源科技有限公司太阳能电池项目
3. 华能风光互补发电项目
4. 英利 120 兆瓦光伏电场项目
5. 新天河北总装机容量 20.196 兆瓦的太阳能发电厂光伏电站项目
6. 北京佰能蓝天生物质发电工程项目
7. 恩菲 20 兆瓦并网光伏发电项目
8. 抚宁顺能新能源有限公司 20 兆瓦一期农业设施光伏发电项目
9. 中建材凯盛科技铜铟镓硒（CIGS）薄膜太阳电池组件项目</td></tr>
</table>

（续表）

招商领域		重点项目
节能环保	发展生态环境保护技术、废物无害化处理技术，重点开发推广高效节能技术装备及产品，加快发展大型干熄焦成套设备，除尘、脱硫、脱硝机械和冶金设备余热利用装置等节能环保产业；基于沿海环境保护需要，加快建立以先进技术为支撑的废旧商品回收利用体系，积极开发太阳能海水淡化设备、城市垃圾处理及资源化技术装备等产品	1. 秦皇岛鑫金河锅炉制造有限公司项目 2. 山海关区环保材料设备厂节能环保锅炉和生物质燃料气化炉项目 3. 秦皇岛双轮环保科技有限公司光热与低温蓄能技术开发与应用项目 4. 秦皇岛中科百捷电子信息科技有限公司区域建筑群数字化节能监管平台建设项目
（八）新材料产业		
新型功能材料产业	新型钢化玻璃、中空玻璃、夹层玻璃、低辐射镀膜玻璃、汽车风挡玻璃、航空航天特种玻璃等	1. 对耀华工业园重新整体规划和布局 2. 星箭特种玻璃公司扩建
先进结构材料产业	围绕先进装备、航天航空、船舶修造、高档汽车零配件的需求，重点发展高品质金属材料制造，高品质板带箔，大规格板材、型材、锻铸件，高性能大尺寸薄板、钢管、冷弯焊管、型钢、可焊型材新金属材料	依托燕山大学田永君院士团队、华博晶体公司、天秦装备公司等研究与开发先进结构材料，大力推进先进结构材料产业化
高性能复合材料产业	面向航空航天、风电叶片、海洋装备等领域应用的高性能复合材料及制品的研究、开发和生产	
前沿新材料产业	纳米材料制造、生物材料制造、新材料研究与技术服务业	1. 富士康纳米科技应用研发中心项目 2. 燕秦纳米公司项目
（九）新兴海洋产业		
海洋生物产业	海藻多糖原料养殖、多糖提取；海洋生物肥料、生物农药等新产品开发与应用；海藻功能型饲料添加剂开发与应用；壳寡糖饲料添加剂开发与应用；富硒功能性饲料开发与应用；建设海洋生物医药产业园	1. 秦皇岛市海东青食品有限公司项目 2. 秦皇岛领先生物农业有限公司项目 3. 秦皇岛粮丰海洋生态科技开发有限公司项目 4. 秦皇岛未名健康城开发有限公司项目
海洋高端装备制造业	积极引进发展大型港口机械、海水淡化产业、海洋建筑施工设备、海洋油气开发设备、海洋可再生能源利用设备、海底矿产开发装备等新型装备的研发和制造；新型高效海上风电设备开发与应用；海上钢结构生活平台设计、生产与应用；海洋水质原位监测传感器研制与应用；海洋游艇制造业	1. 山海关船舶重工有限公司的船舶制造与修理、海洋石油工程设备制造、高档化学品船、海洋风车安装船等产品 2. 秦皇岛耀华玻璃钢股份公司工作艇、商务艇、游艇以及水面导航器材 3. 中铁山桥集团有限公司项目 4. 秦皇岛鹏远光电子有限公司项目 5. 秦皇岛泽运游艇制造有限公司年产 150 艘游艇项目
新兴海洋服务业	重点发展秦皇岛邮轮港、滨海会议及展览服务业、海洋环境监测服务业	1. 秦皇岛港转型升级项目 2. 开通海上客运航线 3. 北戴河会展中心筹建 4. 秦皇岛海洋观测与监测公共服务平台建设

五、秦皇岛新兴产业发展政策与建议

为促进全市新兴产业集群发展，推进互联网、大数据、人工智能与实体经济深度融合，应着手组织实施一批推进新兴产业发展的重大工程。

（一）品牌质量提升工程

深化推进全国质量强市示范城市建设，积极发展品牌经济，强化品牌规划引领，培育一批拥有核心竞争力的自主品牌，打造一批享誉国内外的领军企业，全面增强工业产品质量品牌发展能力，促进制造业提质、增效、升级。

1. 实施标准化战略

支持企业参与国际标准、国家标准、行业标准的制定与修订，创建“标准化良好行为”企业。支持企业组建产业联盟，制定严于国家标准的团体标准。

2. 提升品牌文化

树立品牌意识，培育精益求精的工匠精神，增强以质量和信誉为核心的品牌软实力，促进秦皇岛制造业品牌向区域品牌、中国品牌、世界品牌转变，培育一批具有较强国际竞争力的跨国公司和具有核心竞争力、引领行业发展的优秀制造业企业。

（二）企业培育工程

1. 培育一批创新骨干企业

制订重点企业扶持计划，支持重点创新企业并购重组，壮大实力。支持重点企业上市，扩大资金筹措和建立现代企业制度。

2. 培育众多中小微科技型企业

研究制订小微企业发展规划，加快孵化器建设，落实扶持措施，完善创新创业服务体系，大力发展科技型小微企业。

3. 全面提升企业家综合素质

成立秦皇岛市企业家学院，建立培训机制和“培训专家团”，组织企业家开展高层次系统性培训，培养造就擅长国际化经营管理、具有一定国际市场影响力、富有创新精神和工匠精神，具有一定行业或区域影响力的企业家。

（三）区域创新工程

1. 强化产业创新能力

支持企业以产业创新需求为导向，联合大学、科研机构、创新创业服务单位等共同建立创新合作联盟，推进协同创新，形成创新利益共同体，打造若干个产业创新中心。

2. 完善成果转化激励机制

完善成果转化收益分享机制，扩大高校、科研院所自主权，实行以增加知识价值为导向的分配政策，提高科研人员成果转化收益分配比例。

（四）人才集聚工程

1. 打造区域人才高地

把人才作为新兴产业发展的第一资源，加快集聚一批站在行业科技前沿、具有国际视野和产业化能力的领军人才和创新创业适用型人才，打通高校院所人才与企业间的便捷流动通道，建立更加灵活的人才管理机制，形成区域人才高地。

2. 实施高端人才引进工程

落实好人才引进政策，提高人才吸引力，依托国家院士港，借助国家“千人计划”和省市等人才工程，引进国内外有影响力的领军人才和团队。

3. 加大紧缺人才培养力度

支持高校围绕产业发展需求动态调整学科专业设置，合理扩大新兴产业相关专业学位招生比例。提升职业教育规模和质量，建立实训基地，支持在线培训发展，加快应用型、技能型人才培养。

4. 支持企业吸引和留住人才

引导和支持科研人员保留基本待遇，带科研项目和成果到企业开展创新创业。设立一批新兴产业博士后工作站和专家工作站，对工作站开展产业急需关键核心技术研发予以支持。鼓励企业通过股权、分红等激励方式，留住科研人才。

（五）金融服务工程

1. 实施投资基金计划

建立引导和推动新兴产业发展、加快科技型中小企业成长的投融资长效机制，设立市级新兴产业投资基金和天使投资基金，扶持新兴产业发展。

2. 建立多元化融资渠道

积极探索开发适合新兴产业发展的中小企业集合债和集合票据、私募可转债、低信用等级高收益债券等金融创新产品。支持重点企业通过发行企业债、公司债、中期票据和短期融资券等方式筹集资金。

3. 强化信贷对产业支撑作用

引导金融机构建立适应新兴产业特点的信贷管理和贷款评审制度，力争全市新兴产业年贷款的增速高于全市贷款平均增速。积极推进知识产权质押融资、股权质押融资等金融产品创新，进一步完善多层次融资担保体系，促进金融机构加大支持新兴产业发展力度。

（六）开放升级工程

1. 开辟对外开放新空间

创新新兴产业领域合作方式，先行先试产业开放和体制机制改革举措，提升重点产业领域开放合作水平。贯彻国家“一带一路”倡议，把沿线国家和地区作为对外开放的新空间，支持新兴产业企业“走出去”，到境外建设研发基地和生产基地。

2. 构建外经外贸新格局

加快对外贸易优化升级，着力扩大高端装备、新一代信息技术、节能环保等高新技术产品的出口比重。推动高端装备、新一代信息技术等领域的龙头企业与国际有影响力的大企业开展合作。提高利用外资水平，把新兴产业利用外资作为工作重点，制订招商计划，开展定向招商、产业链招商和园区招商，推动外向型新兴产业发展。

3. 拓展国际交流新渠道

支持和鼓励科研机构、高校院所等积极承担和参与国际重大科技合作项目。支持企业制定或参与制定行业国际标准、产品标准、技术规范等，支持在境外申请专利和注册商标。高水平举办和参与国内外知名的各类新兴产业博览会、展会、论坛，及时掌握国际新产业发展和创新动态。

（七）环境优化工程

1. 构建完善的基础设施环境

将新兴产业发展所需的建设用地纳入城市规划、土地利用总体规划，在国家土地政策许可范围内，争取优先保证新兴产业发展用地、相配套的道路、电力、通信、环保等基础设施环境。

2. 构建优质高效的服务环境

强化政府在规划布局、政策引导、市场监管和行业管理等方面的职能作用和服务意识，妥善处理营造宽松环境与行业有效监管，激发创新活力与维护安全稳定的关系，解决好市场失灵问题，构建优质高效的服务环境。

3. 构建竞争有序的市场环境

实施负面清单为主的市场准入模式，降低行业准入门槛，鼓励各类企业投资新兴产业。

4. 构建有效的政策环境

积极争取国家、省级产业扶持基金和奖励政策。完善政府采购政策，完善绿色采购标准和政策手段，落实好国家对新兴产业及高新技术企业的税收优惠政策。

5. 构建知识产权保护环境

认真贯彻国家《关于加强战略性新兴产业知识产权工作的若干意见》，创新知识产权管理模式，提高知识产权创造、运用、保护和管理能力。

2018 年 7 月 11 日

（此咨政报告为 2017 年度秦皇岛市委公开招标课题成果之二）

提升秦皇岛市旅游附加值对策研究

——市委咨政报告

秦皇岛要建成一流国际旅游城市，实现从传统旅游向全域旅游和高端旅游的“浴火重生”，突破点在于千方百计提高旅游附加值，特别是找寻出提高旅游附加值的对策与现实抓手。

一、旅游附加值内涵界定

旅游附加值有广义和狭义之分，狭义的旅游附加值是旅游活动中的餐饮、住宿、交通、游览、购物、娱乐“六要素行业”因旅游而创造的增加值，也就是旅游直接相关行业因旅游创造的附加值。广义的旅游附加值，我们认为应包括四部分，一是旅游直接相关行业因旅游创造的附加值；二是旅游间接相关行业因旅游创造的附加值；三是“旅游 +”融合发展行业因旅游创造的附加值；四是旅游为地域带来的无形的价值。

二、制约秦皇岛旅游附加值提升的共性与个性因素分析

（一）共性因素

1. 现代交通的便捷性加大了区域间的竞争

随着高铁、长途客车、飞机、邮轮等现代交通工具日益便利，极大地缩短了城市之间的时空距离，让游客城际流动变得更加快捷，相应地增加了秦皇岛主要客源地游客对旅游目的地的选择范围，加剧了我市与国内其他滨海城市客源的竞争。

2. 出境旅游市场的火热冲击了国内旅游市场

如今有越来越多的人选择出境旅游，受游客时间、收入及身体等要素的限制，势必会减少国内旅游的次数、停留时间及消费水平。

3. 旅游主体的变化催化了旅游新需求

国内游客中，35 岁及以下占比达到 70.2%，“80 后”“90 后”“00 后”是国内

旅游的主体。其中，"00 后"游客占比增长最快，成为旅游新势力。他们视野开阔、知识丰富、活力充沛、彰显个性、追求新潮，催化了旅游新需求、新模式。

4. 消费结构的升级带来品质消费的不断提升

居民对美好生活的需要日益增长，消费结构的升级也反映在旅游消费上，呈现出对文娱、服务性消费有较高需求，旅游品质消费不断提升。

5. 智慧旅游改变了旅游的传统运营模式

智慧旅游已经从概念进入到实际应用层面，为旅游业带来数字化的变革，旅游管理、旅游运营和旅游消费等都发生了巨大变化。

（二）个性因素

1. 旅游产品供给整体竞争力弱

秦皇岛旅游产品供给整体竞争力弱主要表现为：一是低档次的传统同质化旅游项目多，高端旅游项目、游客参与体验性项目和休闲性旅游项目少；二是旅游产业融合程度低，产业链条偏短。

2. 游客在我市的平均消费水平低

国内外游客来我市的人均花费为 1324 元，在国内旅游城市属于偏低水平，排名第 42 位。同期最高的城市达到 3529 元。海南三亚人均旅游消费为 2218 元，与我市相近的威海市人均旅游消费达到 1383 元。

3. 旅游淡旺季矛盾十分突出

秦皇岛旅游业最大的短板是季节性太强。每年 6 月下旬至 9 月上旬为旅游旺季，11 月至次年 4 月为旅游淡季，5 月、6 月上旬、9 月下旬和 10 月为旅游平季，旅游旺季仅占全年时间的四分之一，旅游旺季接待人次和收入占全年一半以上。

4. 旅游产业国际化程度不高

2018 年，我市接待海外游客 33.26 万人，占全部游客的 0.53%，旅游产业的国际化程度还很低，与环渤海地区重要的旅游城市相比，国际化程度差距较大。

5. 旅游综合发展要素保障能力不足

秦皇岛综合发展要素保障能力不足主要表现为：一是接待大型会展旅游的能力不足；二是城市旅游基础设施需要完善；三是对旅游企业的扶持政策与资金投入尚未完全建立和落实；四是缺乏旅游整体宣传促销。

三、提升秦皇岛旅游附加值的总体思路与现实抓手

从旅游附加值的价值构成和影响因素分析出发，依托全市旅游产业发展的

现实基础，结合主要客源地旅游消费者的结构、需求特征及未来旅游业发展趋向，整合旅游资源，提升旅游供给，创新消费模式，丰富旅游业态，优化发展环境，拉动全市旅游消费和附加值的全面高质量提升，实现秦皇岛旅游经济从门票经济到产业经济、从观光经济到度假经济、从景点旅游到全域旅游的转变。

（一）旅游宣传造势——打造网红秦皇岛，叫响国际品牌

1. 加强网络营销推广

通过智慧旅游体系建设，构建起以智慧旅游为核心，横跨多区域、多平台、多网络的旅游网络营销体系。利用微博、微信、抖音 APP 等现代新媒体对秦皇岛旅游业进行跨越时间和空间的全天候整体宣传营销，将秦皇岛打造成为网红旅游地。

2. 强化国际活动造势

举全市之力宣传和办好已有的国际葡萄酒节、国际轮滑节、国际观鸟节、国际马拉松赛、北戴河铁人三项赛等国际性活动，将这些国际性活动与旅游经济紧密结合，树秦皇岛国际旅游品牌。

3. 利用国际友好城市借势宣传

利用各种关系和经济贸易往来，与世界各地城市建立友好关系。加大城市间的友好交流，借势宣传推介秦皇岛独特的旅游资源，吸引更多国际游客。

（二）优化旅游供给——提高供给质量，满足多样需求

1. 做强传统大众旅游项目

（1）秦皇岛长城国家公园。长城是秦皇岛唯一的世界文化遗产，是秦皇岛对外交流宣传的重要名片。申请创建秦皇岛长城国家公园，市域内长城资源将得到原真性、完整性保护，同时兼具科研、教育、休闲度假、康养等综合功能。

（2）未来水世界。高标准建设集“海洋牧场、垂钓捕捞、水下餐厅、水下旅馆、海上会议、海上演艺、海上婚庆、观光亲海”等多功能于一体的“未来水世界”大型海上旅游观光娱乐平台，使之成为秦皇岛海上旅游新地标。

（3）秦皇岛外打鱼船。在洋河或大蒲河入海口建设渔港旅游景区，推出游客乘船出海打鱼的体验式旅游项目，让游客感受毛主席的著名诗词《浪淘沙·北戴河》中描述的“秦皇岛外打鱼船”的意境。

（4）水上巴士。建设旅游码头，开通连接山海关至北戴河新区，中途停靠沿海重要景区的海上客运观光线。

2. 做精小众旅游项目

（1）城市短暂休闲中心 CBC（City Break Center）。整合长城旅游环线沿线板厂峪、董家口及九门口的长城资源，精心打造以长城文化为主题的户外长城休闲小镇。

（2）秦皇岛自驾车和骑行旅游休闲地。积极引进全国自驾车旅游服务品牌，支持全国自驾车俱乐部、车友会等组织在秦皇岛建立基地和分部，落户开展运营活动，打造秦皇岛自驾车和骑行旅游休闲地，拓展旅游交通附加值。

3. 做活特色旅游项目

（1）北戴河“网红日出”。选择北戴河鸽子窝鹰角亭为网红日出拍摄点，拍摄并制作北戴河海上日出奇观，利用抖音小视频宣传推广。

（2）北戴河“观鸟麦加”。举办“国际观鸟节”，不仅可以大大提升我市的知名度和影响力，而且可以使我市旅游旺季相应延长。

（3）山海关“军事文化体验营地”。挖掘山海关军事题材，根据山海关景区现有的景观特点，针对“90 后”“00 后”年轻旅游者设计开发军事文化体验营地。

（4）“山盟海誓”见证地。借助秦皇岛大海和山地旅游资源，开发婚庆蜜月度假旅游服务项目，为本市和外来新人提供特色婚纱摄影、婚礼消费、蜜月旅游高端组合产品，打造国内外知名的“山盟海誓”婚恋目的地品牌。

（5）北戴河洋人街。沿北戴河保二路开发建设“洋人街”，引入俄罗斯、日本、韩国等国商人和在秦高校留学生售卖其本国特色商品和特色饮食，打造具有异域风情的洋人一条街。

（6）首钢赛车谷。支持首钢赛车谷以汽车文化为中心，建设包括汽车运动、创新研发、汽车后市场、娱乐度假营地、产业配套、工业遗址公园 6 大功能板块的旅游目的地。让首钢赛车谷成为秦皇岛国际化旅游城市的新磁极。

4. 做优融合旅游项目

（1）中草药康养小镇。深度挖掘青龙县中医药文化、养生保健、中草药种植、中药生产等中医药旅游资源，精心谋划，高标准设计，打造集中药材种植与采摘、药材加工坊、中药文化馆、特色药膳餐厅、药浴体验馆、中药及养生产品销售等多内容为一体的综合性中草药休闲度假项目——中草药康养小镇。

（2）北戴河康复疗养中心。利用北戴河区各大休疗养院所原有健康养生休疗资源优势，引进国内外顶级医疗战略合作者，与北京各大医院合作，建立北戴河康复疗养中心，为游客提供公共医学检测、特色中医治疗、健康管理、诊疗方案制订等服务。

（3）北戴河“国际康养高峰论坛”。依托北戴河生命健康产业创新示范区，以打造国内外有重要影响的国际康养旅游度假目的地为目标，每年定期举办“北戴河国际康养高峰论坛”。

（4）海上运动项目。凭借优越的海洋资源，开发多样化的海上运动项目，主要有海上帆板、摩托艇、香蕉船以及水上降落伞等。

（5）特色主题农场。利用我市北部浅山区资源，迎合城市居民返璞归真、亲近自然的需求，重点培育打造田园度假、共享农庄、康体养生、生态游憩、乡土游乐、农耕体验、市民农园、休闲酒庄、研学科普等休闲业态的主题农场，打造城市居民周末休闲度假的“第二家园”。

（6）特色主题“观光工厂”。把具有秦皇岛地域特点的商品，如海产品、休闲食品、文创产品、非遗产品、土特产品等旅游商品孵化基地的旅游礼品延伸到“观光工厂”，让旅游者获取观光、休闲、科普、手工制作、购物等多元化体验。

（三）创新消费模式——扩大旅游消费，拓展价值空间

1. 做特旅游套餐

（1）经典短暂游。秦皇岛的客源主要为周边区域，且秦皇岛景区又相对集中，为提高旅游附加值，需要精心设计多套经典短暂旅游套餐。

（2）休闲度假游。依托良好的旅游环境优势，进一步丰富旅游要素内容，提升旅游服务质量，吸引更倾向于在旅游目的地停留更长时间的远距离游客，针对休闲度假游客需求，设计多种内容和形式的度假旅游套餐。

（3）各类主题游。旅行社设计推出针对不同游客群体的主题旅游项目，加大网络宣传推介力度，吸引国内外游客参团来秦旅游。诸如，七夕浪漫婚庆游、长城风光摄影游、健身康复疗养游等。

2. 做热淡季旅游

（1）会展旅游经济。秦皇岛应以区位、交通、政治、环境和旅游优势，积极承办各类“北戴河会议”，叫响“北戴河会议”品牌。

（2）研学旅游产品。充分利用整合秦皇岛的旅游基础设施和丰富的旅游资源，疏理秦皇岛特色的自然、历史、工业和农业等方面的知识，设计开发中小学生研学旅游产品。

（3）冰雪运动旅游。整合提升北部浅山区冰雪运动项目，建设老君顶冰雪大世界，整体打造集运动休闲、趣味赛事、冰雪游乐于一体的冰雪旅游综合体，形成以冰雪为中心，集观光、娱乐、体验为一体的全产业链、全价值链综合性冰雪休闲之地。

3. 做火夜游经济

（1）科学规划夜市街区。打造夜市街区吸引客流是一种新的探索夜游经济的模式。重点把山海关古城、海港区开滦路、太阳城及北戴河区石塘路作为首选夜间经济试点区域，差异化发展，因地制宜融入地域文化，打造各具特色、品种齐全的特色夜游街区和夜市。

（2）丰富夜游经济产品。转型升级夜间购物、餐饮、旅游、综艺演出、影剧观赏、教育培训、体育健身、医疗保健、休闲娱乐等夜游经济业态，全力丰富夜游经济产品，着力打造具有全国影响力彰显文化特色的夜市品牌。

4. 做新旅游要素

（1）用餐服务创新。发展特色旅游餐饮业，主打地方特色餐饮，建设"海洋主题餐厅"。

（2）住宿服务创新。建设能满足各类游客个性化、时尚化、独特化需求的住宿业，包括普通民宿、商务酒店、疗养院、康养酒店、旅游星级酒店等。

（3）交通服务创新。应用物联网、移动互联技术，建立事故道路监测预警、定位施救、善后疏散服务，利用移动互联网、生物识别技术提供智能化的出行服务等。

（4）游览服务创新。打造智慧旅游公众服务平台，旅游行程自助预定、智能行程规划、目的地智能导览、智能AI伴游系统。

（5）购物服务创新。建设智慧旅游商业平台，借助互联网思维、领先的技术平台以及消费数据资源进行融会贯通，通过数据化的方式来提升游客的购物体验，进而促进多场景联动营销。

（6）娱乐服务创新。运用机械、建筑、声、光、电、计算机等现代高科技手段，努力打造独具特色的娱乐主题公园项目，使其成为秦皇岛旅游业发展的新亮点。

（四）改善旅游环境——规范旅游管理，提升旅游形象

1. 提升旅游景区的建设水平和档次

按照国际化、个性化标准建设和改造旅游景区，提升旅游景区的建设水准与档次。在城市建设中融入文化和创意要素，在建筑与街巷设计、市政设施装饰上彰显地缘特色文化符号，构筑“组团式、特色化、生态化”的城市空间结构，将整座城市作为一座大景区来建设，让城市建设艺术走进市民和游客的生活。

2. 做好旅游基础设施和配套设施的建设

全力做好与吃、住、行、游、购、娱“六要素”相关的旅游基础设施和配套设施的建设。面向游客需求，建设具有各种特色的餐饮街区、满足多层次游客需求的住宿酒店、完善通达各景区的便捷交通网，建设具有地方特色的综合旅游购物中心、适合四季经营的大型娱乐游园中心，提高基础设施对旅游业发展的综合保障能力。

3. 开展旅游发展环境综合治理

依法查处旅游市场欺行霸市、骗财骗钱、敲诈游客、强买强卖等非法行为；清理整顿非法营运车辆，严厉打击出租车尾随、纠缠、威胁游客、欺客、宰客等行为；对外来车辆的违停以教育、劝解、引导为主，做到文明执法。

4. 加强旅游业规范化管理

注重旅游业的规章制度建设，出台《秦皇岛旅游岛旅游服务规范》，制定吃、住、行、游、娱、购等旅游要素和旅游项目的服务标准，从制度层面规范旅游的服务与管理。

5. 建设游客综合服务中心

每个县区都要建设游客综合服务中心，每个景区设立游客服务站，为游客提供旅游介绍、导游、信息咨询、排忧解难等全方位的旅游生活服务。同时，依托游客服务中心，借助对游客的服务活动，开展旅游消费调查和游客满意度调查，为旅游管理工作服务。

2019 年 7 月 8 日

（此咨政报告为 2018 年度秦皇岛市委决策咨询招标课题成果之八）

关于加快秦皇岛市海洋经济发展的建议

——民建市委市政协大会发言

党的十九大报告提出，“坚持陆海统筹，加快建设海洋强国”。2018 年 12 月，国家发改委、自然资源部发出通知，支持威海、连云港、北海等 14 个海洋经济发展示范区建设，标志着我国海洋经济发展步伐进一步加快。我市依海而建、临海而兴，是全省唯一的零距离沿海城市，拥有海岸线 162.7 千米，海域面积 1805 平方千米，发展海洋经济具有得天独厚的优势和潜力。做好经略海洋这篇大文章，科学培育发展海洋产业，进一步高度重视和着力加快海洋经济发展，既是我市面临的一项重要、紧迫的战略任务，更是我市打造沿海强市，推进沿海地区开放开发和高质量发展的有力抓手。建议：

一、推动港口转型发展，构建沿海强市建设新支点

确立“依托港口走向海洋”的建设沿海强市的主导思路，把充分开发、利用和保护海洋，发展海洋经济作为建设沿海强市的新支点。

一是构建陆海产业融合发展新格局。按照“以城定港”战略，推进秦皇岛港转型升级，依托港口运输枢纽和物流服务功能，发展临港装备制造、能源和高新技术等现代化临港联动产业，推进临港工业园区、综合贸易口岸以及配套的物流、加工、金融服务功能区建设，带动交通运输、滨海旅游、海洋科教服务和对外贸易等海洋服务产业的全面发展。

二是实施“开放兴海”战略，做到“以港为媒，两头在外，内外联动、借力发展”，完善港口集疏运体系，打造以秦皇岛港口、港城为支点的秦承集轴线和秦曹津黄滨（州）的滨海轴线，促进秦承、秦张互联互通，进而推动与西北内陆地区腹地的合作，扩大海洋经济辐射范围，实现海洋经济由散点开发向轴带开发和海陆互动转变。

二、借助京津冀协同发展，推动海洋产业结构升级

一是依托京津电子信息、海洋生物和海洋工程等技术，积极发展海水淡化、可再生能源、生物医药和船舶装备制造等新兴海洋产业。

二是依托浅海滩涂，建设海洋牧场示范区，延伸发展保健品和冷鲜食品等水产品精深加工业，提高海洋渔业附加值，推动渔业生产与休闲旅游相结合。

三是加快打造滨海旅游产业。围绕创建国家全域旅游示范区，编制实施以旅游为引领的“多规合一”的发展规划，推动“旅游 +”全产业融合。

四是积极利用山海关、北戴河品牌优势，打造国际健康岛。探索建立中医药健康旅游示范区，开发中医药特色旅游路线和产品。根据《河北省促进中医药“一带一路”发展的实施意见》相关优惠政策，吸引海内外优质医疗科研机构落地。

三、完善支撑体系，提升海洋经济发展创新驱动力

一是研判政策，积极尝试在 2017 年 6 月我市已被列入全国“十三五”海洋经济创新发展示范城市基础上，进一步争取被列入国家“海洋经济发展示范区”，争取享受更多相关优惠政策。

二是在北戴河新区等设立综合开发实验区，鼓励和支持多种市场化模式运作，支持设立“飞地”，对重点企业或项目实行“一事一议”，积极承接产业转移。

三是加快筹建河北海洋大学，引进海洋科研人才，组建技术攻关团队，优化海洋科技、教育和人才资源配置；积极争取国家层面的科教力量支持，推进共建海洋科技国家级实验室、海洋科技自主创新园区等平台，加强海洋技术引进和成果转化应用，努力实现“科技兴海”弯道超车。

四是发挥企业、高校、科研院所和金融机构等多维主体作用，形成海洋开发利用的科技创新供需网络，走政府引导和产、学、研、金共谋的“五位一体”协同创新之路。

四、强化海洋环境治理，构建蓝色生态屏障

坚持生态优先、绿色发展的理念，合理开发利用海洋资源；加快推进湾长制试点工作，强化海岸沙滩的管控和保护，完善海洋环境检测体系，实施海洋环境综合整治和生态修复工程。

一是坚持海陆统筹，以海定陆的原则，统筹全市海洋产业布局，调整产业

结构，淘汰存在较大污染风险的产业，建立健全海洋环境治理机制，实行陆地主要污染物排海总量控制。

二是贯彻落实国家《防治海岸工程建设项目污染损害海洋环境管理条例》《防治船舶污染海洋环境管理条例》等法规，依法管理海洋活动，严格围填海管控和用海项目审批，严守生态红线。

三是坚持开发保护并重原则，严格沿海工程项目环评制度，健全海域环境监测与预警系统。运用地理信息、全球定位、遥感等现代技术手段，强化内陆、海洋、海面三位一体的海域监督、监测，促进我市海洋经济可持续发展。

五、实现跨界融合，构建现代海洋经济新体系

一是依托海洋产业，通过与互联网平台、企业、营销、消费群体相"+"的方式，实现海洋经济与互联网的深度融合，为我市海洋渔业、交通运输业、海洋食品业和船舶制造业等传统产业提供新技术、打造新平台，推动技术、产品、管理等各层面创新，实现传统产业转型升级。

二是助力新兴产业在"互联网 + 滨海旅游业""互联网 + 海洋能源业"的融合，使其更好更快地进入公众视野，促进我市新兴产业发展成为海洋主导产业。

三是打造智慧海洋产业链，开展海洋电子研发及应用，在对海洋数据全面感知理解的基础上，提供智慧交互服务，推进海洋经济成为我市新的经济增长点。

2019 年 1 月 30 日

（此建言是民建秦皇岛市委 2018 年调研课题成果）

后　记

2020年的春节对中国人来说是一个寂静的春节，没有了往年的喧嚣热闹，居家“抗击新冠肺炎”成为了庚子年春节的主题，这也让以开会加班为常态的“奔跑中”的我能静下心来思考总结。我在整理文档时发现，自2004年博士毕业回到秦皇岛工作以来的16年间，我发挥专业优势，对秦皇岛城市发展、产业发展、旅游发展以及民生问题提出过很多建议和思考，有些建议被采纳实施，有些思考还符合当前秦皇岛的发展需要。于是，利用“宅在家里支持抗疫”的这个春节，我梳理集选了未正式发表的57篇建言，编辑成了本书。在本书即将出版之际，我特别向影响、帮助和支持我的师长、领导和同志们表示崇高的敬意和衷心的感谢。

我特别感谢我的博士生导师——南开大学经济研究所的曹振良教授。曹教授在土地、价格以及城市房地产这些科学领域辛勤耕耘几十年，不仅科研硕果累累，而且治学严谨，对弟子不只是知识和学术上的引领，还有科学奉献精神的影响。导师传授给我的专业知识和科学奉献精神是我十几年来甘于奉献、不断建言的本源。

我非常感谢时任秦皇岛市委组织部部长马誉峰先生和副部长孙雪莲女士。他们在2004年10月组织成立了秦皇岛市博士专家联谊会，为秦皇岛的博士专家搭建了一个服务地方经济发展的平台，使专家学者们可以“把论文写在祖国的大地上”。本书集选的多篇建言和发言都是他们推荐我参与相关部门组织的座谈会和论坛发言。同时，我也感谢时任河北科技师范学院院长汤生玲教授，是他推荐我代表河北科技师范学院担任秦皇岛市博士专家联谊会首届副会长，并支持我牵头成立应用经济分会。在我个人成长的道路上，三位领导给予的指导、帮助和支持一直是我十几年来甘于奉献、不断建言的信念。

我也要感谢秦皇岛市政协副主席、民建秦皇岛市委主委孙立军女士。不管是任驻会副主委期间还是任主委后，她总是积极鼓励引导我利用专业研究成果建言献策，要求“会务业务两不误”，并推荐我担任各级政协委员和人大代表，本书集选的多篇提案和建议都是通过政协、人大和民主党派渠道上报并得到落实的。民主党派建言献策是我十几年来甘于奉献、不断建言的职责。

我还要感谢秦皇岛市委领导和研究室的同志们。2011 年 10 月，时任市委常委、市委秘书长刘辰彦组织建立了秦皇岛市委特邀咨询员制度，作为首批 27 名秦皇岛市委特邀咨询研究员中的一员，10 年来，我按照市委研究室的命题每年都撰写市委咨政建议，多篇建议被时任市委主要领导批示，2017、2018 连续两年通过公开招标承担了市委重大研究课题，这些咨政建议和课题研究建言都集入了本书。10 年来，市委副秘书长金瑞刚和市委研究室的同志们对我的咨政建议和课题研究成果提出了很多修改完善意见，尤其是时任市委研究室副主任刘锦堂对我的每一篇上报市委主要领导的咨政建议都给出完善意见，我的每一篇市委主要领导批示的咨政建议都离不开市委研究室同志们的帮助和支持。

我要感谢秦皇岛高校、企业、机关的很多同人和朋友，他们是孔繁德、李凌高、初钊鹏、罗学峰、刘志国、罗晓蓉、张丽丽、章扬、李翠霞、李国亮、李春光、赵桂华、杨立平、郭士刚，他们有的为我提供过资料，有的跟我一起参加课题调研，有的提出过宝贵意见，本书的出版也是对他们付出的一种回馈。

我也真诚地感谢燕山大学出版社社长陈玉女士和出版社的编辑们。“抗击疫情”期间，我只能通过电话与陈社长沟通出版本书的想法，她给了我很大的认可和支持，并马上让张蕊编辑和我联系，出版社的编辑们工作细致严谨，虽在“抗击疫情”的特殊时期，但相关业务工作处理得及时，工作有条不紊，保证了本书的顺利面世。

刘艳红

2020 年 2 月 25 日

于秦皇岛